百家文库

资源与经济制度安排研究
ZiYuan Yu JingJi ZhiDu AnPai YanJiu

张宽政 著

中国书籍出版社
China Book Press

图书在版编目（CIP）数据

资源与经济制度安排研究/张宽政著. —北京：中国书籍出版社，2019.1
ISBN 978-7-5068-7149-5

Ⅰ.①资… Ⅱ.①张… Ⅲ.①资源—经济制度—研究—中国 Ⅳ.①F124.5

中国版本图书馆 CIP 数据核字（2018）第 275210 号

资源与经济制度安排研究

张宽政 著

责任编辑	毕　磊
责任印制	孙马飞　马　芝
封面设计	中联华文
出版发行	中国书籍出版社
地　　址	北京市丰台区三路居路 97 号（邮编：100073）
电　　话	（010）52257143（总编室）　　（010）52257140（发行部）
电子邮箱	eo@chinabp.com.cn
经　　销	全国新华书店
印　　刷	三河市华东印刷有限公司
开　　本	710 毫米×1000 毫米　1/16
字　　数	254 千字
印　　张	15.5
版　　次	2019 年 1 月第 1 版　2019 年 1 月第 1 次印刷
书　　号	ISBN 978-7-5068-7149-5
定　　价	78.00 元

版权所有　翻印必究

导　言

现代社会与古代社会已有很多不同。现代社会对个人而言，谋生手段多种多样，可供选择的职业多种多样。任何人，不论从事什么职业都可以求得生存和发展。但是，对于整个人类而言，对于中华民族这样的民族而言，其谋生手段却依然只有一个，这就是物质资料生产。物质资料生产仍然是人类社会存在和发展的基础。

历史发展到当代，人类社会的生产力有了很大的进步，人类的谋生手段有了长足的发展，人类社会所创造的物质财富有了很大的增长；但人类的谋生困难并没有减少些许。资源、环境、生态问题的存在和发展，改善民生、和谐社会、科学发展观的提出，都表明了这一点。解决这些问题在根本上还是只能依靠发展生产。故发展是硬道理，求发展是硬要求。发展必须符合规律。这里所讲的规律有两类，一类是自然规律，一类是社会经济规律。违反自然规律和社会经济规律都会受到惩罚。

规律都是客观的，不是主观的。科学理论，是反映、把握规律的重要形式。制度(含法律)，也是反映、把握规律的重要形式。反映、把握自然规律的自然科学变成实实在在的生产力必须转变为技术，技术特别是现代技术本质上则是具有制度特性的操作规程。反映、把握社会规律的社会科学变成实实在在的生产力，必须转变为制度。要求社会生产持续发展，一是要做好利用自然规律这篇大文章，二是要处理好人与人的关系，实现社会稳定、社会和谐，国家长治久安。这两篇大文章要做好,都要依靠经济制度。

人们的经济活动总是在一定的经济制度框架内进行的。社会经济制度是人根据一定的经济理论制定的,这使社会经济制度具有二重性:符合规律的客观性和不符合规律的主观性。社会经济制度的客观性,即社会经济制度的科学性源于经济理论的科学性。经济理论的科学性决定社会经济制度反映、把握客观规律的程度,要增强社会经济制度的科学性必须增强经济理论的科学性。社会经济制度的主观性,来源有二:一是经济理论的科学程度,二是主持以及参与制度设计的人们所坚持的立场。显然,要减少以至消除社会经济制度的主观性,一靠经济理论科学,二靠国家政治——决定社会经济制度制定、改革、完善的过程及制约因素。

资源所有制,是社会的基本经济制度,是全部社会经济制度的基础。关于所有制的理论探讨已有许多,但所有制这一制度安排受资源制约却鲜有论及,而本书所探讨的正是此。

目 录
CONTENTS

第一章 资源及其属性 ……………………………………………… 1
  一、资源是什么 ……………………………………………… 1
  二、资源的一般属性 ………………………………………… 11
  三、资源分类 ………………………………………………… 29

第二章 资源与经济 ……………………………………………… 34
  一、资源对经济的制约 ……………………………………… 34
  二、经济对资源的反作用 …………………………………… 42
  三、经济与经济方式 ………………………………………… 45

第三章 资源配置 ………………………………………………… 53
  一、资源配置及必要性 ……………………………………… 53
  二、资源配置的方式 ………………………………………… 56
  三、市场经济与资源配置 …………………………………… 66
  四、计划经济与资源配置 …………………………………… 72
  五、计划经济、市场经济条件下,政府调控资源配置的区别 … 79

第四章 资源所有制及其理论 …………………………………… 83
  一、资源所有制 ……………………………………………… 83
  二、所有制理论 ……………………………………………… 106
  三、社会主义资源所有制 …………………………………… 117

四、社会主义初级阶段的资源所有制探讨 ………………… 121
　　五、社会主义基本经济制度的进一步完善 ………………… 125

第五章　资源国有与国有经济 …………………………………… 130
　　一、资源国有与国有资源 …………………………………… 130
　　二、我国国有经济和国有企业改革回顾 …………………… 148
　　三、国有企业需要解决的问题 ……………………………… 163
　　四、国有企业改革的走向评析 ……………………………… 174

第六章　资源集体所有与集体经济 ……………………………… 185
　　一、资源集体所有及必然性 ………………………………… 185
　　二、集体经济及形式 ………………………………………… 186
　　三、目前集体经济存在的问题,需要通过强调集体所有来解决 ……… 188

第七章　资源民有与民有经济 …………………………………… 191
　　一、资源民有的必然性和社会意义 ………………………… 191
　　二、民有经济的概念 ………………………………………… 194
　　三、民有经济与民营经济 …………………………………… 195
　　四、资源民有制就是"劳动者的个人所有制" ……………… 198
　　五、发展民有经济的观念障碍 ……………………………… 206

第八章　中国耕地资源所有制的变迁 …………………………… 211
　　一、井田制 …………………………………………………… 211
　　二、租佃制 …………………………………………………… 214
　　三、土地改革和耕地资源属于劳动者个人所有 …………… 216
　　四、农业合作化和人民公社化运动所形成的耕地资源所有制 ……… 220
　　五、农户承包经营责任制 …………………………………… 227

参考文献 …………………………………………………………… 235
后　记 ……………………………………………………………… 237

第一章

资源及其属性

资源是什么？资源的属性有哪些？这些是研究资源，进而研究社会经济制度安排必须解决的基本问题。

一、资源是什么

（一）资源的概念

1. 资源一词的汉语解释

资源一词,现在被广泛运用,在各种媒体上出现的频率很高。由资源一词派生的词语也很多,诸如经济资源、政治资源、军事资源,自然资源、社会资源,工业资源、农业资源,土地资源、矿藏资源、耕地资源、水资源、人力资源、人才资源、智力资源,司法资源、教育资源,文化资源、旅游资源,物质资源和信息资源等词语都已成为人们经常运用的词语。然而,在汉语里,对资源一词却至少有三种解释。

第一种解释是《新华词典》给出的:资源,指"物资、动力的天然来源"。[①]

第二种解释是《新编汉语词典》给出的:"资源,指生产资料和生活资料的天然来源。"[②]

第三种解释是《辞海》给出的:"资源,指资财的天然来源。一般指天然的财源。一国或一定地区拥有的物力、财力、人力等物质要素的总称。分为自然资源和社会资源两大类。前者如阳光、空气、水、土地、森林、动物、矿藏等;后

[①] 《新华词典》,北京:商务印书馆,1981.116
[②] 李国炎等:《新编汉语词典》,长沙:湖南人民出版社,1990.1462

者包括人力资源、信息资源以及劳动创造的物质财富。"①

显然,上述关于资源的三种解释有其共同点:其一,都是从资源与财富的关系上来定义资源的;其二,都强调了人与资源的对立;其三,都强调了"天然"二字,即认为资源是财富的天然来源。这样理解和解释资源,在方向上是基本正确的。之所以说方向正确是因为:资源与财富确实存在内在联系,人与资源也确实存在对立的一面。在人类的早期,由于生产力水平低下,人类的生产活动主要是直接地利用自然界的生成物,此时的财富也就主要是指粮食等物质生活资料。因此,资源也就首先是指那些能够直接产生物质生活资料的"天然来源"。从现在的情况看,人类的物质资料生产虽然早已不是单纯地直接从自然界"拿来",但人类创造财富的活动仍然要以利用自然资源为前提,甚至可以说,人类的某些生产活动仍然是以从自然界直接"拿来"为特征的。现在的采煤采油采矿,在一定意义上就仍然是从自然界直接"拿来"。因此,说资源是财富的天然来源是有道理的。但是,仅仅认为资源是财富的天然来源又是不够的。之所以如此,是因为随着人类社会的发展,人类的物质资料生产是不断发展的,人类物质资料生产所依赖的"物"也是不断发展的,而这种发展的重要内容则是:财富的增长对"天然"资源的直接依赖越来越小,而对人类本身以及人类所创造的物的依赖则越来越强。

上述关于资源的三种解释也有其不同点:第一种解释最为狭窄。按照这种解释去理解资源,不仅人不是资源,许多物也不是资源,只有"物资、动力的天然来源"才是资源,只有一部分自然资源才是资源。这种解释虽然看到了资源与人的对立,却没有看到资源与人的统一;虽然看到了资源与一般物质财富的对立,却没有认识到它们之间的统一。事实上,人不仅与资源对立,而且还与资源统一,人本身就是资源。第二种解释虽然比前一种解释稍微宽一点,但仍然比较狭窄。按照第二种解释,不仅人不是资源,而且物质资料生产过程的结果——产品也不是资源,只有"生产资料和生活资料的天然来源"才是资源,资源仍然被局限在人们常说的自然资源范畴内。"资源首先是与人相对的概念",是上述两种解释的出发点。而坚持"资源首先是与人相对的概念",就必然要否认人是资源的观点,也必然不能肯定智力资源的说法。《辞海》对资源的解释没有再坚持这种陈旧的理念,认为自然资源和"人力资源、信息资源以

---

① 夏征农主编:《辞海》,上海:上海辞书出版社,1999.4082

及劳动创造的物质财富"都是资源,反映了人类对资源的新认识,其不足之处,是仍然认为资源是"天然的财源"。

从上述关于资源的三种不同解释中,我们可以看到,人们对资源的理解和解释有狭义和广义之分。狭义的资源,就是指自然资源。广义的资源,则是指人类社会活动所依赖的一切条件,它甚至包括人类社会活动本身以及人类社会活动所产生的一切。换句话说,广义的资源也就是一国或一定地区所拥有的物力、人力等物质要素的总和。

2. 劳动既耗费资源,同时又形成新资源

资源一词的广义和侠义,反映人类对于资源的理解是随着人类社会进步的历史进程而不断进步的。而从资源的角度看人类社会,人类社会进步的历史进程则是:人类社会的物质资料生产对资源的依赖,是由对单一自然资源(如野生动物)的依赖逐步发展为对多种自然资源的依赖,然后再发展为对整个自然界和人类社会的依赖;同时,在这个历史进程中,人类社会的物质资料生产对某些自然资源的依赖在减弱,而对人力资源特别是对人自身的智力资源的依赖却在不断地增强。对此,我们可以通过分析资源与劳动的关系求得进一步的认识。

马克思在《资本论》里说:"一切劳动,从一方面看,是人类劳动力在生理学意义上的耗费;作为相同的或抽象的人类劳动,它形成商品价值。一切劳动,从另一方面看,是人类劳动力特殊的有一定目的的形式上的耗费;作为具体的有用劳动它生产使用价值。"①马克思的上述关于劳动二重性的学说,无疑是对于劳动的正确认识。但是,这只是关于劳动的一种正确认识,并没有也不可能穷尽对于劳动的认识。

认识劳动的整体性,进而将劳动划分为常态劳动、变态劳动和正态劳动②,则是关于劳动的又一认识。所谓劳动的整体性,是指劳动无论作为抽象劳动还是作为具体劳动,都是劳动主体与劳动客体的对立统一体。"劳动主体是指进入劳动过程的劳动者,劳动客体是指进入劳动过程的人化自然和自然化的人(作为劳动对象的人),包括劳动资料和劳动对象。"③确实,劳动主体和劳动

---

① 马克思:《资本论》,北京:人民出版社,1973,(1),60.
② 钱津:《生存的选择》,北京:中国社会科学出版社,2001,49.
③ 钱津:《生存的选择》,北京:中国社会科学出版社,2001,49.

客体是不可分的,是像磁石的两极一样互为存在条件的。世界上,既不存在没有劳动主体的劳动,也不存在没有劳动客体的劳动。劳动是劳动主体和劳动客体相互作用的过程,劳动产品则是劳动主体和劳动客体相互作用的结果。在劳动过程中,劳动主体要消耗体力和智力,劳动客体也要发挥其作用。

如果将资源引进劳动过程,我们又可以说,劳动过程是资源耗费的过程,是资源相互作用并形成劳动产品的过程。但是,如果仅将劳动理解为劳动主体的活动,则资源也就必然仅被理解为劳动过程中被改造的物。相应地,如果仅将资源理解为"天然的财源"或仅将资源理解为劳动所依赖的物质条件,人也就必然被排除在"资源"之外。事实上,无论是人类最初的劳动过程还是当今的现实劳动过程,甚或将来的劳动过程,都是人力资源与自然资源相互作用的过程。在这个过程中,自然资源被改造,人力资源也被改造。自然资源被改造的结果是:一些自然资源被改造为"人化自然",其中一部分被称为"劳动资料"(含生产工具);另一些自然资源则被改造为直接满足人类物质文化生活需要的产品——"生活资料",这些生活资料是人类自己创造的并使人类得以生存发展的物质条件。而从劳动是人的本质,人类的存在和发展一刻也不能离开劳动的角度看问题,这些生活资料仍然是人类劳动所需要的资源,人本身也是劳动存在和发展必不可少的资源。离开人力资源来谈劳动,既不能真正认识劳动,也不能真正确切地认识资源。人力资源也是资源的一种,它既是劳动存在的条件,也是劳动发展的条件。而人力资源在劳动中被改造的结果则是:人变得越来越聪明,从而使人力资源进一步发展,而这一过程是没有止境的。正因为这样一个过程没有止境,人类开发自然资源的过程也就没有止境。

实际上,正是由于人们对劳动有不同的理解,也就对资源有着不同的理解。人们仅将劳动理解为劳动主体的活动,甚至仅将劳动理解为体力劳动,相应地也就仅将资源理解为自然资源。"资源是指财富的天然来源","资源,指生产资料和生活资料的天然来源"等论断,都是来源于这种错误认识。当人类劳动仅以采摘水果或坚果为内容时,财富也就只是指水果或坚果,相应地,资源也就只能是生长水果或坚果的树林。当劳动的内容进一步丰富发展,比如,发展到种植农业的阶段,则相应的财富和资源概念也会发生变化。

马克思指出:"劳动首先是人和自然之间的过程,是人以自身的活动来引起、调整和控制人和自然之间的物质变换的过程。"①劳动总是作为物质变换过程而存在,作为物质变换过程而发展的,而这个过程中所发生的物质变换:一方面是自然资源之间的物质变换,另一方面则是自然资源与人力资源之间的相互作用和相互变换。在这个过程中,或者说由于这个过程的作用,不仅要使人和自然之间发生物质变换,而且要使自然资源发生物质的变换(变化),甚至人自身也要发生变化。这也就是说,从劳动的结果来看,自然发生了变化,人也发生了变化。相应地,资源概念也必然发生变化。

劳动是利用资源、开发资源的过程,同时也是改变甚至破坏资源的过程。比如,最早的人类运用火与野兽作斗争,就是从一方面看是利用自然资源,从另一方面看是破坏自然资源。在现代,人们曾进行的"围湖造田""毁林造田""毁草造田",也都是如此。正因为过去存在对自然资源的严重破坏,所以今天才有"退田还湖""退田还林""退田还草"。过度地利用资源实质上就是破坏资源。过度放牧会导致草原破坏或退化,过度地"渔"会导致渔业资源破坏。资源危机往往是由于人类过度利用资源导致的。不适当地利用资源特别是不适当地利用自然资源,不仅要导致自然资源破坏,而且还将危害人类,破坏人力资源。例如,我国贵州省织金县的氟骨病成灾,就是不适当利用煤炭资源的结果,即用当地的煤炭烘干粮食致使氟大量被人体吸收而"氟中毒"。

3. 人类对资源的认识是不断进步的

资源一词是何时出现的,我们姑且不论,但人类早期具有资源观念则是一定的。而人类早期的资源观念与现时代人们的资源观念有别,也是无疑问的。

根据摩尔根的研究可知,人类的原始社会可以划分为两个阶段:蒙昧阶段和野蛮阶段。这两个阶段又分别划分为初期、中期和晚期等三个阶段。蒙昧阶段初期,开始于人类与类人猿相辑别,终于原始人用火和捕鱼。在这个历史阶段初期,人类的生存空间非常有限,人类只能依靠水果和坚果为生,人类眼中的资源也就只能局限于有水果和坚果的树林了。到蒙昧阶段中期,人类的生存空间有了扩展,此时人类学会了捕鱼,鱼和有鱼的水面也就成了资源。在人类没有学会火以前,人类对于野兽特别是猛兽是无能为力的,野兽及有野兽的山林就还不是资源,即使那山林有许多水果和坚果,人类也只能望山林而兴叹。一旦人类学会了用火,则有野兽的山林就是人类的资源了,而此时人类社

---

① 马克思:《资本论》,北京:人民出版社,1973,(1),201

会也就进入到蒙昧晚期和野蛮初期了。摩尔根的研究认为,人类发明了弓箭和制陶技术之后,人类就进入野蛮阶段了。人类发明了制陶技术后,制陶用的泥土,制陶技术也就一定是人们眼中的资源了。摩尔根认为,人类原始社会的野蛮阶段开始于弓箭和制陶技术的发明,终于冶铁技术的发明。在这个历史时期,人类还学会了饲养动物、种植农业、用石头和土坯建造住房以及冶铁技术。显然,当人类学会了种植农业技术之后,则土地、种子、水、气候、肥料以及种植技术等就都是资源了;相应地,不同地块具有不同的生产力也就是不同的资源了。当人类学会了饲养动物,则动物的种和饲养动物的技术也就是资源了。当人类学会了冶铁技术之后,则不仅铁矿石是重要资源,而且冶铁技术和掌握冶铁技术的人也是重要资源。冶铁技术的发明,不仅使人掌握铁矿石成为必要,而且使掌握冶铁技术的人成为必然。一个氏族或一个国家的财富,当然首先是指所生产的物质资料,但也包括对物质资料生产具有决定作用的物质要素——资源。

  人类社会从农业社会发展为工业社会的历史,同时也是人类资源观念发展的历史。在农业社会,可耕地是最重要的资源,种子、肥料、水、阳光、管理、种植技术等也是重要资源。所有这些资源都是不可或缺的。缺少一项,农业收成就会受到影响。因此,拥有这些农业资源是农业社会的人们极其重要的事情。在工业社会里,煤炭、石油、铁矿石等矿藏资源,机器设备等物质资源,生产技术、管理方法等社会资源,都是很重要的资源。如石油就被人们誉为"工业的血液",煤炭也曾被人们誉为"工业的粮食",硬质合金则被人们誉为"工业的牙齿"。人类发明了电以后,电力更是一种极重要的资源。所有这些资源对于今天的工业生产,都是不可缺少的资源。

  经济学将经济形态划分为自然经济、市场经济(商品经济)、产品经济。自然经济以自己生产自己消费为特征。在自然经济中,资源主要是两种,一种是自然资源,另一种是人力资源,市场、信息、资金等资源对它没有多大影响。市场经济以为别人生产为主要特征。在市场经济中,自然资源、人力资源、市场、信息、资金等资源都是极重要的资源,都对经济发展有着不可忽视的影响和作用。产品经济作为马克思主义对未来经济形态的设想,其特点是市场和资金已不是影响经济的资源,但信息资源在经济中的作用将更加突出。资源概念变化、发展还与社会制度有着深刻的内在联系。比如,资金资源在现代经济中的作用是无人能够否认的。但是,当它以金属货币为存在形式时确实还是具有使用价值的物质资源,当它以纸币作为存在形式时,甚或以电子货币为存在形式时,则主要是制度的派生物,它本身所具有的资源作用是社会制度赋予的。这也就是说,像资金、市场这样的资源之所以成为资源并不是由其自身决定的,而是由社会特别是社会制度变迁所决定的。在一定历史条件下,有的东西会由原来不是资源而变成为资源甚至极重要的资源,而在另一定社会历史条件下,它将不是资源或不再是重要的资源。这种情况,其实在物质资源或自然资源中也是存在的。

4. 资源就是一切,一切都是资源

总之,人们眼中的资源是不断扩展的。在一定意义上,人类社会历史,就是一部资源不断扩展的历史。"资源就是资财的来源",表明资源是人类社会创造财富的起点,是人类从事一切活动所依赖的条件。资源在构成上包括一切可资利用的有形物质和无形要素。人类的生产和生活(包括精神生活)所需要的一切物质的、能量的、信息的、技术的、人力的、知识的投入无一不是资源。资源就是一切,一切都是资源。空气、水、阳光、土地、森林、草地、动物、植物、树木、花草、虫鱼等自然物,都是人类从事一切活动不可缺少的,因而无一不是资源。由于人类的生产劳动活动本质上是一种社会活动,因此就连人本身以及由人组成的社会,也无一不是资源。社会生产过程所生产的一切产品,都是由资源造成的,但所有这些产品同时又无一不是资源。因为产品既是生产的结果同时又是生产的条件。人与人的关系,人们之间的交往活动,既与资源相联系又以资源为内容,因而也是资源。就人本身来说,人活着是资源,死了还是资源,人的一切无一不是资源。不仅人是资源,人类所创造的知识、技术、信息等无一不是资源。因此,资源就是一切,一切都是资源。

"大自然"一词,也有广义和狭义的区别。狭义的大自然,不包括人类社会在内。广义的大自然,包括人类社会。从一定意义上说,资源就是广义的大自然。因此,我们又可以说资源是包括人在内的一切,或者说,资源是世界上人力和物力的总和。

狭义资源,是指没有价值的使用价值。如野生蘑菇在没有被人采摘前只是资源,而一旦被人采摘就变成了劳动产品。因此,真实的历史过程可概括为:资源——产品——商品。

（二）资源与生产资料、资本、财富、生产力

1. 资源与生产资料

生产资料是马克思主义学说中的一个重要概念。所谓生产资料，是指"人们进行物质资料生产的客观条件"，"是劳动资料和劳动对象的统称"。而劳动资料是指人们用来把自己的体力和脑力劳动传导到劳动对象上去的一切物质资料。劳动对象则是人们在生产过程中把自己的劳动加于其上的一切东西。显然，不论劳动资料还是劳动对象，都是物，而不包括人以及其他的（如信息）资源。当我们认识到，资源就是一切，一切都是资源之后，则资源必然包括生产资料，而生产资料的概念却不能包括资源。资源与生产资料在逻辑上，是相容关系和从属关系，而不是全同关系。生产资料从属于资源，资源可以包含生产资料，但生产资料不等于资源。

2. 资源与资本

资本，是一个内涵很丰富的经济范畴，可以从多个角度考察和定义。马克思曾经说过："资本不是物，而是一定的、社会的、属于一定历史形态的生产关系，它体现在一个物上，并赋予这个物以特有的社会性质。"资本既有社会属性，也有自然属性。马克思在这里不过是特别强调了资本的社会属性。资源与资本既互相联系又互相区别。

资本作为带来剩余价值的价值，是反映资本主义经济关系的经济范畴。资本作为经济活动之"本"，则是经济发展到一定历史阶段的产物。这个历史阶段就是商品经济。商品经济发展到一定阶段先是产生了货币，然后就产生了资本。资本是商品经济的产物，是财富，是人类劳动的积累。商品经济产生在资本主义社会之前，那时就已经有了资本，但那时的资本是物质财富，是土地等物质资源。货币所以是资本，是因为货币是一般等价物。所谓一般等价物，在一定意义上就是资源的代表。人们有了货币，就可以取得一定历史条件下的一切物质资源和非物质资源（包括人力资源）。只要当时的社会制度允许买卖的资源，人们都可以运用货币买到。这样一来，货币在人们眼中就必然是资本。货币，不论是金属货币还是纸币，之所以能成为资本，都是由社会经济制度决定的。正因此，货币也具有社会属性，是属于一定社会历史阶段的生产关系，也体现经济主体之间的经济关系。一方面，是社会经济制度规定着货币得以产生；另一方面，货币又推动着社会经济制度发展和变化。资本也是与社会经济制度相联系的,一方面,资本由社会经济制度决定,从而能够反映一定的社会经济关系;另一方面,资本又对社会经济制度的变化、发展起着一定的推动作用。当资本是与封建社会的地主经济相联系的经济范畴时,它反映的是封建社会的经济关系;当资本是与商品经济相联系时,它反映的是商品经济中经济主体之间的经济关系;当资本是与资本主义经济制度相联系的经济范畴时,它反映的则是资本主义社会的经济关系,此时也只有此时,资本才是带来剩余价值的价值,它才是资本家剥削工人的手段,它才体现资本主义剥削关系。

资本作为反映经济关系的经济范畴,其性质不是由它自身的自然属性决定的,而是由所反映的社会的经济制度决定的,而社会经济制度中最核心最重要最起作用的制度则是资源所有制度和资源配置制度。因此,问题不在于资本是什么性质的资源,而在于资源是属于谁所有,在于人们以何种条件从谁手中取得所需要的资源。不论资本是以土地或货币或其他物质财富的形式存在,还是以人力资源的形态存在,都无关紧要,重要的是,土地属于谁所有,生产过程所创造的物质财富属于谁所有,不同的人们在这个创造物质财富的过程中起了何样的作用,又获得了什么样的评价和报酬,人们的所获与其所起到的作用是不是相称。

因此,一方面,我们可以说,资源就是资本。人们手中有资源,也就有资本,没有资源,也就没有资本;另一方面,资源又不是资本,有资本必定有资源,但有资源却不一定有资本。资源是资本的自然属性。资本之所以是资本,是因为它是资源,如果不是资源就不能成为资本。任何资源在一定条件下都可以成为资本。如果没有一定的社会条件,资源就只是资源,而不会成为资本。因此,资源总是比资本要多一些,而资本则总是要比资源少一些。从逻辑学的角度看问题,资本是从属于资源的概念,资源概念的外延比资本的外延要大。从社会制度的层面看问题,则可以说,资源意味着不一定有所有者,而资本则意味着资源已有所有者。换句话说,资本一定是有主人的,而资源却不一定是有主人的。但是,资源一旦有了自己的主人,则又是资本了。

3. 资源与财富(财产)

资源是财富的构成要素。但是,正如资源只有在一定的社会条件下才能成为资源一样,资源也只有在一定的条件下才是财富。没有用的物和没有用的人,虽然在哲学意义上是不存在的,但在经济学意义上则是存在的。在经济意义上的无用之物,不是人们眼中的资源,无用之人也就不是资源。中国目前有13亿人口,这个事实使哲学家们认为,中国是不缺人力资源的。而在承认13亿人口这个事实的经济学家和企业家看来,人力资源却是缺乏的,因为他们常常感到人力资源即人才的缺乏。这说明,物和人是不是资源是与社会历史条件相联系的,是与社会的经济制度相联系的。同样道理,资源是不是社会财富也是与社会的经济制度相联系的。在一定的社会制度下,资源只是资源而不是财富,而在另一定社会制度下,资源就是财富。例如,在没有建立水资源有偿使用制度前,水就只是资源而不是财富,一旦建立了水资源的有偿使用制度,则水就由单纯的资源变成财富了。我国在改革开放前,城市的土地虽然是极重要的资源,但由于没有相应的土地有偿使用制度和土地流转制度,就还不是财富而只是资源,有了土地有偿使用制度和土地流转制度以后,土地就是财富和财产了。由此可见,资源是不是财富或财产,是由社会制度决定的,而不是由它自身的性质或用途决定的。当然,一旦社会确立了一切资源有偿使用的制度则任何资源都是可以成为财富和财产的。

4. 资源与生产力

生产力是表示人类社会与自然界关系的范畴。人类社会利用自然、改造自然的能力,就是生产力。马克思主义认为,生产资料是生产力中物的因素,人力资源及其作用的发挥则是生产力中的人的因素。只有当生产资料与劳动力或者说人力资源结合起来才能形成现实的生产力。当我们将资源与生产力联系起来时,我们可以说,没有资源就没有生产力。从生产力的构成要素来看,劳动对象、劳动工具、劳动者,无一不是资源的组成部分。生产资料是资源,劳动力也是资源。生产资料与劳动力的结合,就是各种资源相结合并发挥各自的作用。从这个意义上我们可以说,资源就是生产力,或者说,资源是生产力之母。

有人认为,有了生产力的概念,特别是已有生产力"三要素"的概念,就无需资源的概念,或者说,生产力"三要素"讲的就是资源。其实,这样理解是不正确的。因为,生产力"三要素"是从属于生产力的概念,是生产力的内部概念,而资源概念则是独立于生产力概念之外的。两者的层次完全不同,并不能互相代替。只有通过资源这一概念,我们才可以阐明生产力的来源,才可以给生产力更深入更宽广的解释。

从另一定的意义上看问题,则是生产力并不等于资源。这是因为:第一,并不是任何资源,也不是资源在任何时候、任何状态下都是生产力,当资源是处于自然的状态下,即没有人的作用加入其中时,或者说,当人力资源与自然资源还是处于互相分隔的状态时,资源就还只是可能性上的生产力,还不是现实的生产力,只有当各种资源相互结合的状态时才是现实的生产力。第二,从古至今的历史和当今的现实都表明,所有资源都处于因人的作用而相互结合的状态是不现实的,总是有一些资源没有因人的作用而被结合。在理解这个问题时,我们需要注意到或者说需要对这样的事实作出必要的确认:包含人类自身在内的大自然,实际上本身就是一个资源系统,这个系统内的所有资源按照自然的法则或者说因大自然之力而有自然的结合,而这种资源的自然结合,却并不是社会生产力,而只有当人的作用或者说因人的作用而产生的资源结合才是现实的社会生产力。但是,因人的作用而形成的资源结合总是有限的,而不是全部的,这也就是说,现实的资源结合总是局部的而不是全部的,其表现就是总有一些资源没有进入物质资料生产领域,或者说资源的利用总是不充分的,因此,资源不仅不等于生产力,而且大大地大于生产力。第三,生产力是不断发展的,而资源却可以分为不可再生的资源和可以再生的资源。不可再生的资源,本身是不能发展的资源。可再生的资源,也就是可发展的资源。生产力的发展对资源的依赖,是对可发展资源的依赖,依赖不可再生的资源,不会有生产力的发展。生产力发展的没有止境,是由于资源特别是可发展资源的无止境决定的。如果资源本身的发展是有止境的,则生产力发展必是有止境的。要发展生产力就必须发展资源。从根本上说,发展生产力有赖于资源的保护和发展。

二、资源的一般属性

资源作为一切物和一切人,作为人类一切活动所依赖的条件,其一般属性是:有用性和有害性,无限多样性和有限稀缺性,可占有性和不可占有性,可垄断性和不可垄断性。

(一)资源的有用性和有害性

资源的有用性和有害性,都是资源自身具有的基本属性,同时也是相对于人的生存发展而言的客观存在。如果不是相对于人的生存和发展,也就无所谓资源的有用性和有害性;如果不是资源本身所具有的特性,资源的有用性和有害性就不是客观的存在。正因为各种具体资源对人类的生存发展具有不同的作用和意义,所以人们才会有对资源有用性和有害性的评价和认识。

1. 资源的有用性

资源的有用性是资源的根本属性。没有用的东西不会成为资源。既然是资源就一定有其用途。资源的有用性是众所周知的常识。一种资源的多种用途和多种资源用于同一用途,都是屡见不鲜的。比如,有的土地既可以用来作耕地也可以用来建房子,有的木材既可以用来做家具也可以用来做棺材,有的煤炭既可以用来炼钢也可以用来烧饭;……而煤炭、木材、煤气、电力等又都是可以用来烧饭的。

资源的有用性总是具体的。因此,一般地、抽象地讨论资源的有用性没有什么意义。具体地研究每一种资源的有用性是具体科学的任务,而这里所说的具体科学既包括自然科学也包括一部分社会科学。在自然科学中,植物学要研究植物类资源的有用性及如何发挥。动物学要研究动物类资源的有用性及其发挥。矿物学则要研究矿物类资源的有用性及如何发挥。海洋科学要研究海洋资源的开发和利用,而其开发和利用又总是以对海洋资源的有用性的正确认识为前提。在社会科学中,企业管理科学要研究如何充分发挥企业资源的作用,以求经济效益最大化。城市管理科学要研究如何充分发挥城市资源的作用。经济科学分为微观经济学和宏观经济学,二者都研究如何充分发挥资源的作用,都以最小资源耗费换取最大经济效益为基本规律,都以发展经济为根本目的。科技管理科学的任务,是研究科技资源的管理规律,以求科技资源的开发和有效利用,目的是发展科学技术,使一国经济和社会进步。教育管理学要研究如何充分发挥教育资源的作用,求得教育的发展和教育质量提高。教育在某种意义上,就是开发人的智力资源的活动。或者说,教育学在本质上是一门开发人力资源的科学。如何开发人的心智,使接受教育的人成为社会所需要的人力资源,是教育的任务。……所有研究资源有用性的具体科学都是随着经济和社会发展的需要出现的。从这个意义上可以说,科学研究的任务就在于认识资源的有用性进而充分发挥其作用。正由于资源的有用性及发挥其作用有着无限的潜力,因而科学研究没有止境。人类社会进步的历史,是科学技术不断发展的历史,是经济发展的历史,同时也就是认识资源有用性的历史,是物和人成为资源的历史。现在,仍然有许多物的有用性没有被人认识,因而许多物还不是人们心目中的资源。这说明资源的有用性是要在实践的基础上才能被人们渐渐认识的。不过,从长远看,凡资源都是有用的。我们之所以能把资源理解为一切物和一切人,就在于所有物、所有人都是有用的。如果真存在无用之物和无用之人,这种理解就必然不能成立。

2. 资源的有害性

由于"资源"总是一定历史条件下的资源,物的有用性的认识和发挥也总是依存于一定的历史条件,故资源的有用性不仅是具体的历史的,而且总是与资源的有害性相联系的。

资源的有害性,是指资源对人类社会进步的危害。资源的有害性体现为对人的身心健康的危害,对人类社会整体和谐和发展的危害,对资源特别是自然资源的破坏。比如,气候的变化会使人生病,过多的雨水会产生洪灾,过少的雨水则会产生旱灾。我国政府于2003年6月公布了233种有害生物。这233种生物之所以被称为有害生物,并不是因为它们毫无用处,而是因为它们在目前对我国社会的生产和人民生活,对我国原有自然生物的发展,有着明显的危害。这233种生物中,有的是外来物种,它们或为人们有意引进,或为人们无意识携带进来。有的进来之初,没有发现其有害性;有的进来后不久,人们就认识到其有害性;有的则是进来后很久,人们才发现其有害性。例如,我国于20世纪50年代从外国引进的水葫芦,其有害性现在已经非常明显,人们为了消除它的有害性,现在已不得不付出巨大的人力和物力。人们现在餐桌上常吃的对虾,原产南美,引进到洞庭湖之后,它不仅使本地虾不能生存,而且是造成垮堤的重要因素。将这种对虾引进洞庭湖是轻而易举,而要将它赶出洞庭湖则不是一件易事。

资源的有害性作为一种客观存在,本质上是由大自然的无穷变化决定的,而人类对自然资源的不正确开发和利用则加剧着这种有害性的发生。引进外来物种,就可能导致本地物种减少,从而导致自然生态环境破坏。而自然生态环境破坏,在一定意义上也就是资源的破坏。开发和利用自然资源的过程中,如何避免资源破坏,防止资源有害性扩张,始终是一个必须予以注意的问题。而避免和防止资源有害性扩张又以正确认识资源有害性为前提。因此,每一门具体科学在研究资源有用性的同时也研究资源的有害性,就不仅是必需的,而且是有重要意义的。

对于一些具体资源的有害性,人们已有所认识,而哲学式地讨论资源的有害性却似乎还没有开始。中国的中医中药学,可以说是最早研究一些植物和其他物质对医治人体疾病的有用性、有害性的科学。环境科学、生态科学作为近年兴起的科学,则更是以防止资源有害性扩张为己任的科学。科学技术是人类创造的新资源,这种资源的本质作用在于对自然资源和人力资源的充分利用,但是科学技术产生后又可能给人类自身带来危害,而这种危害的存在和可能发生又是科学伦理必须具有的客观要求。

3. 资源有用性与资源有害性的关系

资源的有用性和有害性不仅是对立的,而且是相互依存、相互转化的。比如,"水可以载舟,亦可覆舟"。细菌是使人生病的东西,而"细菌冶炼"的事实则说明细菌也是有用资源。现在,人们比过去更加关注环境问题、污染问题,而环境问题、污染问题客观存在却正好反过来说明资源有害性是一种客观存在。资源的有用性和有害性都是逐渐展现的。有的物,现在看来没有什么用处,实际上则是有用处的,只是我们现在还没有认识它的用处;相反,有的资源,现在看来是没有什么有害性的,实际上则是存在有害性的,只是我们还没有认识而已。

就资源与环境问题、污染问题来说,一方面,环境问题、污染问题是由资源相互作用造成的。污染不仅是资源有害性的表现,而且是资源有害性扩张的结果。而造成污染的直接原因则是由于我们没有正确利用资源,而不正确利用资源又是由于我们没有认识或者没有正确认识资源的有害性所致,因此,正确认识资源的有害性,是正确利用资源的前提。另一方面,环境问题、污染问题又需要利用资源来解决(消除和防止)。环境问题、污染问题存在说明资源的配置有问题,说明资源的利用有问题,说明资源没有得到充分利用,说明资源没有得到正确利用,也说明资源浪费客观存在。要从根本上解决环境问题、污染问题,就要从根本上解决资源的利用问题。而解决资源利用问题不仅依赖自然科学技术的发展,而且要依靠社会科学的发展以及建立相应的社会制度。

基于以上的认识,我们可以作出以下两点推论。

第一,人类社会的社会制度必须考虑如何防止资源有害性扩张。一个国家、一个民族,不仅要通过建立制度鼓励人们认识资源的有用性,而且要建立制度鼓励认识资源的有害性;不仅要建立制度对研究、开发资源的有用性予以鼓励,而且要建立制度对防止资源有害性扩展进行鼓励;不仅要建立制度以推动充分利用资源,而且要建立制度预防资源特别是自然资源被破坏,防治环境污染。

第二,人类社会的社会制度必然要走向鼓励开发利用自然资源的同时也注重防止资源有害性扩张。一个国家、一个民族,只有在制度层面上做到了既鼓励开发利用自然资源又注重防止自然资源被破坏时,才是成熟的且富有理性的。而要使自然资源得到充分利用的同时又不被破坏,使资源有用性充分展现的同时又使资源的有害性不致扩张,则不仅要求我们发展具体的科学技术,而且要求我们正确地认识人,正确地解决人类本身的问题。人类社会的健康发展,一方面是依赖对资源的正确认识和利用,另一方面则是依赖正确解决人类自身的问题。

人类社会如何通过建立社会制度充分发挥资源的有用性,避免其有害性扩展,任重而道远,也可说是一个永恒课题。从目前情况来看,在建立制度防止资源有害性扩张方面似有以下两点值得注意:其一,已有的环境污染要设法消除;尚未发生的环境污染要注意防止。其二,人类社会如何解决自身存在的问题,特别是人为了满足自身需要而对资源无止境的占有欲望,以及由这种欲望所推动的人与人之间对资源的争夺。人类社会只有克服自身弱点才能更加文明进步。

(二)资源的有限稀缺性与无限多样性

1. 资源的有限稀缺性和无限多样性的概念

所谓资源稀缺,是指资源相对于人类社会的需要而显得过少。所谓资源丰裕,是指资源相对于人们的需要而表现得比较多。资源稀缺总是具体资源的稀缺,而不是一切资源稀缺;资源丰裕也总是具体资源的丰裕,而不是所有资源丰裕。任何具体资源,不论是稀缺还是丰裕,都一定是有限的。这使资源具有有限稀缺性。而所谓资源无限多样性则是就所有资源而言的,也就是从资源整体的角度来说的。

资源的有限稀缺性和无限多样性,是相对于人的需要而言的客观存在。如果没有人的需要和需要的变化,资源就不会具有稀缺性和丰裕性。按照马斯洛的需要理论,人具有生存、安全、交往、发展、自我实现等五个层次的需要。社会物质资料生产和人类社会生活对各种资源的需要,都是来源于人的这五种需要。没有人的需要就不会有人类社会对资源的需要。正由于存在人的需要及其变化,同时也由于资源本身的变化,使得资源具有稀缺性和丰裕性。

人的需要既有客观性,又有主观性;既是变化的,又是一定的;既是无限的,又是有限的。比如,吃饭是人的一种需要。"人是铁,饭是钢,一顿不吃饿得慌。""民以食为天。""人吃饭不仅要吃饱,而且要吃好。"这些都是人对自身基本需要的认识。"要吃饱",意味人的需要是客观的,是一定的。"要吃好",则意味人的需要不断变化。但是,无论这种需要怎样变化,它还是由"要吃饱"决定。对单个人而言,胃只有一个,睡觉只需一张床。就整个人类而言,其需要在一定历史条件下,也是一定的,同时它又是变化的。这种变化一方面是由于人口的数量变化所引起的,另一方面则是由社会发展决定的,即由生活方式和生产方式的变化决定的。人口增加,人类社会对资源的需要势必增加;人口减少,人类社会对资源的需要势必减少。生产方式和生活方式的变化也会使人类社会对资源的需要发生变化。这种变化表现为:人类社会对一些资源的需要增长,同时对另一些资源的需要减少;人类社会的生产和生活主要依赖某些资源,而对另一些资源则不再依赖。例如,人们过去烧饭主要是用柴草,后来主要是用煤炭,现在则主要是用煤气。人的需要及其变化与社会制度的安排以及相应的观念也有很密切的关系。比如,在计划经济时期,国有企业职工虽然有住房甚至住好一点的需要,但一般不会产生买房的需要,而在住房制度改革后就必然会产生自己买房的需要。同样道理,人们在一定条件下不会具有拥有 100 万的需要,但在另一定条件下就会具有这种需要。"子孙若如我留钱干什么,子孙不如我留钱干什么,子孙超过我留钱干什么"——这是民族英雄林则徐先生的价值观金钱观的生动写照,同时也反映了人们的观念对人的需要的影响和制约。

资源本身也是变化的。资源本身的变化由两方面的原因引起,一方面的原因是人类自身的活动,即生产方式和生活方式的变化。比如,由于人类的活动而使森林减少,由于人类生产方式和生活方式的变化而使煤炭、石油等资源减少乃至枯竭。另一方面的原因则是大自然本身的变化所决定的。比如,煤炭、石油等资源就是大自然本身的运动变化产生的,水资源的变化就与气候变化有关。人类的活动既可以使某些资源减少甚至消灭,同时也可以使某些资源产生并且增加。比如,农业社会使森林减少,工业社会使煤炭、石油枯竭,而科学技术的发展又使电力资源创造出来,使风能、太阳能等得到利用。

上述两方面的因素结合起来发生作用的结果则是:任何具体资源都是有限、稀缺的,而资源在整体上则是无限多样的;资源既具有有限稀缺性,同时也具有无限多样性。

2.资源的有限稀缺性的依据和表现

资源有限、稀缺的依据和表现在以下几方面。

第一,地球只有一个,人类从古至今生存发展所需要的资源主要来自地球。

第二,地球上任何一种具体资源,如石油、天然气、铁矿石和煤炭等都不是取之不尽,用之不竭的,而是不可再生的,是用一点少一点的。

第三,一种自然资源本已稀缺,其多用性就会使其更加稀缺。如木材已经稀缺,它的多种用途就会更加使其稀缺。石油是不可再生资源,其多用性也正在加剧其稀缺性。淡水的多种用途也正在使其成为稀缺资源。不可再生资源的稀缺性都非常明显。

第四,每个人的体力和智力都是有限的。单个人总有智穷力竭之时。人才总是有限稀缺的重要资源,杰出人才更是稀缺的资源。

第五,每一国家、每一时代的可用自然资源、人力资源,也是有限稀缺的。短缺经济的一个重要原因和表现就是资源短缺。而短缺经济又反过来加剧资源的稀缺。

人们对于资源的有限稀缺性已有过很多的讨论。英国学者福格特1949年出版了他的《生存之路》,在这部著作里,他研究了土地与人口的关系,讨论了土地人口承载力等问题,他以土地资源有限为研究问题的前提,认为世界人口增长已经超过土地和自然资源的承载力,人类正面临灭顶之灾。人类的生存之路在于控制人口增长,恢复并保持人口与土地等自然资源之间的平衡。美国生物学家卡尔逊1962年发表《寂静的春天》,全面论述了工业发展对空气、海洋、河流、土壤、动植物等具体资源的影响,即造成了这些资源的退化,从而使人们具体地认识到上述资源的有限性和资源破坏的原因,率先敲响了资源环境危机的警钟。美国经济学家鲍尔丁1966年发表的《来自地球宇宙飞船的经济学》,把地球比作茫茫宇宙中的一艘宇宙飞船,认为人口和经济的不断增长,必使飞船内的有限资源耗尽,人类生产和生活所排放的废物将充满整个飞船,最终使人类社会崩溃。美国学者保罗·艾里奇于1968年发表的《人口爆炸》同样是从资源有限性的前提出发,认为人口增长如再不控制,大约900年后,全球人口将达到 6×10^{16} 之多,地球陆地表面每平方米将挤满 100 人,人们将无立足之地。以梅多斯为首的美国、德国和挪威等国的一批科学家于 1968 年创建的罗马俱乐部,于 1972 年发表著名的《增长的极限》,是资源有限论的代表作,该研究报告以人口和资本继续增长为前提,认为:"如果在世界人口、工业化、污染、粮食生产和资源消耗方面现在的趋势继续下去的话,地球上的增长极限有朝一日将在今后 100 年内发生。"该报告系统考察了加速工业化、人口快速增长、普遍的营养不良、不可再生资源枯竭和环境污染导致的环境加速恶化等全球性问题,提出解决问题的办法,是经济限制增长,即著名的"零增长"。1980 年发表的《公元 2000 年的地球》,也支持《增长的极限》的观点。在中国,也有许多人很早就认识到人口无限制增长与许多具体资源有限性的矛盾,主张通过限制人口增长以求人口与资源的平衡。如 1904 年《东方杂志》1 卷 6 号转载《警钟报》发表的文章——《论中国治乱由于人口之众寡》,就认为,"人满之患,深可太息",主张限民(指人口)求治。陈长衡于 1918 年出版的专著《中国人口论》认为,人口问题是中国一切问题的根本。解决人口问题,不能靠革命,只能靠节育。这种见解虽然有人口决定论之嫌,但认识到人口增长与资源之间的矛盾则是无疑的。新中国成立后,著名学者马寅初先生于 1957 年在全国人大第 4 次会议上发表了他的《新人口论》,认为,"人多固然是一个极大的资源,但也是一个极大的负担","人口太多,本来有限的国民收入,被 6×10^8 多人口吃掉了一大半,以致影响积累,影响工业化"。① 遗憾的是,马寅初先生的正确意见不仅没有被执政者认同,反而受到不公正的批判,结果是中国人口与资源的矛盾更加突出更加尖锐,以致后来不得不采取强硬政策推行人口计划生育。

3. 资源的无限多样性的依据和表现

资源无限多样性的依据和表现在以下几方面。

第一,地球虽然只有一个,但人类社会发展史表明,人类可以利用地球之外的太阳、月球及其他天体上的资源。

第二,地球上的资源在整体上具有无限多样性,充分利用地球上的资源还大有文章可做。如开发利用海水、海底资源还大有文章可做。《光明日报》2001 年 10 月 9 日刊发的《藏在海底的可燃冰》一文报道:我国中科院广州能源

---

① 转引自张二勋、秦耀晨:《20 世纪资源观述评》,《新华文摘》,2003(4).

所证实广州市海洋地质调查局在我国南海海底发现可能存在巨大"可燃冰"带。所谓"可燃冰"是一种可以用火柴点燃,像蜡烛一样燃烧的海底物质。该文还说,早在1983年时,"可燃冰"就在墨西哥海底被发现,有科学家预测,"可燃冰"即海底天然气水合物的甲烷资源量是迄今地球上所有已知的煤、石油及天然气矿床的甲烷当量的两倍。

第三,科学技术进步使资源具有无限多样性。例如,垃圾发电技术可使垃圾成为资源。又如,"白色污染"在塑料转变为汽油①的技术真正发明出来以后,它就成为一种新的资源。《光明日报》2000年9月15日《细菌的新用途》一文说,目前的科学研究已发现细菌具有发电、探雷、冶炼金属等新用途。该文说,英国植物学家马克皮特早在1910年就提出利用细菌发电的设想,而后来的研究者认为,利用细菌发电原理可以建造细菌发电站。一个功率为1000千瓦的细菌发电站,只需1000立方米体积的细菌培养液。这种细菌发电站而且是"绿色"的,其运转产生的废物基本上是二氧化碳和水。

第四,一种资源的多用性固然有加剧资源稀缺性的一面,但多种资源可用于同一用途以及一种资源的多用性所导致的资源互相代替又会加强资源的无限多样性。这是能量守恒和转化定律告诉我们的知识。

第五,人力资源以及知识、信息、技术等形态的资源具有无限多样性。

要认识资源的无限多样性,一定要认识科学技术的作用和意义。而要认识科学技术的作用,就要真正理解科学技术是第一生产力的道理。比如,要真正地正确认识耕地资源特别是中国耕地资源稀缺性的变化,就要看到科学技术进步的巨大作用。耕地的稀缺性在中国古代就非常明显。中国古代的所有战争几乎都与土地有关。在农业社会向工业社会转变的历史过程中,土地的稀缺性、有限性还将凸现。西汉末年,我国耕地面积达8.27亿亩,人均耕地13.88亩,到了唐代(公元755年),耕地面积达到14.3亿亩,人均耕地达到最高点,为17.88亩,此后,人均耕地直线下降,北宋时为6.6亩,明朝时还有4.17亩,到1850年时人均耕地只有2.95亩了。到1949年,人均耕地仅有2.7亩。1957年中国耕地面积扩大到16.77亿亩,为历史最高峰。此后,特别是改革开放以来,我国耕地连年减少,到1987年耕地总面积已只有14.38亿亩,人均耕地只有1.33亩,只有1949年的1/2。1987年以后,我国耕地还在不断减少,如

---

① 目前的所谓塑料变汽油的发明是伪科学,以后是否真是科学还有待实践和科学证实。

1994年就减少了600万亩。① 与这个耕地不断减少过程相伴随的,则是我国人口不断增加。耕地是不可再生的资源。耕地减少,人口增加,使耕地这种资源的稀缺程度更为增大,同时也使人力资源的丰裕程度更为提高。即使如此,我国在改革开放以后仍然实现了以占世界7%的耕地养活占世界22%的人口的奇迹。原因何在？原因在于我国政府的经济政策正确,在于农业科学技术进步使单位产量不断提高,使我国农业连年丰收,从而不仅使粮食、棉花等资源由短缺转变为相对过剩,而且使可耕地的稀缺程度变小。如果农业科学技术进一步发展,如果袁隆平的超级杂交稻尽早问世并大量迅速推广(2003年有媒体报道,袁氏超级杂交水稻的亩产达到800公斤),则粮食、土地等资源的稀缺程度还可能变小。这说明科学技术进步不仅可以发现新资源、创造新资源,还可以使资源从有限稀缺向无限多样的方向转化。②

从一定意义上可以说,科学技术的发展是人类智力资源开发的结果。近百年来科学技术的发展表明,对整个人类而言,智力资源开发还只是处于起步阶段。"人人有才,人才各异,扬长避短,人人成才"的人才观和教育观,是对智力资源无限多样性的有力论证。随着人类社会历史的延续和发展,科学技术还将飞速进步,资源无限多样性的客观存在还将展现。

人类对资源无限多样性,也是早有认识。在20世纪60年代之前,一些智者虽然已对资源有限性有所认识,但资源无处不在,无时不有,"取之不尽,用之不竭"的观点,仍然是主流观点。在20世纪60年代之后,即资源有限论成为主流意识之后,资源无限论虽然是遇到了质疑,但它并没有销声匿迹。例如,当《增长极限》发表后不久,阿姆斯丹就出版了《反对罗马俱乐部》的著作。1976年美国赫德森研究所发表了题为《下一个2000年:关于美国和世界的远景描述》的研究报告,该报告逐条批驳了《增长极限》。1981年美国学者朱利安·L.西蒙在《最后的资源》(中译本题为《没有极限的增长》)一书中也对罗马俱乐部的资源有限论进行了批评,认为自然资源在整体上具有无限性,而能

---

① 1年减少耕地600万亩的速度实在太快了。如果这个速度不降下来,如果我国耕地总是这样无限制地减下去,将来有一天就必定是无地可种。然而,2003年却又发生建设用地批了3000万亩的事情。这不能不令人震惊和担忧。现有耕地是祖宗留下来的,我们不能做"吃祖宗饭,砸子孙碗"的事情,而要"珍惜方寸地,留与子孙耕"。

② 科学技术进步也有阶段性,也要遵循量变到质变的规律,我们不能指望每天产生奇迹。因此,资源有限稀缺性必然存在。

源则更是"永不枯竭的能源"。提出:"我们可以得到的自然资源的数量,以及更为重要的是这种资源可以向我们提供的效用,是永远不可知的。""实际上,技术创造新的资源……这就是人类不断繁衍增加,不断消费更多资源,而资源储备不断增加的原因。"[①]他在1984年出版的《资源丰富的地球》一书中又指出:生产的不断增长能为更多的生产进一步提供潜力,虽然目前人口、资源、环境的发展趋势给技术、工业化和经济增长带来了一些问题,但是人类能力的发展是无限的,因而这些问题不是不能解决的。世界的发展趋势是在不断改善而不是逐渐变坏。

如果我们把20世纪70年代以前的资源无限论称为传统资源无限论,而将此后的资源无限论称为当代资源无限论,则可以说,这两种资源无限论虽然都是资源无限论,但二者有着种种不同,表现在以下几方面。

第一,传统资源无限论是以不知地球有多大为前提的,而20世纪70年代之后的资源无限论则是以所谓"地球村"的认识为前提的,这表明人们认识资源问题的背景存在不同。

第二,传统资源无限论不包含具体资源有限稀缺的认识,而当代资源无限论则以承认具体资源有限稀缺为前提。

第三,传统资源无限论产生的背景是没有环境、生态等全球性问题,而当代资源无限论则是以承认环境恶化、生态恶化为前提的。

第四,传统资源无限论所讲的资源主要是自然资源,对人力资源的作用,对科学技术的作用没有很深刻的认识,不是以技术资源发展的无限性作为支撑的,而当代资源无限论则充分认识到科学技术的作用,是以技术资源开发的无限性作为立论根据的。

第五,传统资源无限论占主流地位时,许多具体资源的有限稀缺性还没有凸现,认识不到许多具体资源有限稀缺是属于正常现象,而当许多具体资源有限稀缺的事实凸现出来之后,其遇到挑战也是属于正常现象,当代资源无限论则以许多具体资源稀缺甚至"枯竭"凸现为前提,以资源有限论提出的挑战为前提,它是在论战中产生的理论,因此,这种资源无限论虽然对所谓"零增长"持有异议,但并不否认某些具体产品生产需要"零增长"甚至是"萎缩",也不否认罗马俱乐部提出的"全球性问题"的重要性和深刻性。

---

① 转引自张二勋、秦耀晨:《20世纪资源观述评》,《新华文摘》,2003(4).

4. 资源有限稀缺性与无限多样性，是资源的二重性

资源的稀缺性和丰裕性是一种客观存在，是同一事物的两个方面。仅仅看到资源的有限稀缺性，当然就会强调节约资源，就会看到增长的极限，就不能认识到"时间是人类发展的空间"，甚至会对人类社会悲观失望；相反，仅仅看到资源的无限多样性，则可能会鼓吹资源浪费。辩证地看待资源问题，应是承认资源有限稀缺性的同时也承认资源的无限多样性；既承认经济在一定时空条件下的增长极限，同时又看到经济在长远上增长无极限；既主张节约以求充分利用资源，同时又主张适当消耗已有资源并致力于开发新资源。资源的有限稀缺性，一方面说明具体资源确实有限，另一方面则说明，人类对具体资源的利用具有历史性。由于技术的、经济的、社会的和自然的原因，可供一定历史阶段的人们利用的资源总是有限的，而没有利用的资源总是存在的。一方面，许多具体资源的形成时间是很长的，而人类社会对资源的需求改变则是可以比较短的，这就使一定历史阶段的某些具体资源的稀缺或"枯竭"凸现出来，从而使人们认识到资源的有限稀缺性；另一方面，人类社会的发展又使对资源的利用发展，这表现为一些具体资源逐渐退出生产和生活的过程，而另一些具体的资源则逐渐地加入到生产或生活的过程中来。薪材→煤炭→石油→核能的燃料发展谱系和木材→石块→青铜→钢铁→合成材料的材料发展谱系，都充分证明资源的利用范围是随着科学技术进步而不断扩大的，而在这个过程中，有的资源在越来越少的同时，也会越发少用，以至不用。这就告诉我们：有时候出现某些资源短缺，是属于正常的现象，大可不必恐慌；有时候出现某些资源枯竭，是有其具体原因的，人类会有其解决的办法，大可不必过分忧虑。我们不能对具体资源的有限性稀缺性视而不见，更不能无视某些资源枯竭的事实而盲目乐观，也不能在日见某些资源枯竭的今天而杞人忧天。当然，从另一角度看问题，我们又可以说，无论什么时候都会存在某些资源的短缺的问题，而且，当某些具体资源出现短缺时，人类社会的科学技术进步并不能马上就能解决这资源短缺的问题，因此，任何历史阶段都是需要节约的。完全不需要节约的时代是不存在的。完全抛弃节约的时代也是不曾有过的。所谓节约，就是节约使用资源，而且往往是减少某些具体资源的耗费。比如，我们现在就需要节约使用石油资源。

以上关于资源有限稀缺性和无限多样性的分析使我们可以将资源划分为两类：相对稀缺的资源和相对丰裕或相对过剩的资源。而在具体的社会实践中,我们则要根据经验或统计资料正确认识哪些资源是相对稀缺的,哪些资源是相对丰裕的或相对过剩的,通过建立社会制度使稀缺资源配置到社会最需要的部门且不致产生资源浪费。在市场经济的条件下,具体认识哪些资源是相对稀缺的,哪些资源是相对丰裕或相对过剩的,对于一国的宏观经济调整不仅是必要的,而且是非常有益的;对于微观经济也是具有明显的作用和意义的。

(三)资源的可占有性和不可占有性

1. 资源的可占有性和不可占有性

"资源可占有性"和"资源不可占有性",包含两层意思:其一,是指资源本身所具有的可以占有性或不可占有性;其二,是指在一定社会条件下,人们占有资源的社会意义。作为第一种含义的资源可占有性和不可占有性,只对人类社会的资源所有制度的建立产生影响;作为第二种含义的资源可占有性和不可占有性,实际是指资源所有制度对社会经济运行、发展的作用和影响。资源所有制的社会意义,将在本书后面几章讨论,因此,这里所讲的资源可占有性和不可占有性,都是第一种含义的。

资源的可占有性,是指资源在不被人利用和使用的情况下也能被人占有;而资源的不可占有性,则是指资源即使在被人利用、使用的情况下也不能为人占有。资源的可占有性和不可占有性,是就具体资源而言的。

自然资源的可占有性和不可占有性。例如,土地这种资源就是在不被人利用、使用的情况下也可以为人所占有,因而具有可占有性,而气候这种资源则是在被人利用的情况下也不能为人所占有,因而具有不可占有性。又如,对阳光的一般利用,是人人都会的事情,且可以大大发展,从一般地晒太阳到太阳能的充分利用,还有广阔前途,还有大量工作可做。但是,人们利用太阳的同时却不能实现对阳光的占有,因而说,太阳这种资源就具有不可占有性。由于自然资源具有可占有性和不可占有性,因而可将自然资源分为两类:可占有自然资源和不可占有自然资源。至于哪些自然资源是可以占有的,哪些自然资源是不可占有的,则要由具体科学进行更深入的研究。我们这里只是要指出:正是由于一些自然资源具有不可占有性,因而任何经济主体要占有并实际控制全部自然资源是不可能的。

人力资源的可占有性和不可占有性。人力资源是与人相联系而存在的资源。人力资源可分为人的体力资源和智力资源。奴隶制、劳役地租制、雇佣劳动制的存在都表明人的体力资源具有可占有性,而奴隶制下的奴隶怠工、奴隶逃亡,劳役地租制下的农奴怠工、劳动效率低下,雇佣劳动制下的怠工、出勤不出力等,则表示人力资源具有不可占有性。现代企业里的技术开发、产品开发、市场开发以及窃取技术资料和商业秘密等等,都表明智力资源具有可占有性,而人的创造性没有充分发挥,人的潜能没有充分发挥,则又表示智力资源具有不可占有性。技术转让、技术市场的存在表明智力资源具有可占有性,而核心技术难以掌握,则又表示智力资源具有不可占有性。

显然,人力资源的可占有性和不可占有性是客观存在的。但是,我们却不能将人力资源再区分为可占有人力资源和不可占有人力资源。这是由人力资源的特点所决定的。人力资源的特点在于,人作为一种资源是与人身相联系的,而人是活体,每个人都有自己的意志和力量,正是这种意志和力量使每个人都具有一定的独立性。因此,每个人都是自身的占有者,而且只有自身才能真正占有自身的力量,只有自身才能真正支配、运用自身的力量。但是,这只是问题的一个方面,问题的另一方面是,不仅每个人的身体可以被他人占有,由他人支配,而且每个人的力量以及智慧也可以被别人占有并利用。奴隶制本质上就是一种人力资源占有制度,在那种制度下,奴隶的体力、劳动经验、劳动知识和劳动技能都被奴隶主所占有,甚至奴隶作为人所具有的生殖力也被奴隶主所占有。劳役地租制本质上也是一种人力资源占有制度。劳役地租制作为人力资源的一种占有制度,比奴隶制的进步之处在于,劳动者的体力、或者说人身以及劳动经验、技能、智慧等被人占有是有时间和条件限制的。资本主义雇佣工人制也是一种人力资源占有制度。资本主义雇佣劳动制作为一种人力资源占有的制度又具有自己的特点:资本家对属于工人所有的人力资源的占有是以契约或者说合同的形式进行的,占有是在买卖的形式下实现的,占有的实质被契约的外衣所掩盖。

2. 资源的可占有性和不可占有性与经济主体的关系

资源的可占有性和不可占有性与经济主体有一定的联系。一般来说,经济主体有个人、家庭、企业、国家等几种形式。不同经济主体,力量大小不同。家庭的力量总是大于个人的力量,企业的力量总是大于家庭的力量,国家的力量一般要大于任何企业和组织。同样类型的经济主体,力量大小存在区别。不同国家的力量也有很大的区别,发达国家的力量就要大大强于发展中国家。

不同的企业,不同的家庭,不同的自然人也在力量上存在明显的区别。而经济主体力量的区别不仅决定其对资源占有力量的区别,而且会表现为如下区别:有的资源既可以由自然人单个占有,同时也可以由企业或国家占有;有的资源则只能由自然人集体占有或国家占有,而不能由单个自然人占有,相反,有的资源则只能由单个自然人所拥有,而不能由企业或国家所占有。在远古,单个人凭自己的力量可以实现对一棵果树的占有,也可以凭自己的智慧和力量实现对某种技术资源的占有(如中医中药秘方)。在现代,单个人凭自己的力量占有某种资源或某些资源的情况往往是与一定的社会制度相联系的。

严格地说,单个自然人依靠自己身体的力量,不论他是如何样的巨人,都不能占有诸如土地、山林等资源。但是,在一定的社会条件下,单个自然人(如鲁滨孙),却可以实现对一块土地、一片山林、一片水域的占有。这种占有的存在,一方面说明土地、山林、水域都具有可占有性,另一方面则说明社会人的力量本质上是社会的力量。没有社会的支持,没有国家力量的支持,任何一个自然人要实现对一块土地、一片山林、一片水域的占有,都是不可能的。《鲁滨孙漂流记》里的鲁滨孙对那个孤岛的占有,是凭借社会力量的占有。他在占领那个孤岛前,把那条破船上能够取下的木板以及半袋小麦、一杆猎枪、一包火柴等都取下来了,他是凭借这些东西实现对孤岛以及"星期五"的占有的,而他所凭借的这些东西实质上都是社会的力量。因此,任何个人仅仅凭借个人的力量是难以占有自然资源和社会资源的。我们现在之所以可以占有自然资源或社会资源,实际上是由于社会力量支持的结果。而社会力量是来自社会制度的。

3. 资源的可占有性和不可占有性与资源有限稀缺性和无限多样性的关系

资源的可占有性和不可占有性与资源的有限稀缺性和无限多样性也有内在的联系。一般来说,有限稀缺的资源同时也是可占有资源,而无限多样的资源往往具有不可占有性。例如,任何经济主体哪怕是国家,要占有所有资源就是不可能的。任何经济主体,即使他有着无限占有资源的欲望,最终也只能占有有限的资源,而不能占有所有资源。相反,稀缺的具体资源,一方面固然可以由任何经济主体占有,从而使别的经济主体不能占有;但另一方面,资源的稀缺性又必定导致资源争夺,而资源争夺又必定限制资源的实际占有。因此,资源的可占有性和不可占有性与资源的有限稀缺性和无限多样性之间的关系,是极其复杂的。

4.资源的可占有度

资源的可占有性对于不同的具体资源有大小、强弱之分,换句话说,资源有一个可占有程度问题。一般来说,资源的可占有程度一是取决于资源本身的可占有性;二是取决于资源的稀缺程度,越是稀缺的资源其占有难度就越大,越是丰裕的资源其占有难度就越小;三是取决于经济主体的力量,经济主体力量越大,越是能占有、控制资源。资源的可占有程度是变化的。随着社会生产力发展,随着科学技术进步,许多具体资源的可占有程度会提高。这表现为经济主体对具体资源占有的扩张。

根据以上资源可占有性和不可占有性的分析,我们可以得出结论:第一,资源,特别是自然资源可以区分为可占有资源和不可占有资源。具体的自然资源要么是可占有资源,要么是不可占有资源。第二,人力资源与自然资源的重要区别在于,人力资源总是具有可占有性的同时也具有不可占有性。

根据以上两点结论,我们可以推知:人类社会对自然资源的管理与对于人力资源的管理应有不同的办法和制度;人类社会对不同的自然资源和不同的社会资源也应当有不同的管理办法和制度。

(四)资源的可垄断性和不可垄断性

1.资源的可垄断性和不可垄断性

资源垄断是指资源只有一个所有者或占有者。一种资源只有一个所有者,是资源垄断;所有资源只有一个所有者,也是资源垄断。相反,一种资源具有多个所有者就不是资源垄断。

资源可垄断性和不可垄断性,也有两层含义:其一,是指资源本身所具有的可垄断性或不可垄断性;其二,是指资源垄断的社会经济意义,即允许垄断和反对垄断的社会经济意义。我们这里首先讨论第一含义的资源可垄断性和不可垄断性。

所谓资源可垄断性,是指资源具有为一个所有者主体占有的现实性。所谓资源不可垄断性,则是指资源具有不能为一个主体占有的现实性。

资源的可垄断性是由资源的可占有性和稀缺性决定的,资源的不可垄断性则是由资源的无限多样性和不可占有性决定的。一种资源不具有可占有性,就不可能对其实行垄断;一种资源不是严重稀缺的也不会成为垄断的对象。相反,一种资源具有可占有性,同时又是稀缺性资源,而当它的有用性被充分发现时,它就必然而且很快会成为垄断的对象。一种资源即使很有用,但如果它具有不可占有性或者是无限多样的,是用之不尽取之不竭的,也就不会成为垄断的对象,也就具有不可垄断性。资源在整体上是不可垄断的。而具体的资源则是:有的具有可垄断性,有的具有不可垄断性。比如,某种技术在一定时间和空间的范围内,是可以由某一经济主体垄断的,但是知识资源、技术资源以及信息资源,甚至全部的自然资源只有一个所有者的垄断,又是不可能的。

2. 资源垄断的历史形态

资源垄断在历史上和现实社会中都是客观存在的。例如,中国古代的"普天之下莫非王土",是一种耕地资源垄断制度。如果说"普天之下莫非王土"存在现实困难,则中国几千年封建社会一直存在的土地兼并就可以视为建立土地垄断制度的尝试。在市场经济中存在的原材料垄断、商品垄断和市场垄断,本质上都是资源垄断。专利制度实际上是一种技术资源垄断制度。商标制度则有助于形成市场垄断。

3. 资源垄断与社会制度

资源垄断固然要以资源具有可占有性和稀缺性为必要条件,但又必须以社会的资源制度安排为充分条件。一种资源所具有的可占有性,只是为产生该种资源的垄断提供了可能,一种资源的稀缺性以及它的有用性也只会使资源垄断的欲望加强而不会成为现实,资源垄断成为现实还必须有社会制度安排作为充要条件。一种资源即使具有可占有性和稀缺性,如不能得到社会制度的支持,则以该资源为对象的垄断仍然不能发生。如果社会不允许垄断存在,则垄断还是不能产生。任何经济主体的力量毕竟是有限的,一个企业要垄断一种或几种资源的全部是力不从心的。即使是国家,哪怕是一个强大的国家要实现严格意义上的资源垄断也是存在困难的。相反,社会如果允许垄断存在,则垄断就会产生。所以,资源的不可垄断性固然要以资源不可占有或无限多样为前提,但在制度安排上如果鼓励垄断,则垄断仍然会成为一种客观存在。

4. 资源垄断的作用

资源垄断的作用是二重的。一方面,资源垄断必然使其所有者实现经济利益,而使非所有者的利益实现受到阻碍或使其利益受到损害。原料垄断,必然使垄断原料的经济主体轻而易举地获得利益,而使原料需求者的利益受到损害或可得利益减少。技术垄断必然使技术推广受到阻碍。另一方面,资源垄断又必然导致资源有偿使用制度产生,而这一制度在给资源使用者增加压力和负担的同时,也会促使其开发可替代资源,从而导致新资源出现,促进社会生产力发展。

5. 资源垄断的形式

资源垄断的形式有私人性垄断和国家垄断。原则上,资源国家垄断可以一切资源为对象,即不仅稀缺资源可由国家垄断,就是非稀缺资源也可以由国家垄断。但是,国家要垄断其领土(包括领海和领空)上的所有资源又是不可能的,这是由于资源在整体上具有无限多样性。资源私人垄断只能以具体资源为对象,而且这种被垄断的资源一定具有稀缺性和可占有性。

资源私人性垄断的形式是多种多样的。个人或其家庭对一定范围内的某种或某些资源的垄断,是一种形式。集团或集体垄断,则可以视为私人垄断的放大。因此,资源的集体垄断或集团垄断可以看作是私人垄断的一种形式。当然,资源集体垄断或集团垄断又可以说是资源公共所有的一种形式。资源集体垄断或集团垄断,是私人垄断还是公有性垄断,不仅要看资源所有权的性质,而且要看是给谁带来利益。如果资源垄断作为资源公共所有的形式却给"集体"或"集团"带来很大的利益,则这种垄断就具有私人垄断的性质;相反,则是具有公共垄断的性质。国家——历史上的国家,即作为阶级统治的机关,因其本质所决定,它不是人民的国家,因而所垄断的资源就必然是用来实现统治阶级利益的工具。

资源私人性垄断,满足个人或家庭或集团占有资源的欲望,实现某些个人或家庭或集团的利益最大化。资源私人性垄断存在的条件,首先是某些具体资源具有稀缺性和可垄断性,其次则是社会制度允许。而所谓"社会制度允许"不仅是指社会鼓励个人或家庭或集团最大限度地占有社会财富和资源,而且是指社会制度中包含着实现资源私人垄断的机制。这种能够帮助私人垄断得以实现的机制是什么呢?是以资源或财产所有权为基础的资源交换制度,也就是既以资源或财产所有制为基础,同时又以包含在其中的资源买卖制度为条件。没有资源财产所有制,就不会有资源买卖制。没有资源买卖制,资源私人垄断就不会产生,也无从实现。事实正是:以所有制为基础的资源买卖使资源私人垄断得以产生和发展。

三、资源分类

分类是人们认识和研究客观事物的一种逻辑思维方法。人们认识客观事物往往是从区分事物开始的，通过事物之间的比较，找出其共性和差异，从而加强对事物的认识和了解。认识和研究资源，是需要对资源进行分类的。

对于资源，我们从不同的角度，按照不同的标准可以作出不同的分类。关于资源，人们已有许多分类。如，我们可以根据行业特点的不同而将资源分为农业资源、工业资源等。又如，我们可以根据资源是否可以再生而将资源分为可再生资源和不可再生资源。再如，我们还可根据人类活动领域的不同而对资源作不同的分类，如经济资源、政治资源、军事资源、文化资源、司法资源等。资源本身是无限多样的，这决定资源分类是无穷尽的。这里，仅对以下各类资源作出界定。

（一）自然资源与社会资源

从自然与社会相区别的角度，我们可将资源分为自然资源和社会资源：

所谓自然资源，是指还没有经过人类社会劳动改造的资源。"自然"一词是"自然而然"的简约，"自然"含有"天然"的意思。因此，自然资源也就是天然资源。由于人类社会业已存在300万年，有文字的历史也已有数千年，人类的足迹已经遍及地球村各个角落，没有人类足迹的地方已很难找到，这使严格意义上的自然资源存在不多，但也并非没有，原始森林或原始次森林、没有发现或已经发现但还未挖掘的矿藏资源等，都还是属于严格意义上的自然资源。当然，人们在运用"自然资源"这一概念时，更多的时候则是指对于物质资料生产具有重要意义的物，而这种意义上的自然资源与我们下面要谈的物力资源的概念是相互联系的。

所谓社会资源是指基于人类社会劳动而产生的资源，包括人力资源、信息资源和人类劳动创造的物质财富。人类社会劳动所创造的物质财富，从一方面看，是物质资料生产过程的结果，因而不是资源，而是劳动产品，但从另一方面看，它又仍然是社会经济活动所不可缺少的资源，因为这些物质资料可以成为人类社会进行再生产的条件，也就是作为生产资料在生产过程中发挥作用。

人类社会在物质资料的生产过程中虽然可以创造资源，但终究要以大自然为基础，即要以自然资源为基础。人类不能离开或在没有自然资源的条件下，凭空进行创造。

(二) 物质资源和人力资源

从人与物相区别的角度，我们可将资源分为物质资源和人力资源：

所谓物质资源是与人力资源相对应的概念。物质资源包括全部自然资源和一部分社会资源，即指自然资源和人类劳动创造的物质财富之和。现时人们经常讲的自然资源，如某地自然资源丰裕，其实是指那里的物质资源富足，其中主要是指已知的但又未开发的自然资源富足，而不是指物质财富多。从严格意义上讲，一个地方的自然资源充足并不等于那里物质资源富足，更不等于那里物质财富富足。因此，物质资源的概念并不等于自然资源的概念。这是我们应当注意的。

人力资源就是人才资源，即指人的力量，包括人的体力和人的智力。因此，人力资源又可以分为体力资源和智力资源。人的体力和智力，所以是资源，在于任何人类社会的劳动过程总是或多或少地包含人的体力和智力的作用，总是少不了人的体力和智力的作用和耗费。

从一定意义上可以说，人类社会的发展历史，就是一部人类的人力资源不断开发，不断发展的历史。所谓人力资源开发、发展，从一个方面看问题，主要是指人类的智力开发和发展。早期人类的智力开发水平不如今人，现代人比古代人更聪明，脑容量的扩大证明了这一点。中国的元谋人在170万年前开始用火，非洲人在160万年前开始用火，那时人的脑容量大约是700至800毫升。100万年前的直立人的脑容量约为1000毫升，50万年前人的脑容量增加到1200毫升。"裴文中先生于1929年发现北京（直立）人为1050毫升。现代人的平均脑容量为1450毫升。脑容量增长的同时，大脑皮层褶皱面积也不断增大，现代人为1700——2200平方厘米，是黑猩猩的3倍。"[①]人力资源开发，依赖教育。教育在广义上包括能使人的体力和智力得以提高的一切活动。这种广义的教育包括三个方面：一是劳动实践，二是知识学习和思维训练，三是科学技术研究。

---

① 宋健：《制造业与现代化》，《光明日报》，2002.9.26

(三) 科技资源

科学技术是第一生产力。科学技术是人类的人力资源开发的结果,它一旦产生就不仅有自己的发展规律,而且必然要成为人类进行一切活动所不可缺少的资源。科学技术作为资源,其作用是多方面的。其一,科学技术在物质资料的社会生产中,对于节约某些物质资源起了重要作用。其二,科学技术对于节约人力资源特别是节约人的体力资源,降低体力劳动的强度起了重要作用。从将来看,科学技术对于实现劳动成为人们的生活第一需要将起着重要的作用。其三,科学技术对于充分利用自然资源起了重要的作用。这种作用有时就体现为资源替代,如煤炭替代木材,石油代替煤炭,电力代替石油等。其四,科学技术对于开发人类的智力资源,实现人的全面发展,起了重要的作用。人类社会越是向前发展就越是离不开科学技术的进步。不仅人类社会的物质资料生产一刻也不能离开科学技术,而且人类的日常生活也不能没有科学技术,消费科学、消费技术将是人类消费的重要组成部分。科学技术进步意味人的发展。人的发展不能离开科学技术进步。科学技术进步与人类智力资源的开发,是互为条件互为前提的,同时二者又是互相促进的。

(四) 有用资源和有害资源

我们可以资源的有用性和有害性为标准,将资源分为有用资源和有害资源以及既有用又有害的资源。

有用资源,是指在一定历史条件下,能够对物质资料生产和人民生活起积极作用,能够满足人们的物质文化生活需要的资源。

有害资源,则是指对人民群众的生产和生活具有一定危害的资源。比如,在目前,生活垃圾、工业垃圾、医疗垃圾等都是有害资源。

既有用又有害的资源也是客观存在的。大多数的化工原料和化工产品,都是既有用又有害的资源。

资源的有用性,既是一个永恒概念,同时也是一个历史概念。许多物不论在什么历史条件下,都是有用的。但也有许多物在一定历史条件下,是无用的,甚至是有害的;还有许多物则是既有用又有害的。一方面,我们要认识到,资源总是有用的,现时没有发现其有用性,并不等于不存在有用性,现时有害的资源将来可变为有用资源;另一方面,我们也要认识到任何时候都会存在有害的事物,现在有害的物被消灭之后,人类社会的生产和生活又会产生新的有害的物。自然科学的任务之一是:不断发现资源的有用性和有害性的同时提出将有害资源转为有用资源的办法。

(五)稀缺资源和丰裕资源

我们可以资源的稀缺性为标准,将资源分为稀缺资源和丰裕资源。

所谓稀缺资源,就是相对人类社会的需要而显得过少的资源。在市场经济条件下,市场上短缺的资源一般都是稀缺资源。

所谓丰裕资源,就是相对于人类社会的需要而显得过多的资源。在市场经济条件下,市场上过剩的资源一般都是丰裕资源。

资源的稀缺性和丰裕性都是具体资源具有的特性,是因时因地而产生的。在此时此地是稀缺资源,在彼时彼地则可能是丰裕资源,反之亦然。

(六)可占有资源和不可占有资源

我们可以资源是否可占有为标准,将资源分为可占有资源和不可占有资源。

所谓可占有的资源,就是经济主体可以占有的资源。所谓不可占有的资源,则是经济主体不可占有的资源。物质资料生产过程所生产的产品,一般都是可占有的资源。但也有一些副产品,是人们在一定条件下不能占有的资源。

所谓"可占有"和"不可占有",包含两层意思,一是能不能占有,二是愿不愿占有。"能够占有"和"不能占有",首先是由资源本身的特性决定的,主体的力量也有一定的决定意义。比如,海洋资源本身是属于能够占有的资源,但现时条件下,还有许多海洋资源是属于人类不能占有的资源,人们还得望洋兴叹。"愿意占有"和"不愿占有",则是由主体的意志所决定的。比如,粮食在收获季节都是可以占有的资源,而过了收获季节(如烂在田里的稻谷)的粮食,则可能是人们不愿意占有的资源。此时此地的粮食也就成了不可占有的资源。

(七)可垄断资源和不可垄断资源

我们还可以资源是否可垄断为标准,将资源分为可垄断资源和不可垄断资源。

所谓可垄断的资源,就是指经济主体可以垄断的资源。所谓不可垄断的资源,就是经济主体不可垄断的资源。

所谓"可垄断"和"不可垄断",包含两层意思,一是资源本身具有可以垄断或不可垄断的性质,二是资源垄断对于社会经济发展以及社会发展的意义。资源在整体上是不可垄断的。具体资源则具有可垄断和不可垄断的区别。具体资源垄断的社会经济意义是不一样的。有的资源垄断(如食盐垄断)在一定历史条件下,不仅是必然的,而且对社会经济发展具有积极推动作用;相反,有的资源在一定历史条件下,则失去了垄断的必然性,因而其垄断对社会经济发展无益。

第二章

资源与经济

资源与经济是相互作用的,一方面,资源对经济存在制约作用;另一方面,经济对资源又存在反作用。

一、资源对经济的制约

资源对经济的制约作用是多方面的,其表现主要有:

(一)没有资源就没有经济

任何国家、任何民族、任何经济主体,在任何时代要进行经济活动,求得经济发展,都必须拥有资源。所谓"没有资源"只是相对的而不可能是绝对的。任何国家都不可能完全没有资源,而只是缺乏发展某方面经济的具体资源,完全没有资源的情况是不存在的,一国一地总是具有发展其经济的资源,正因此,每一国家都有自己的经济,每一地区也总是有自己的经济。当然,资源匮乏的情况还是存在的。但是,这所谓资源匮乏却是相对的,即实际上是某些资源缺少,而不是全部资源缺乏。① 日本被人称为"资源小国",这在一定意义上是对的,因为日本的煤炭、石油、铁矿等资源确实都很缺乏,都依赖进口。这种情况在一定条件下,当然会制约日本经济的发展。第二次世界大战后,日本由一个战败国发展为一个经济大国,不能说没有受到某些资源的制约,但"经济

---

① 浙江嘉兴没有发达的畜牧业,却是全国闻名的"皮革之都";没有森林资源,却是木业产值近70亿元木业大县;棉花、化纤资源并不丰富,却是中国服装出口第一大县。这种被媒体称为"零资源经济现象"表明,缺少某些具体资源并不能认定为"没有资源"。

大国"的事实又反过来证明"资源匮乏"的相对性和人们的"资源"观念的局限性。因此,所谓"没有资源"的说法在一定意义上是难以成立的。

(二)资源的性质决定经济的性质

这里所讲的资源性质,是指资源所具有的物理性质、化学性质、生物性质和社会性质的总和。换句话说,资源的性质可从自然科学和社会科学的角度进行考察。在中国,长江以南主要种水稻,长江以北主要种小麦、玉米和高粱,这种区别反映了资源性质对经济性质的决定作用。有的地方可以种桔,有的地方不能种桔,即所谓"淮橘成枳"也是资源性质决定经济性质的反映。有铁矿才能办铁矿,有石油才能采石油,没有煤炭就不能办煤矿,没有江河就不能搞水运,这些基本常识,既说明没有资源就没有经济的道理,同时也反映了资源性质对经济性质的决定作用。经济要利用资源。而利用资源首先就要从资源的性质出发。不从资源的特定性质出发,盲目进行经济活动,是不按客观规律办事的表现,其结果必然是失败。

社会历史所以可以划分为农业社会、工业社会、信息社会,经济所以可以划分为农业经济、工业经济、知识经济、信息经济,原因也在于资源具有不同的性质和特点。农业社会的特点在于农业经济占主要的地位,而农业经济的特点又在于农业生产所运用的资源具有自己的特点,这些资源有着不同于工业经济所依赖的资源的特点。现代农业与农业机械化、农业电气化是相联系的,这与牛耕有很大不同。这种不同也就反映了资源性质对经济的制约作用是客观存在的。

资源性质除开物理化学等自然科学方面的性质外,还有其社会性质。资源的社会性质既有由社会生产关系决定的一面,同时又有反映社会生产关系的一面。生产关系的实质内容在于对资源的占有、支配、使用或利用与经济主体的利益是一种什么样的关系。奴隶制作为生产关系一种历史形态,其特点就在于,奴隶主通过占有奴隶这样一种人力资源进而实现对自然资源的占有,从而实现奴隶主阶级的物质利益。封建地主经济作为生产关系的又一历史形态,其实质内容在于,地主通过占有耕地资源进而实现对劳动者人力资源的占有。资本主义生产关系,则以资本家拥有货币资本,工人不得不靠出卖劳动力谋生为前提,资本家运用货币资本实现对自然资源、物质资源和人力资源的占有和支配。在资本主义社会,资本家拥有货币就等于拥有一切物质资源,而工人除了拥有自身的人力资源外却是一无所有,因而不能不出卖自己的人力资源。资本家为什么会拥有那么多货币资源,工人阶级为什么会一无所有,则是由历史造成的。马克思主义经济学的资本原始积累理论描述了那一历史过程。当然,一旦整个人类社会的人被历史分为富人和穷人之后,让他们再来一个所谓平等的竞争是不可能的,即是不可能有真正的平等的。社会主义、共产主义作为生产关系的更高历史形态,应以社会成员平等运用自然资源和前人所创造的社会资源为基本特征,在这个前提下,不仅自然资源受到应有的保护,得到合理的利用,而且每个社会成员的智力资源得到充分的开发和发展。知识经济作为对未来社会的一种预测性描述,强调知识在未来经济中的作用会更加突出,也就是说,在将来的经济中,人力资源的作用,特别是智力资源的作用会更加突出。在所谓知识经济时代,自然资源的作用,物力资源的作用不是可以替代的。这也就是说,完全不要自然资源,不要物质资源的时代不会到来,完全用知识资源取代自然资源和物质资源的企图是不可能实现的。

(三)资源的数量决定经济发展的规模

资源不仅有一个性质问题,而且有一个数量问题。对于资源数量问题,我们应当这样认识:

第一、资源在整体上既是一个不变量,同时又是一个可变量。这是因为地球以及宇宙在一定时间内即相对一代或几代人而言是不会有巨大变化的,如果有巨大的变化,那不仅是那一代人或几代人正巧碰上了,而且对整个人类而言必是一场巨大的劫难,人类能不能逃过这一劫,如何逃过这一劫,在现时代都是没有解决的问题,因为这样的问题在根本上是由大自然的规律决定的。因此,地球上的资源在整体上就可视为一个不变的量(显然,将地球上的所有资源理解为一个"不变的量",有助于深刻认识资源的有限稀缺性)。但是,地球上的资源同时又是一个变动的量(将地球上的所有资源理解为一个"变动的量",则有助于认识资源的无限多样性)。资源在整体上所以是一个"不变的量"的同时又是一个"变动的量",其根本原因在于人类的科学技术是不断进步的,人类的认识能力和利用资源、开发资源的能力是不断发展的,在人类社会不断向前发展的历史过程中,能够作为资源的物和人会以变动的形式呈现在人们的面前,会越来越多地进入人们的视野。因此,我们在这一定的意义上又可以说,资源在整体上是不断增长的。

第二,在一定历史条件下的资源总是具体的,比如,农业经济、工业经济所需要的资源总是具体的。而任何具体的资源又总是有一个限量,它不是取之不尽、用之不竭的。石油、煤炭、矿藏、耕地等具体资源都是不可再生资源,用一点就少一点。但是,另一方面,这些具体资源又是具有可替代性的,水电增加在一定条件下就可以减少火电,相应地,石油、煤炭等资源的耗费就可以减少。然而,资源数量决定、制约经济发展及经济的规模还是客观的。火力发电厂的多少,就受石油、煤炭等资源的制约,而水电站的建设以及它的多少、装机容量就不仅要受技术装备等资源的制约,而且还要受水资源的制约。经济规模,经济发展受人力资源、技术资源、知识资源和信息资源的制约的情况也是客观存在的,是不应忘记和无视的。

(四)自然资源对经济发展的制约

首先,我们应当确定人类是从属于大自然的。人类的存在是一种自然的存在,人类是大自然的一部分。人类本身是大自然的创造,人类的创造在根本上还是大自然的创造。在大自然面前,人类是渺小的,人类在大自然面前不可以妄自称大,不能狂妄自大。人类的伟大只是相对于地球上其他生物而言,在地球之外有没有比人类更高级的生物,还是属于不能确定的问题,至少是不能排除可能性的问题。有关外星人的报道在近几十年来有过多次,虽然至今没有确凿的证据,但人们对外星人的存在以及他们是否访问过地球,还是宁可信其有不愿信其无。其实,外星人是否存在以及关于它的证明并不是十分重要的,重要的问题在于,人类必须正确认识人类与大自然的关系,给人类在大自然中予以正确的定位。对此问题,人们过去有一种观点认为,人类可以战胜大自然。现在看来,这种认识至少是不够准确的,从一定意义上可以说,人类是不能以大自然为敌的,因而也就不存在人类战胜大自然的问题。在这个前提下,我们应当注意到,第一,大自然有自己的发展规律,人类不能改变这种规律,而只能适应这种规律。正如恩格斯所指出的那样:"除永恒变化着、永恒运动着的物质以及这一物质运动和变化所依据的规律外,再没有什么永恒的东西。"[①]第二,自然资源的发展也有自己的规律,人类虽然可以认识这种规律,但不能改变这种规律,只能适应、利用这种规律。例如,石油资源有其生成的规

---

① 《马克思恩格斯选集》,人民出版社,1972,(3),462

律,它是不可再生的资源之一。对此,人类是无能为力的。

其次,我们应当认识到,即使在科学技术高度发展的今天,我们的经济也是必然地要受自然资源制约的。我们工厂里的机器一旦没有石油,它们就会停止运转。现在,全世界有60亿人口,这60亿人口需要粮食资源,而粮食生产明显还受着大自然的制约,也就是受到耕地、气候等资源的制约,别开耕地资源不论,气候对农业生产的影响就是至今不能不考虑的问题。拿中国来说,13亿人口,农业因气候的影响而减产的情况是经常可以见到的。因此,自然资源对经济的影响是绝不能忽视或小视的。

既然大自然与自然资源在一定的意义上是同一的,则大自然对经济的影响也就是自然资源对经济的影响,自然资源对经济的制约也就是大自然对经济的制约。那么,恩格斯的著名论断就是我们万万不可忘记的。恩格斯说:"我们不要过分陶醉于我们对大自然的胜利。对于每一次这样的胜利,自然界都报复了我们。每一次胜利,在第一步都确实取得了我们预期的结果,但是在第二步和第三步却有了完全不同的、出乎预料的影响,常常把第一个结果又取消了。美索不达米亚、希腊、小亚细亚以及其他各地的居民,为了想得到耕地,把森林都砍光了,但是他们梦想不到,这些地方今天竟因此成了荒芜不毛之地,因为他们使这些地方失去了森林,也失去了积聚和贮存水分的中心。阿尔卑斯山的意大利人,在山南坡砍光了在北坡被十分细心地保护的松林,他们没有预料到,这样一来,他们把他们区域里的高山畜牧业的基地给摧毁了;他们更没有料到,他们这样做,竟使山泉在一年中的大部分时间内枯竭了,而在雨季又使更加凶猛的洪水倾泻到平原上。在欧洲传播栽种马铃薯的人,并不知道他们也把瘰疬症和多粉的块根一起传播过来了。因此我们必须时时记住:我们统治自然界,决不象征服者统治异民族一样,决不象站在自然界以外的人一样,——相反地,我们连同我们的肉、血和头脑都是属于自然界,存在于自然界的;我们对自然界的整个统治,是在于我们比其他一切生物强,能够认识和正确运用自然规律。"①正由于大自然对经济的制约作用是绝对存在的,而大自然的规律又是人类不能改变的,因此,人类就必须善待大自然,就必须保护大自然,而不能在大自然面前随心所欲。

---

① 《马克思恩格斯选集》,人民出版社,1972,(3),517—518

(五)人力资源对经济发展的制约

一方面,经济发展是为人类服务的。另一方面,经济发展又是不能离开发挥人的作用的。发展经济必须发挥人力资源的作用。离开人力资源的经济是不存在的。而人力资源是人的体力资源和智力资源之和。经济发展对人力资源的依赖,其实质是对人的智慧的依赖。人类社会早期,即古代的社会生产在表面上对人的体力资源非常依赖,实质上则是对智力资源的依赖。正是由于当时人类的智力资源未能充分开发,因而就显得对体力资源非常依赖。而人类社会再往前走,就更是依赖人类的智慧即智力资源的开发和利用。美国著名发展经济学家舒尔茨先生指出:"人类的未来并不完全取决于空间、能源和耕地,而是取决于人类智慧的开发。"舒尔茨先生这句话,一方面是充分地表现了人类的智慧,另一方面则是指明了人类的发展方向和人类社会发展的真正动力。

可是,有的人在讲知识对经济的重要作用时,却不知深浅地断言"所有创造财富的资源中,知识可以创造其他资源","知识是取代自然资源的替代品","取之不尽、用之不竭的知识是终极的替代品"。认为,"目前有两种经济,一是朝阳经济,另一种是夕阳经济","多数传统产业已成夕阳,矿业、铁路、钢铁已被新技术革命所淘汰","现代经济的主要职能是知识和信息的生产和分配,而不再是物质的生产和分配","包括生产、消费和生活的各种经济活动都具有虚拟性,都不需要在现场进行,而是通过数字化的网络来完成"。

显然,这种观点是不正确的,至少是存在缺陷的。比如说知识可以替代自然资源,就是不正确的。这种观点过分夸大了知识、信息的作用,企图否定物质资源、自然资源的作用。持这种观点的人在网上也许有过虚拟的交易、虚拟的结婚等经历,却把他要吃饭或吃过饭这件事给忘记了,以致得出"知识可以替代自然资源"的错误认识。铁的事实是,知识可以减少自然资源或物质资源的耗费,却不能取代自然资源和物质资源。

要正确认识人、人类、人力资源在社会经济中的作用,需要正确理解恩格斯的以下论述:"动物仅仅利用外部自然界,单纯地以自己的存在来使自然界改变;而人则通过他所作出的改变来使自然界为自己的目的服务,来支配自然界。这便是人同其他动物的本质的区别,而造成这一区别的还是劳动。""一切动物的一切有计划的行动,都不能在自然界上打下它们的意志的印记。"①

在恩格斯的上述论述中,强调了人类同动物与大自然关系的不同点在于,"动物仅仅利用外部自然界,单纯地以自己的存在来使自然界改变",人类则可以"支配自然界"。显然,这里的所谓"支配自然界"的真实含义在于强调了人类与自然界的关系同动物与自然界的关系是有本质区别的。显然,恩格斯所讲的"支配自然界"并不是邪教法轮功头目李洪志所讲的那种"支配自然界":推迟地球爆炸。也不是我们过去所理解和经常讲的"战胜自然""征服自然",既不是可以在自然界为所欲为,也不是可以任意摆布自然界。恩格斯所讲的"支配自然界"应该理解为:人类在认识自然规律的前提下,可以按照自然的规律对自然界的某些方面、某些部分进行一些适当的改变,如按照人类的需要改变自然形成的江河流向(挖掘人工运河),又如填海造田、挖掘海底隧道、修建地铁,植树造林变沙漠为绿洲等。显然,人类进行这些改变自然的活动,都需要利用人力资源,没有人力资源的充分利用是不成的。离开人力资源,这些改变自然的活动就无从谈起。中国的万里长城是中华民族悠久历史和古代文明的重要象征,而它的存在从一定意义上可以说,就是中国古代人力资源发挥作用的成果。正因为有了古代中国人力资源的巨大作用,她在今人看来才显得更加伟大。

人力资源对具体经济过程以及经济效益的制约作用更是有目共睹。其一,人力资源进入具体经济过程的数量,既由经济的性质和发展水平决定,同时它又倒过来制约经济的性质和效率。其二,进入具体经济过程的人力资源总是一定质量的人力资源,人力资源的质量同样制约着经济的发展和规模。当我们的农业是处于铁器牛耕的水平之时,农业所需要的人的体力资源就必然要比农业现代化所需要的人的体力资源要多;当我们的工业还是处于工场手工业阶段之时,我们的工业所需要的人力资源在数量上、质量上就必然不同于现代工业对人力资源的需要。反过来,当我们要将传统农业改造为现代农业,就必然受到人力资源特别是农业劳动者素质的制约;当我们要将传统工业改造为现代化的工业之时,也同样要受到人力资源的制约。在自 1978 年开始的中国工业化的历史过程中,我们起先是认为,中国最缺乏的是资金,因为我们要从发达国家进口先进的技术、先进的设备都需要资金,但在后来的年月

---

① 《马克思恩格斯选集》,人民出版社,1972,(3),517

里,我们就认识到,现代化是一个动态的概念,而不是一个固定不变的概念;我们不能从外国进口一个现代化,我们不能买进一个现代化。中国的经济是属于赶超型经济,而要真正实现赶超就必须依靠自己的原始创新。没有创新,没有更多的创新,或者说,没有更多的原始创新,中国就只能跟在发达国家的后面步行。所谓创新在本质上则是人的智力资源的开发的结果。没有人的智力资源的开发,就不会有创新。所以,我们现在就有了人才是第一资源的认识。而这样的认识又最为深刻最为明确地使我们真正认识到人力资源对经济发展的重要制约作用。

(六)科技资源对经济发展的制约

科技资源与人力资源是相联系的。但是,科技资源又不等同于人力资源。科技资源是开发人力资源的过程中形成的,特别是在开发人的智力资源的过程中形成的。科技资源是开发人力资源的结果,是开发人的智力资源的结果。从这个意义上说,科技资源是依赖人力资源的。但是,科技资源一旦出现,它又具有不依赖人力资源而可以独立存在的一面。这也就是说,科技资源是具有独立性的。换句话说,科技资源是人开发出来的,但它一经人开发出来就可以离开人而独立地对人类社会发生作用。科技资源不仅对开发它的人们具有改造的作用,而且对没有参与开发的人们也可以发生改造的作用。

科学技术的作用在今天是人人都承认的。科学技术的作用越来越大,也是人们都承认的。关于科学技术的伟大作用,马克思就有个经典的论述。他说,科学技术是生产力。在马克思主义的基础上,邓小平又指出:"科学技术是第一生产力。"科学技术是第一生产力的论断,把科学技术的作用作了最概括最科学的说明。

科学技术作为资源,其作用是多方面的,概括起来,主要是:第一,科学技术使人类利用自然资源的效率提高了;第二,科学技术使人力资源的利用效率提高了;第三,科学技术使自然资源的破坏减少了,从而使自然资源得到了保护;第四,科学技术使人的智力资源得到进一步的开发,从而发展了人类。

科学技术对经济发展的制约作用主要表现是:其一,提高自然资源的利用效率依赖发展科学技术;其二,提高人力资源的利用效率依赖发展科学技术;其三,保护自然资源,开发自然资源依靠发展科学技术;其四,保护人力资源,开发人的智力资源依靠发展科学技术;其五,利用、保护、开发资源的组织的合理性科学性依赖于科学技术资源;其六,资源破坏、资源短缺的问题,虽然都是一定历史阶段必然出现的问题,但它所以必然出现,在根本上还是由于科学技术不发达所致。如果科学技术真正发达到理想的境界,则资源破坏就可以避免,资源短缺就不会产生,即使产生了也能很快解决。资源破坏存在,资源没有被充分利用的情况存在,资源短缺的情况存在,都表明科学技术并没有进步到理想的境界。我们人类现在所面临的资源问题、环境问题等,归根到底还是科学技术不发达所致。

当然,人类现在所面临的资源问题、环境问题等,是与社会制度有关的,是与人有关的。如果社会制度科学,如果人的行为完全科学,那么,这些问题就不会存在,就不会产生。而社会制度所以存在问题,人们的行为所以不能完全正确,则又可以归结为科学技术没有发达到理想的境地。

关于科学技术对经济发展的制约,人们在生活和生产活动以及其他的社会活动中,都是每日每时都可以感受到的。我们经常讲"瓶颈",其实所有的"瓶颈"都可以归结为科学技术这个瓶颈。如果没有这个"瓶颈",则一切"瓶颈"都是可以解决的。因此,从一定意义上说,发展科学技术是解决所有社会经济问题的根本。而经济发展所受到的一切制约,则可以归结为科学技术的制约。

二、经济对资源的反作用

经济是依赖资源的,但同时,经济对资源又是存在反作用的。经济对资源的作用可区分为积极作用和消极作用。促进资源的充分利用,促进资源的开发,促进资源的保护,是经济对资源的积极作用,而资源破坏则是经济的消极作用。

(一)经济发展与资源破坏

资源,特别是自然资源,本身是一个生态系统。这个生态系统按照自己的规律进行运动,也会产生某些自然资源的毁坏。比如,森林会因自然界的雷击而发生火灾而使森林被毁。显然,这种纯粹是由自然界本身的原因而导致的资源被毁不是我们这里所讲的资源破坏。所谓资源破坏,是指由人的经济活动所导致的某些具体资源的被毁。

从最一般意义上说,人的经济活动总是在利用某些自然资源的同时而使另一些自然资源被毁。比如,人类要开垦出良田,就必然要把该块土地上的树木、野草、野菜等植物毁灭。但这并不是我们这里所指的资源破坏。一块土地被利用来种植花草或粮食作物,并不会导致土地的种植功能丧失或肥力减退,但如果用来种植树木或不适当地使用化肥和农药,则必然会使土地的肥力减退,甚至种植功能丧失。因此,严格意义上的资源破坏是指因人的经济活动不恰当所导致的资源被毁,而这种经济活动的不恰当又是以人违背自然规律为前提和表现形式的。

自然规律不仅是要由人逐渐认识的,而且是要由人在经济活动中逐渐认识的。正因此,人类在其经济活动中要完全地避免资源破坏,可以说是不可能的。这也就是说,在人类发展的历史过程中,因人的经济活动而造成的某些资源被破坏,不仅是必然的,而且是具有正当性的,因而是可以理解的。这使经济活动、经济发展的过程中,某些自然资源被破坏是具有必然性的。这种必然性,是由自然规律的暴露和人的认识必须经过实践才能获得所决定的。因此,对于历史上发生的自然资源的破坏,我们要给予正确的理解和总结,而不应过度地指责和非难。但是,这并不是说,今后的经济活动不要避免资源破坏的事情发生。相反,人类在今天以及今后的经济活动中,必须力求资源免遭破坏。比如,发生在洞庭湖地区的粮田上大量种植树木的事情,却是不应发生的。

(二)经济发展与资源利用

从一定意义上说,经济活动或经济过程,本身就是一个利用资源的过程。经济发展,不仅要以充分利用资源,特别是充分利用自然资源为前提,而且它本身就是一个逐渐实现资源被充分利用的过程。

从经济发展的历史与资源特别是自然资源的关系来看,经济发展对资源利用的发展,是起着推动作用的。经济发展是依赖资源的。经济发展对资源的依赖决定人类必须不断地认识资源。而这种认识的前进方向则是:怎么样求得对资源实现充分的利用? 这也就是说,经济发展总是推动着充分利用资源的事业向前发展。而一部经济发展的历史,也就是资源逐渐被充分利用的历史。比如,为了充分地利用耕地资源,人们不仅发明了套作,而且发明了种植和养殖的结合;为了充分利用水资源,人们不仅发明了航运,而且发明了水电;为了充分利用土地,人类发明了高楼;为了节约灌溉用水,以色列人在当代发明了滴灌;为了充分利用工业资源,人们更是想了很多节约资源、提高资源利用效率的办法。总之,正是经济发展推动着资源利用效率不断提高。所以说,经济发展是资源充分利用发展的不竭动力。

(三)经济发展与资源保护

经济发展的历史过程中,虽然有过不少破坏资源的事实发生,但经济发展也推动着资源保护观念产生,推动着资源保护的实践发展。没有经济和经济发展,就不会有资源保护的实践,也就不会使资源保护的科学研究得以发展。另一方面,经济发展又为资源保护提供经济的条件,即提供资源保护的经济实力。考察人类发展的历史可知,每当经济发展过程出现之后,人类必然会注意到,由于经济发展所带来的资源破坏,而当资源破坏以及资源破坏的危害被认识之后,随之而来的,就必定是对资源如何进行有效的保护的实践。当然,资源保护又总是以不致影响或破坏经济发展为前提的。经济发展总是为了满足人类的生存和发展的需求的。在人类的生存发展的需求没有得到一定程度的满足之前,人类的注意力总是首先落在生存发展的问题上。但是,一旦人类的生存发展需要得到一定程度的满足之后,人类的注意力就一定会转到资源保护的问题上来。而且,此时,人类保护资源的经济力量已是大大提高了。比如,中国在20世纪50—70年代,为了解决粮食问题,曾搞了许多围湖造田、毁林开荒的事情。但到了90年代,因经济发展到一定的阶段,特别是粮食短缺得到缓解之后,又可以回过头来实行"退田还湖""退田还林"和"退田还草"。这说明,经济发展又可以推动资源保护并为资源保护提供经济条件。

(四)经济发展与资源开发

经济发展对资源开发的推动作用表现为两个方面:第一是经济发展提出资源开发的需要,为资源开发提供经济动力;第二是经济发展为开发资源提供经济力量的支持。

经济发展为资源开发提供经济动力的形式,是多种多样的,有直接的,也有间接的。经济发展要求改进生产技术、改进交通运输条件等,这直接为资源开发提出了需要,提供了动力。经济发展过程中产生了资源短缺,资源短缺促使人们寻求替代资源,这是经济发展间接地为资源开发提供经济动力。

经济发展为资源开发提供经济支持的表现也是多种多样的。其中最为突出的就是,经济发展为科学技术发展和教育事业的发展提供经济条件。就个人而言,研究科学技术,一是要有兴趣,二是要有闲暇,三是要有经济条件。一个人必须为解决自己或家人的一日三餐而劳作,就既没有进行科学技术的研究的时间,也没有其他必要的条件,即使有兴趣,兴趣也会丧失。一个人能否接受良好的教育,也直接依赖于家庭的经济条件。就一个国家而言,教育兴国、科技兴国战略的实施,都必须以一定的经济发展为条件。

三、经济与经济方式

(一)经济与经济学

"经济"一词,在现代汉语里有多种含义,其主要含义有三:其一,是指社会生产,经济建设。如人们常说的"发展经济","把经济搞上去"里的"经济",就是此含义。其二,是指节省、节约、便宜、有效率,也就是指以较少的人力、物力、时间等资源耗费换取较多的收益。如人们常说的"要经济地利用自然资源"及"经济烟""经济餐""经济适用房""经济实惠"等语词中的"经济"一词,都是此含义。其三,是指经济关系,即生产关系。如人们常说的"经济是基础","政治是经济的集中表现"等话语中的"经济",则是此含义。在英文中,economy一词源于希腊文,原意指家计管理,即指家庭收入支出的管理。持家之本是勤俭节约,economy自然便成了"节俭"的同义语。

上述经济一词在现代汉语中的三种含义既相互区别又彼此相通。"经济"作为经济建设,作为社会生产的发展,必然要以利用自然资源和人力资源为前提,必然要讲效率,讲节约,必然要以最小的资源耗费换取最大的经济效益:利用资源总是要以一定的人与人的关系为条件,实现最小的资源耗费也要以一定的社会经济关系为基础。因此,上述经济一词的三种含义是相通的。

经济是有学问的。如何实现最小的资源耗费求得最大的经济效益是有学问的。正因为经济有学问,所以才有经济学。经济学是一门旨在告诉人们以怎样的方式方法实现较少资源耗费换取较多收益的科学。从古到今,从外到中,经济学已有很多种。每一种经济学告诉了人们什么,以怎样的方法告诉

（包括术语、体系），则是由经济学家所处历史时代的社会历史条件以及他们的主观条件决定的。不同国家、不同民族、不同时代的经济学家运用不同的语言，构建不同的体系，讲述着不同历史条件下所发现的种种以较少资源耗费换取较多收益的方法，都包含有或多或少的真理性认识，且使经济学具有不同的风格。在西方，重商主义、威廉－配第、重农学派、亚当－斯密、大卫－李加图、马克思和恩格斯、凯恩斯、萨缪尔苏等，都是经济学发展的里程碑。在中国古代乃至近代，经济学都是不发达的，但也并非没有经济思想。如《孟子－藤文公上》就批判了墨家学派的许行根本否定社会分工的主张，认识到发展社会分工的必要，隐含通过发展社会分工求得降低资源耗费换取较多收益的经济思想。

以较少资源耗费换取较大收益，是经济的总规律。各种各样的经济学无非都在讲述这一规律。由于物质资料生产是一个社会系统工程，为着实现这一系统工程正常运转，实现以较少资源耗费换取较多收益，必须有宏观经济学。由于社会物质资料生产是由许多具体的经济过程构成的，而且实现以较少资源耗费换取较多收益要取决于各个具体的经济过程，因而要有微观经济学。由于物质资料生产总是以诸如家庭、企业为单位进行的，因而应有家庭经济学和企业经济学。由于物质资料生产或社会经济活动有着诸如农业、工业、商业、旅游、运输、信息等多个领域，因而有农业经济学、林业经济学、工业经济学、商业经济学、旅游经济学、运输经济学、信息经济学等。

（二）经济方式

所谓经济方式，就是经济主体实现最小资源耗费换取最大经济利益的方式方法的总和。换言之，所谓经济方式，就是实现资源节约的方式，就是实现资源利用高效率的方式。

资源耗费与收益总是具体的而不是抽象的，是相比较而存在的，必须通过比较才能得知。要对资源耗费与收益进行正确地比较分析，必须解决标准问题。自然经济的特点之一，是将土地面积、劳动力投入计为资源耗费，而将农作物收获计为收益。市场经济将所有资源耗费计为成本，将产品卖出获得的货币计为收益。但是，迄今为止所有资源耗费和收益的计量都存在忽略不计的情况。

在中国计划经济时代一斤酱油的定价是0.34元，按照四舍五入的规定，买

1两酱油,就只要付0.03元。有故事说,一上海人为买1斤酱油跑了10个店,每个店买1两,结果只付出0.30元。在这个故事中,该上海人的收益是0.04元,其资源耗费则是跑10个店所走的路程和时间。显然,这上海人是精明的,他对资源耗费和收益进行了比较分析,但是,他的这种比较分析却忽略了一些资源耗费的计量。从这一故事可以推知:不同历史条件下,人们计量资源耗费和收益的标准是不相同的。

事实上,不同生产领域,不同经济领域,其资源耗费也是不相同的,这使以较少资源耗费换取较多收益不可能有统一标准,因而没有统一的经济方式。

在具体经济过程中,即在微观的经济活动中,人们往往对一些资源耗费忽略不计,对一些构成收益的因素、成分忽略不计或过分强调。如货币产生以后,不仅使资源配置有了新的实现工具和推动力量,而且使资源耗费和经济收益有了统一的计量标准,从而使资源耗费和经济收益的计算更加精确,但是,没有计算为资源耗费或没有计算为经济收益的因素仍然是客观存在的。

物质资料生产是人类社会存在和发展的基础。这使物质资料生产过程如何实现以较少的人力、物力、时间等资源的耗费换取更多更好的物质产品,仍然是最基本的经济方式。对整个社会而言,以最小资源耗费换取最大收益,最终要通过物质资料生产过程来实现。而物质资料生产过程实质上是各种资源相互结合相互作用的过程,要实现这个过程的经济,涉及许多因素,如人的因素,物的因素,人与物相结合及其方式的因素等。所谓物的因素,就是物质资源,马克思主义将物质资源分为两大类:劳动对象和劳动资料,对它们又合称为生产资料。所谓人的因素,就是人力资源。所谓人与物相结合,就是人力资源与物质资源相结合。人力资源与物质资源相结合是很重要的,没有这一结合,物质资源(生产资料)就是一堆死物,产品就不能生产出来。经济首先是生产物质财富过程的经济。因此,经济方式首先也是生产物质财富的经济方式。一个国家、一个社会,如果没有物质资料生产也就无所谓经济,进一步说,一个国家、一个社会,如果物质资料生产过程不经济,即不能实现以较少的人力、物力、时间等资源耗费生产出较多的物质财富,就谈不上经济。物质资料生产领域内分工的发展,贸易、交通、金融、证券、通信等行业的发展,又都是为实现物质资料生产过程的经济服务的。

马克思主义把人力资源与物质资源相结合的方式分为两种:直接结合和间接结合。所谓直接结合就是劳动者是生产过程的物质资源即生产资料的所有者。而间接结合则是:劳动者不是物质资源(生产资料)的所有者。由于这样区分结合方式,更由于划分结合方式的依据是生产资料所有制,所以我们才有诸如奴隶制经济、封建制经济、资本主义经济、社会主义经济以及个体经济、私人经济、集体经济、国有经济、封建租佃经济、自耕农经济等概念。所有这些经济形式,都是经济方式。奴隶制经济作为一种经济方式的特点是,奴隶主是生产资料的所有者,同时还是奴隶这种人力资源的所有者。封建经济作为一种经济方式,包括封建地主经济和佃农经济,合起来就是封建租佃经济,其特点是,地主是耕地等农业生产资料的所有者,农民因为没有耕地,就只好租佃地主的耕地,实现耕地资源和人力资源的结合。这种结合是一种间接结合。自耕农经济作为一种经济方式的特点,就是农民运用属于自己所有的一小块耕地进行自主地耕种。资本主义经济作为一种经济方式的特点是,资本所有者占有了生产资料即占有了物质资源,而工人只能靠出卖劳动力即靠出卖人力资源维持生存,可见,这种资源结合方式仍然是间接结合。传统政治经济学认为,社会主义全民所有制经济中,劳动者与生产资料的结合是直接结合。这种观点其实是不正确的,因为:"全民",或是一国全体居民的简称,或是全体人民的简称,国有企业的劳动者只是"全民"的一部分,而且是很小的一部分。这"全民"的一部分,在没有"全民"的授权下是不能代表全民的。局部不等于整体。因此,社会主义全民所有制经济中,劳动者与生产资料的结合仍然只能是一种间接结合,而不可能是直接的结合。

在一些社会形态下,劳动者虽然没有生产资料,却拥有自身的人力资源,而且在劳动者身上,不仅有进行体力劳动的劳动力资源,而且有进行脑力劳动的智力资源。[①] 换一个角度看问题,如果生产资料所有者只有生产资料,而没有劳动力资源,没有进行生产所需要的技术资源及相应的智力资源,物质资料生产同样不能进行,更不可能生产出产品。因此,以自然资源为基础的生产资料,总是必须与劳动者这样的人力资源、智力资源相结合,才能实际地起到生产要素的作用。对劳动者而言,如果仅有劳动力,仅有劳动技能,仅有智力资源,而没有生产资料等物质资源,那就必是英雄无用武之地。因此,怎样使劳动者与生产资料结合起来,使物质资源和人力资源都得到充分利用,是一切社

---

① 将劳动分为体力劳动和脑力劳动,当然有其重要的方法论意义,但是,劳动,任何体力劳动,其实是包含脑力劳动的,实际上并不存在纯粹的体力劳动。

会都要认真研究的问题。而解决此问题的基本办法可以有两个:第一个办法,是使社会的一部分社会成员成为生产资料的所有者,同时却使另一部分社会成员没有生产资料,只有自身的人力资源和智力资源,从而迫使这两部分社会成员在一定条件下结合起来;第二个办法,是使社会的所有成员在自主支配自身拥有的人力资源的同时还能自由地拥有其他的物质资源和社会资源,从而使所有社会成员自身所蕴藏的资源充分发挥作用,不致因为只有自身的人力资源而失去自由。这第一个办法实际上就是迄今为止的历史上的办法,即从奴隶制到封建制再到资本主义制的办法,甚至今天我们中国社会主义初级阶段的办法也仍然是用这个办法来发展经济,不过这社会主义初级阶段的办法是与以前的办法有些不同罢了。自1979年以来的改革,实质上还是这个办法的进一步改革和完善,也就是资源制度的改革和完善。而第二个办法也就是所谓共产主义的办法。共产主义作为一种资源制度包括哪些内容,现在是无法说清楚的。这是因为:共产主义作为资源制度的历史形态还没有成为事实。但是,有一点是可以肯定的,那就是共产主义作为资源制度必定是对历史上的所有资源制度的扬弃,她必定要发扬以往资源制度的优点,同时又克服那些缺点。共产主义作为人类社会制度的理想形态,是历史的产物,其成熟的条件也只能由历史造成。所以,我们现在讨论资源制度问题,即将资源制度作为经济方式的构成要素来考察时,还是必须着眼于资源的利用、保护以及开发等问题,还是必须着眼于现有历史条件下人的发展问题。这就使"三个有利于""人的全面发展""科学发展观"等理念成为我们判断经济方式和选择经济方式的标准。

  以较少资源耗费换取较大收益的方式,不仅取决于社会的资源制度安排,还取决于生产力状况,或者说还取决于科学技术水平以及劳动者的素质。劳动者与生产资料的结合方式不仅取决于生产资料所有制,而且取决于技术因素。正是由于生产力进步,生产过程的技术进步以及劳动者素质的提高,使得劳动者与生产资料的结合方式发生变化。例如,铁器和牛耕代替落后农业工具,机器生产的出现等,都引起劳动者与生产资料的结合方式发生变化。而农业文明、工业文明、知识经济等概念,其本质都是从技术进步的角度对经济方式变化的描述和反映。

  人类社会的进步,就是经济方式的进步。经济方式的进步,也就是人类社会利用资源、保护资源、开发资源的方式的进步。而这种进步又总是以资源耗费的变化或资源耗费的替代为重要内容的。

人类社会历史,实际上是经济方式变化发展的历史。而经济方式的发展变化无非是从两个方面发生的。一个方面是经济关系,即人与人的关系,其中生产资料所有制起主导作用;正是生产资料所有制的变动,致使资源结合的方式发生变化,引起人与人的关系发生变化,进而使经济方式发生变化。另一方面是生产力进步,特别是技术的进步,致使人力资源与物质资源的结合方式发生变化,进而使经济方式发生变化。生产力发展决定经济方式变化,经济方式变化又促进生产力进步。马克思主义关于生产力与生产关系相互作用并构成社会生产方式的理论,是完全正确的。

要求得以最小的资源耗费换取最大的经济效益,必须适时地、适当地改变经济方式。而改变经济方式的办法和方向无外乎是,或者改变以生产资料所有制为基础的经济关系,或者通过技术进步改变生产力的状况,或者同时并举。

但是,生产资料所有制并不是可以随意改变的,技术进步也不是唾手可得的。生产资料所有制的变革在根本上是取决于生产力进步,在直接上则是取决于两个因素:一是影响生产的诸种资源中哪一种或哪几种对物质财富的生产具有决定性的意义;二是资源稀缺性及能否为人所占有和控制。在农业社会里,对农业生产有决定性意义的自然资源有土地和气候,好的气候条件也具有稀缺性,但气候作为资源却不能为人所占有和控制,因而不可能建立气候所有制;土地则不仅具有稀缺性,而且能为人所占有和控制,因而土地所有制能够建立。中国古代有过"普天之下莫非王土"的说法。土地"王有"可以有两种理解,一是土地为帝王私人所有,二是土地为封建国家所有。这两种理解实际上是一致的,因为封建国家政权为帝王所掌握。土地"王有",一方面可使封建帝王将土地赏赐给有功臣民,从而建立土地私有制;另一方面也可运用土地垄断制度建立土地有偿利用制度,进而建立起国家赋税制度。"土地是财富之父,劳动是财富之母"。无论是土地私有制还是土地有偿利用制度,都必须使土地与农民结合起来,才能生产出农产品。而,土地私有制和土地有偿利用制度的确立,都使农业经济变成对土地的经营和管理。就地主经济而言,地主总是以种种手段提高地租并进行土地兼并,使所占有的土地增加,以求实现经济利益最大化。就佃农经济来说,佃农总是尽力发挥自身人力资源的作用以求土地资源的效应得到充分发挥,从而实现其经济利益的最大化。在这种封建农业经济中,田租数量是规定地主经济和佃农经济的重要因素。田租数量越高越有利于地主;反之,则越有利于佃农。田租额过大会使农民破产,当农民面临饿死的危险时,就会铤而走险揭竿而起,一旦演变为秦朝末年的局面,地主也就只能一无所获了。从这里可以看出,经济关系对经济方式的决定性作用。

当工业文明产生以后,经济作为对多种资源的经营管理就变得非常复杂了,其经济方式也就多种多样了,但万变不离其宗,即仍然遵循以最小资源耗费换取最大经济利益的规律。当市场经济逐渐取代自然经济后,人们取得任何经济资源的手段可以归结为货币。人们运用手中的货币可以获得任何资源,这不仅使货币成为最重要最方便的经济资源,而且使经济方式归结为货币和货币的运用。以最少的货币换取最多的资源,或者以最少的资源换取最多的货币,也就成了经济的本质和规律。人们的一切经济活动都是以货币为圆点而展开的。不过,物质资源的所有制,即生产资料所有制还是起着基础性的决定作用。如果没有物质资源所有制,如果没有物质资源的垄断制度,货币就不会有如此大的魅力和神通。

由于物质资料生产总是要以一定的经济关系为基础,或者说,经济关系总是对物质资料生产实现以较少资源耗费换取较多收益起着不可忽视的作用,因而所有经济学都必须研究经济关系的调整和变革。由于社会生产存在生产、交换、分配、消费等多个环节,因而所有经济学都必须研究这些环节及其相互关系。由于社会生产要实现以较少资源耗费换取较多收益,必须通过技术进步才能实现,因而要求经济学不仅关注科学技术进步,而且要通过建立、调整、变革经济关系来推动科学发展和技术进步。由于科学发展、技术进步总是不能离开教育,因而经济学必须关注教育。而教育同样有一个如何以较少资源耗费换取较多收益的问题,因而教育经济学顺应而生。由于社会生产终归是人的活动,总是离不开人的积极性和创造性,科学技术进步也总是不能离开人的积极性和创造性,因而经济学必须研究调动人的积极性和创造性的问题。

总之,经济是资源耗费与收益的比较分析。经济方式是资源耗费减少收益增加的各种办法的总和。人类社会发展的总方向是:人类社会的物质资料生产对某些具体的物质资源的依赖减少,而对自然资源整体即对大自然的依赖增强;人类的物质资料生产对现成物质资源的利用减少,而对人类自身的智力资源的依赖加强。在这个总趋势下,人类社会的物质资料生产由简单向复杂的方向发展,以致影响资源耗费和收益的因素逐渐增加。从目前情况来看,影响经济以及构成收益的因素主要有以下几个。

A. 自然资源利用、开发和保护的现状;

B. 人力资源,特别是科学技术资源的现状;

C. 资源配置的方式及相应的制度。

在上述三个主要的因素中,最重要的是资源配置的方式和相应的制度。因为,自然资源的充分利用和合理开发,自然资源的有效保护,依赖资源配置方式和相应制度的科学;人力资源的开发,科学技术的进步也依靠资源配置方式和相应制度的科学合理。

第三章

资源配置

正因为资源配置的方式及相应的制度对资源利用、开发和保护有着至关重要的作用,所以本章讨论资源配置及相应的制度问题。

一、资源配置及必要性

(一)资源配置的概念

资源配置的必要性源于物质资料生产的进行和发展。物质资料生产作为过程,不仅要以具有物力资源和人力资源为条件,而且要以物力资源和人力资源的有机结合为条件,没有一定的物力资源仅有人力资源是不能进行物质资料生产的;反之,仅有物力资源没有人力资源同样不能进行物质资料生产。自然资源的分布是大自然安排的,是人类不能干预的。自然资源的分布是不平衡的。某种自然资源相对集中存在于某地而使另一地缺乏这种资源,一种自然资源在甲地是丰裕资源,在乙地却是稀缺资源;这使自然资源的重新配置成为必要。例如,日本国没有多少煤炭和石油,湖南省是"有色金属之乡",山西省煤炭资源丰富等,都是自然资源分布不平衡的表现。另一方面,人类的生产和生活对资源的需要又是变化的,处于种植农业时代的农民不会具有对工业资源的需要,处于工业时代的人们却会具有对工业资源的需要,但不会具有对某些农业资源的需要;在城市工厂就业的工人不会有对耕地资源的需要,同样,在农村就业的农民因为拥有土地一般也不会产生占有工业资源的欲望。然而,人类社会由农业文明进步到工业文明的历史轨迹又必然使人们对资源的需要发生变化,而这同样导致必须改变资源的自然配置。总之,上述两方面的因素结合起来,就不仅产生了资源的稀缺性和丰裕性,而且使资源配置成为必要。

在具体的经济过程中,人们经常可以看到如下的现象。

其一,资源闲置。如一些工厂的机器设备闲置,一些耕地在荒芜,一些产品卖不出去,一些新技术开发出来后得不到运用,一些人才没有找到发挥才能的岗位。

其二,资源浪费。如一些企业存在长流水、长明灯,人浮于事;一些工程建了一段时间后又推倒重来。

其三,资源缺乏。如一些企业因缺少某些资源而停产;一些人因缺少资源而饿饭;一些工作岗位找不到合适的人才。

所有这些现象表明资源没有被充分地合理地利用,同时也表明资源的配置存在不当。资源闲置是资源浪费的一种形式,同时也是资源配置不合理的表现形式。资源浪费既是资源没有被充分利用的表现,同时也是资源配置不合理的表现形式。杜绝或减少资源浪费,一方面是依赖于资源利用技术的进步,另一方面则是依靠资源配置及方式的进步。资源缺乏也是资源配置不合理的表现。解决资源缺乏问题,同样依赖资源配置的进步。

而资源在具体经济过程中的配置是否适当,对具体经济过程的经济效益又具有明显的决定性作用。而从整个社会经济的角度看问题,资源配置是否恰当对社会经济的发展和效益具有决定性的意义。要使整个社会经济实现可持续发展,就必须解决好资源配置问题。因为只有解决好资源配置问题,才有可能谈得上资源的充分利用。这也就是说,资源的充分利用要以资源的合理配置为前提。

决定资源在具体经济过程中是否配置适当的因素则有许多。一是技术因素。具体经济过程的技术水平制约资源的实际耗费,从而制约着资源的配置。二是交通状况。交通运输是否方便,交通运输的速度,对资源配置也有一定的影响。三是管理因素。管理在一定意义上就是对资源的管理,人们通常所说的物的管理实际上就是对物质资源的管理,对人的管理则是对人力资源的管理。对物的管理的最高境界是"物尽其用",对人的管理的最高境界是"人尽其才"。物未尽其用是物质资源的浪费,人未尽其才是人力资源或者人才资源的浪费,都是资源配置不当的表现,都必然要影响经济过程的效益。四是社会环境。社会环境是一个包含着丰富内容的概念,对具体的经济过程而言,它包括社会的政治、经济、文化等方面,如在市场经济的条件下,市场上的供需矛盾

(是卖方市场还是买方市场),市场上的假冒伪劣产品多少,社会对假冒伪劣产品的态度等,都会影响资源的配置。五是社会制度。社会制度既可以包含在社会环境的概念之中,同时又可以单独地存在并对资源配置发生重要的作用。而社会制度这一因素中又包含多方面的因素,其中特别重要的是资源所有制和资源转移制度。

(二)资源配置的必要性

广义的资源配置,是指改变资源分布并使各种具体资源结合起来形成社会生产力的活动和各种方式,也就是社会对资源在社会各个部门的分配状况进行调整。它在对象上包括经济资源、政治资源和文化教育资源等,它作为制度包括以资源所有制为基础的产权制度和资源流转制度。狭义的资源配置,也就是所谓经济资源的配置,是指建立在资源所有制度基础之上的经济主体之间以权能和利益为内容的交往关系。它作为制度包括资源所有权转让制度和不改变资源所有权的资源有偿利用制度。因此,资源配置在实质上是经济主体之间以资源为对象的利益实现关系。

资源所有制度决定资源所有权主体,即决定一定资源是你的就不是我的,是我的资源也就不是你的。资源所有制一定,自然资源和人力资源的结合方式也就一定。资源所有制作为自觉的制度安排,不仅改变资源的自然分布,而且实现人们的利益,形成人们之间的利益关系。资源所有制度对资源利用的效率提高起着积极的推动作用。但它同时也对资源合理配置和充分利用起着消极的阻碍作用。为了减少乃至消除资源所有制的消极作用,需要建立资源流转制度。资源流转制度是建立在资源所有制度的基础上的对资源配置起着调节的作用的制度,它是资源所有制基础上的资源配置方式,对于合理配置资源、合理利用资源起重要作用。资源流转制度主要是两种,一是市场经济,二是计划经济。市场经济以承认资源所有制度为前提。市场经济实际上是资源所有制的补充。计划经济则是资源所有者对其所有的资源任意支配。

资源所有状况的改变,其实质是资源在不同主体(所有者)之间流转,这也就是资源交换。资源交换,或者说不同经济主体之间交换资源,是以资源所有制这一制度安排为基础的社会制度。这也就是说,资源交换是在资源所有制的制度框架内进行的。资源所有制规定产权主体格局。由于资源所有制的基本形式是公有制和私有制,因而产权主体格局包括产权主体格局的单一化和多元化。在资源公有制为唯一所有制的前提下,产权主体格局单一化;在资源私有制和公有制并存的前提下,产权主体必是多元化。产权主体单一化,意味以资源所有权发生变更为特征的资源交换不存在,而产权主体多元化则意味资源交换必有。因此,资源交换的发生是以产权主体多元化为前提条件的。没有产权主体多元化,就没有资源交换。

在资源公有制为唯一所有制的前提下,即在产权主体单一化的前提下,资源配置的必要性仍然存在,其实现形式可以不是交换,而是资源分配。资源分配就是不改变资源所有权的资源配置。相反,改变资源所有权的资源配置则是资源交换。

资源所有制和资源在不同主体之间的流转制度结合起来,共同构成了资源配置的方式。资源所有制是人类通过建立自己的社会制度对大自然安排的资源配置进行重新安排的第一层次,在资源所有制基础上的资源流转制度则是人类社会通过建立自己的社会制度对大自然的资源配置进行重新安排的第二层次。这两个层次的资源配置,也就是人们通常所讲的资源配置。

资源配置的实质是经济主体的利益得到实现。所谓利益或实现利益,本质上就是社会主体得到资源。资源所有制以及以资源所有制为基础的资源分配和资源交换,都使社会主体得到资源。因而,资源配置本质上是实现人们的利益进而形成人们利益关系的全部社会经济制度。而这全部的社会经济制度又以资源配置的方式构成。因此,了解了资源配置的方式,也就了解了全部社会经济制度。

二、资源配置的方式

资源配置方式,是发展的。其发展是由社会发展的要求决定的,其发展的途径则是由社会基本矛盾的运动所决定的。从这个意义上可以说,资源配置方式的实质是资源通过什么社会制度和手段进行配置,也就是资源由那些社会力量按照什么原则进行分配和安排。从历史发展的角度考察资源配置方式的发展,可知:人类社会最初的资源配置方式是习惯和战争,资源所有制和资源的市场交换以及道德,都是后来产生的资源配置方式。当国家出现以后,国家对资源配置起重要的作用。国家是资源所有制得以存在并维持的前提,没有国家难以想象资源所有制度何以存在。没有资源所有,也就不存在本真意义上的资源交换。没有资源所有制度,资源的道德配置也不能存在,也无需存在。资源的道德配置必以资源所有制度业已产生为前提。在现代社会,对资源配置能够起到不可忽视的重要作用的社会力量有:国家、所有制、市场、习惯、道德、战争。所有这些力量都对资源配置起到不可忽视的作用,但它们的作用以及发生作用的机制又毕竟存在本质的区别。

(一)资源所有制

资源配置问题首先是资源所有制问题。因为不解决资源归谁所有的问题,就谈不上对资源的配置。所以,资源所有制本身就是一种资源配置方式。

资源归谁所有意味资源有自己的主人。资源为所有者首先利用而在所有者不允许的情况下非所有者不能利用,是资源所有的第一含义,也是资源所有权的首要价值。而且,资源归谁所有还决定资源所有者将怎样利用资源。一种资源属于不同的所有者,会产生不同的资源利用方式和不同的利用结果;不同的资源属于同一所有者或不同的所有者,也会产生不同的利用方式和不同的利用结果。同样的资源在某些人那里会得到充分而又合理地利用,不会有很多的浪费,而在另一些所有者那里则会被浪费或更多地被浪费。这种情况在以往的社会历史中屡见不鲜,在今天我们也仍然到处可见。这不仅说明资源被充分而又合理地利用并非易事,同时也说明资源所有制对资源能否被充分而又合理利用具有决定性的影响作用。

资源所有制产生,是一个历史进步。资源所有制产生,意味着资源的争夺告一段落。这也就是说,资源所有制首先是自然资源争夺战的结果。没有对自然资源的争夺,就不会有资源所有制的产生;没有资源的争夺,就不会有建立资源所有制的需要。反之,资源所有制的产生意味资源争夺曾经发生。而资源所有制一旦产生,也就意味资源进行了一次由人类社会力量所主宰的资源配置业已发生,同时也意味这种由人类社会力量所决定的资源配置在今后还将发生。自从人类创造出资源所有制以来,人类社会的历史就可以归结为改变资源所有制的历史。资源所有制的建立虽然意味资源的争夺战暂告一个段落,但毕竟只是暂告一个段落,因而资源争夺战还是不能消除,而此之后的资源争夺战又必以改变资源所有为目标和表现形式。不仅封建社会代替奴隶社会、资本主义社会代替封建社会、社会主义社会代替资本主义社会是资源所有制的改变,就是封建社会的历代王朝更替,也具有改变资源所有制的性质。从历史上看,社会的各种矛盾最后都集中表现为资源所有制的内在矛盾,其社会矛盾的解决最终也还是归结为资源所有制的调整或重建。因此,资源所有制的意义一方面是结束资源争夺战,使社会由战争状态转为和平的状态;另一方面则是开创了新一轮的资源争夺战,而这种新的资源争夺战又必然改变着资源的配置,使资源进行重新的配置。但是,当社会有了资源所有制度以后,资源配置就总是不能离开资源所有权进行,或者说,资源配置总是饶不过资源所有权问题,总是要围绕资源所有权而展开。所以,资源所有制是人类社会自己创造的一种重要的资源配置方式。

资源所有制是变化发展的,其在资源配置以及资源利用方面的作用也是很复杂的,对此,后文还要作专门的讨论。

(二)资源流转和资源交换

资源配置,这个词语内在地含有资源流转的意思。没有资源流转的资源配置,是不完全的资源配置。资源流转,就是资源在不同主体之间的流动。资源流转主要有三类,一是物流,即物力资源的流动;二是人流,即劳动力资源和人才资源的流动;三是科学技术资源的流动。

资源的流转方式,主要有两种。一种是不改变资源所有权的资源流动;另一种则是改变资源所有权的资源流动。

不改变资源所有权的资源流动方式,又有有偿和无偿的区别。资源租赁,是属于不改变资源所有权的有偿流动。耕地资源的租赁,是其中的一种。雇佣劳动制度也可以理解为人力资源的租赁。改变资源所有权的资源流动,也就是人们常讲的买卖。不论资源租赁还是资源买卖,都以资源互换为条件。资源租赁的代价是使用出租人所有的资源的同时,将另外的资源交付给出租人。如佃农从地主那里取得耕地资源使用权的代价是在收获后将谷物作为租金交给地主,这可视为资源互换。资源买卖更是买卖双方互换资源。雇佣劳动本质上也是资源互换。因此,资源租赁和资源买卖在实质上都是资源的交换方式。

资源租赁和资源买卖作为资源交换的方式,都以资源的有用性不同和资源属于不同的所有者所有为前提。从一定意义上可以说,大自然本身对自然资源就作了一个层次的配置,比如,南半球与北半球相比较就拥有不同的资源,东西方也有资源上区别,这种资源配置上的自然区别决定人类社会发展到一定的历史阶段必然要进行资源交换。没有资源的交换,人类社会的物质生活就存在缺陷,人类社会的各个民族各个国家的物质资料生产甚至就不能顺利地进行,这在今天已是不争的事实。没有资源的多样性,没有资源的不同或有用性的区别,就不会有资源交换的产生和发展。而资源交换的产生和发展又反过来推动资源的开发和利用。但是,资源的多样性或资源的稀缺性还只是资源交换产生的必要条件,而资源属于不同的所有者所有,即资源所有制则是其充要条件。这也就是说,资源所有制是资源交换得以产生的先决条件,没有资源所有制就不会有资源交换。资源租赁的基础是资源所有制。资源买卖的基础也是资源所有制。二者的区别在于,资源租赁不改变出租资源的所有权,而资源买卖则改变资源的所有权。

资源交换一旦产生就会使资源配置发生变化。资源交换以资源所有权为基础,但又突破了资源所有权对资源配置的限制,因而有利于实现资源配置的优化,进而有利于实现资源的充分利用。资源所有制是在资源自然配置的基础上对资源进行配置。当这一层次的配置完结之后,交换就进行更高一层次的资源配置。所以,资源交换在实质上可以说是一种以资源所有制为基础的资源配置方式。

资源交换作为资源配置的一种重要方式,实质上也就是资源的市场配置。市场产生之后,人们就可以通过市场交换获取自己没有而又需要的资源,也可以通过市场有条件地放弃自己不需要而他人需要的资源,从而实现资源流转,进而实现资源在社会意义上的有效利用。资源市场配置方式本身是发展的,物物交换是资源市场配置的最早形式,其直接的意义是解决了资源在不同所有者之间的丰裕与短缺的矛盾,从而有利于整个社会的经济发展和人们的生活水平的提高。以货币为媒介的资源交换,则有多重的意义,一方面,这种交换使资源交换更方便,使资源流转速度更快,从而社会经济发展有了更广阔的空间和更大的动力。另一方面,这种交换也使资源流转受到阻碍,使囤积居奇产生,使资源更加集中地被经济主体控制的情况产生,从而不利于资源被充分利用,制约社会经济的发展。

(三)国家力量

国家力量对资源配置的作用在不同的历史阶段是有区别的,不是完全相同的。但无论是古代社会还是现代社会,也无论是何种性质的国家,其对资源配置的作用主要体现为:对资源所有制度的肯定和维持;对资源交换的鼓励和限制;对资源所有制的突破或破坏。

国家不是从来就有的,而是资源争夺发展到一定历史阶段的产物。国家产生的标志是:第一,"按地区来划分它的国民";第二,"公共权力的设立"。国家产生意味土地等资源由国家和国家所保护的"人民"所有,这是国家"按地区来划分它的国民"的实质。"按地区来划分它的国民",意味一国拥有自己的资源,而他国不能运用该国所拥有的资源;同时也意味一国与另一国对某些资源的争夺告一段落。但国家产生并不结束国民对资源的争夺,为了使国民对资源的争夺保持在秩序的范围之内,"为了使这些对立面,这些经济利益互相冲突的阶级,不致在无谓的斗争中把自己和社会消灭,就需要有一种表面上驾于社会之上的力量,这种力量应当缓和冲突,把冲突保持在'秩序'的范围之内;这种从社会中产生但又自居于社会之上的并且日益同社会相脱离的力量,就是国家。"(《马克思恩格斯选集》第4卷第166页)

所谓公共权力本质上是调整、缓和国家内部即国民之间或者说阶级之间利益冲突的社会力量。这种社会力量取得了表面上公正、独立的调停人的身份,实质上则是既不公正又不独立的为统治阶级谋利益的社会力量。因此,正如恩格斯所指出的那样:

"国家是从控制阶级对立的需要中产生的,同时又是在这些阶级的冲突中产生的,所以,它照例是最强大的、在经济上占统治地位的阶级的国家,这个阶级借助于国家而在政治上也成为占统治地位的阶级,因而获得了镇压和剥削被压迫阶级的新手段。"而这种所谓的新手段其实就是以国家的名义向国民征税,或以国家的名义占有资源重新进行资源的配置。这种资源配置不仅总是以国家暴力机器为后盾,而且总是以增进统治阶级利益、牺牲被统治阶级利益的方式进行。"因此,古代的国家首先是奴隶主用来镇压奴隶的国家,封建国家是贵族用来镇压农奴和依附农的机关,现代的代议制的国家是资本剥削雇佣劳动的工具。但也例外地有这样的时期,那时互相斗争的各阶级达到了这样势均力敌的地步,致使国家权力作为表面上的调停人而暂时得到了对于两个阶级的某种独立性。17世纪和18世纪的专制君主制,就是这样,它使贵族和市民等级彼此保持平衡;法兰西第一帝国特别是法兰西第二帝国的波拿巴主义,也是这样,它唆使无产阶级去反对资产阶级,又唆使资产阶级来反对无产阶级。使统治者和被统治者都显得同样滑稽可笑的这方面的最新成就,就是俾斯麦民族的新德意志帝国;在这里,资本家和工人彼此保持平衡,并为了衰落的普鲁士土容客的利益而遭受同等的欺骗。"(《马克思恩格斯选集》第4卷第168页)

从上述马克思主义经典作家的论述中,我们固然可以知道国家的本质在于通过其"公共权力"的形象实现资源向有利于统治阶级利益的方向配置,但同时我们也必须承认国家在资源配置方面是有能力做到公正和公平的。即使这种公正和公平是暂时的,而且在根本上和长远上是有利于统治阶级的,但它毕竟是一种公正和公平。这种公正和公平不仅或多或少地实现被统治阶级的利益,而且为实现人类社会成员真正平等地占有或利用资源特别是自然资源提供了可能性上的社会制度条件。这也就是说,在一定的社会条件下,人在利用资源上的平等性是有可能实现的。所以如此,是因为:国家毕竟是一种为实现资源有秩序配置的重要方式和力量。

一方面,国家是实现资源有序配置的保障力量。国家以强力为后盾,维持社会的秩序,保持社会的稳定,使经济活动正常有序地进行,也就使资源配置按照一定社会条件下经济发展的规律所提出的要求进行配置,从而实现资源在一定历史条件下的有效而充分的利用。另一方面,国家还直接地进行资源的配置。国家直接配置资源的方式主要有:第一,国家占有资源。所谓国家占有资源就是国家宣布一些资源属于国家所有,这包括国家对已经确定资源所有权的资源没收为国家所有。国家一旦产生,国家占有资源或者说以国家的名义占有资源的事实就必然产生。而国家占有资源之后,就不仅要对所占有的资源进行管理,而且要对所占有的资源进行利用。国家对国家所有资源的利用又有多种方式,如国家直接运用国有资源进行经济建设,对国家所有的资源进行再分配等。第二,国家财政。国家财政由财政收入和财政支出两个方面构成。税收是国家财政收入的主要来源。从一定意义上可以说,税收和财政支出的实质都是对资源的占有和配置状况进行调整。第三,国家对不同的具体资源的开发、利用分别采取或鼓励或限制或禁止的政策。例如,目前,我们中国对野生动物的保护政策,关闭小煤窑、小水泥、小炼钢等"五小"的政策,都对资源配置的优化,对资源配置的调整起到了重要的作用。

(四)习惯和道德

资源交换,或者严格地说是产品的交换,最初是出现在氏族部落与氏族部落之间,这也许可以认为是萌芽状态的资源市场配置。那时,国家还没有形成,政府也还没有成立,所以也就没有政府对资源配置的干预作用。这也就是说,在资源交换出现以前的长时间里,或者氏族部落之间的交换出现之后的一段时间内部落内部,资源配置必定还应有一种支配的力量。这种力量既不可能是市场,也不可能是国家和政府,而只能是习惯的力量。恩格斯指出,在没有市场和政府之前,在没有资源所有制度和道德之前,"在大多数的情况下,历来的习俗就把一切调整好了。"(《马克思恩格斯选集》第4卷第93页)

习惯与道德是存在区别的,二者不仅在不同的历史时期具有不同的作用,就是二者本身的作用及发挥作用的机制也是有区别的。在资源所有制度没有产生以前,是不存在道德的,存在的只是习惯。习惯以氏族部落群体的认同为基础。而氏族群体的认同可以氏族内部人与人的血缘关系以及这之上的感情为基础。当资源所有制度产生以后,道德也就出现了。道德以人们对道义的理解和认同为基础。道德规范吸取习惯中的合理因素,同时也支持着习惯存在和延续。习惯以无理由的方式调节资源的配置,道德却以社会舆论和人们的内心信念的方式调节资源的配置;习惯是自然而然的,道德却总是以"良心""正义""公正""公平""善恶""美丑"等道理作用于人的内心世界,进而使人做出自己的行为选择;习惯往往直接表现为群体的意志和力量,道德却往往首先表现为个体的自觉行动。习惯配置资源可以在不存在资源所有权的情况下出现;道德配置资源却往往表现为以承认资源所有制度为前提。道德调节资源配置的具体情形有两种:一是改变资源所有权的赠与。赠与作为物质资源即财富的赠与,就是以无代价的方式改变资源的所有权;赠与作为人力资源的赠与,就是人力资源的拥有者无偿地对需要者提供体力或智力的支持和帮助。道德调节资源配置的另一方式是,资源所有者对资源缺乏者提供资源的帮助,而提供资源帮助的条件是不改变资源的所有权。这也就是说,在不改变资源所有权的前提下,资源所有者让非所有者无代价或很小代价地使用资源、利用资源以满足自身对资源的需要,就是道德。

在市场力量和政府力量出现之后,在资源所有制产生之后,甚至在道德力量出现之后,习惯对资源配置所起的调节作用仍然存在,不过,习惯的作用是越来越弱,越来越小,而且是越来越与道德融为一体了。

在市场力量和政府力量出现之后,在资源所有制业已存在的前提下,道德力量的作用不仅存在,有时甚至对资源配置还起着决定性的作用。当然,道德的这种作用是短时的,而且往往是个体性的,不是社会整体性的,但是,道德对多个个体的作用必然要使其具有社会的意义。任何社会,任何国家,任何民族,如果没有道德对资源配置的调节作用,其后果是不可想象的。这也就是说,任何社会条件下,都必须发挥道德对资源配置的调节作用。

(五)战争

战争之所以产生,战争之所以至今不能被消灭,其基本的原因是资源稀缺,进而存在资源争夺。资源不稀缺,就不会产生资源争夺。有资源争夺,就可能产生战争。战争首先就是为了实现对资源的占有而产生的。战争是资源争夺的手段,战争是实现资源占有的手段。如果不必经过战争也能实现对资源的占有,就不会发生战争。正是因为其他的手段不能实现对资源的占有,所以才有战争的产生和存在。历史上的战争几乎都是以争夺资源为目的的。古代的战争以夺取土地、人口等资源为目的。现代战争则以夺取土地、石油、煤炭等资源为目的。

战争的作用,一方面是确立资源的所有权,另一方面则是改变资源所有权的主体。人类早期的战争起着确立资源所有权的作用。部落之间的战争使部落之间拥有资源的范围划定或重新划定。当国家产生后,国家之间的战争本质上与氏族部落之间的战争没有区别,而一国之内的战争,即国内战争则起着改变资源所有权的作用。无论是国家间的战争还是国内战争,都起着改变资源配置的作用,战争的结果总是改变着原有的资源配置状况。战争作为改变资源配置现状的一种重要手段或一种方式,其改变资源配置现状的作用非常明显,但这种作用又是以一种非常残酷且代价很大的形式实现的。战争的实质和目的就是以强力改变资源所有权的现状。战争将原来是属于你们的资源变成为我们的,或者把原来属于我们所有的资源变成为你们的。在战争的结果上,往往不仅是资源的所有权被变更,甚至是资源所有者被消灭。所以,我们也可以说,战争是通过消灭资源所有的主体来实现对资源占有的资源配置方式。

道德与战争相比较,无论道德是何种社会条件下的道德,也不论作为道德行为主体的资源所有者是出于什么样的动机和目的,它总归是以资源不被破坏为前提的,因而是善的;战争固然可以区分为正义的和非正义的,但从改变资源所有权以及必然要运用暴力残杀人类这一点来说,则是相同的。战争作为正义的战争是善,战争作为非正义的战争是恶。而这样的区分是以承认资源所有权的安排绝对正义为前提的。而承认历史造成的资源所有制度绝对正义,则必然是一种恶,而且是极大的恶。历史生成的资源所有权安排,一方面是以自然资源配置的不平衡为先在条件的,另一方面又是以人的力量强弱的为前提的。因此,人类社会最初的资源所有制度并不是绝对正义的。正因为资源所有制度不是绝对的正义,所以人类的社会就完全有理由给予改变。而改变资源所有状况的办法之一便是战争。

　　人类社会是由动物社会发展而来的。人类社会与动物社会的区别是必须承认并予以不断扩大的,同时,人类社会最初与动物社会或者说动物世界的联系也是必须予以承认的,也是必须看到的。看不到人类社会与动物世界的区别是危险的,是不利于人类健康发展的;同样,不承认人类社会与动物世界的联系也是危险的,也是不利于人类健康发展的。这种双重的要求,反映在资源所有制度的安排上就是必须既追求公正又保留竞争。如果我们承认人生来平等,每个人都有追求幸福的权利,那就必然要承认大自然对资源配置的不合理;而承认这种不合理又必然要提出予以改变的要求。这就使人类建立合理的资源配置制度成为必要的理性追求。而人类社会的发展历史也就必然是:自然资源以及物质资源的配置从血缘共同体内部的公平分配——地缘共同体内部的公平分配——全球范围内的公平分配。而所谓公平,也必定是一个历史的概念,而最终的结果则是:各尽所能,按需分配。而这所谓的"需"并不是完全满足人的占有社会财富的欲望,而是能够使人充分发展即全面发展的条件。显然,这样的条件目前还不具有。但目前还不具有并不等于永远不会具有,更不等于永远不能具有。从一方面看,要具有这样的条件是困难的。从另一方面看,却又是并不困难的。所以并不困难,是因为只要人真正懂得:人生幸福的真正含义。如果人们真正懂得了人生幸福的含义不是对资源的无限占有,而是拥有一定资源基础上的奉献即创造新的资源,则人类社会就能进步到"各尽所能,按需分配"的境界。而到了这个时候,资源所有制也就失去了存在的理由和意义。此时,财产、利益等概念,也就不再是原来的意义。

(六)经济全球化

全球化,一般认为已是不可逆转的历史潮流。但对于全球化的理解却有不同,有的认为,全球化是分享国际经济大蛋糕,有的则认为,全球化是发达国家占发展中国家的便宜的过程,还有人认为,全球化是发展中国家的机遇。应该说,这些观点都有其道理。而从资源角度思考问题,我们似可以认为,全球化,世界经济一体化,实质上是资源在世界范围内重新配置。全球化,是资源配置的重要方式。

在经济全球化之前,资源在世界范围内的配置就已经存在,其方式就是世界贸易。而国家与国家之间的贸易,资源互换,甚至可以追溯到很远的古代。比如,古丝绸之路的时代就开始了资源在世界各国之间的配置。不过,那种资源在世界范围内的配置,在客体上主要是生活资料的配置,在主体和配置方式上主要是国家之间的资源交换,因而具有明显的局限性,对社会生产和生活的影响也比较小,基本上是处于可有可无的境界。而自工业经济时代开始的世界贸易则使资源配置对各国经济发展的影响发展到越来越重要的地步。目前正在兴起的经济全球化和世界经济一体化,既是世界贸易发展的必然结果,同时又对世界经济发展起着十分重要的作用,这既反映了世界经济发展对资源全球范围内合理配置的必然要求,同时也反映了以往资源配置及方式的局限性。不过,经济全球化作为客观的历史过程,虽然是必然要贯彻经济规律的客观要求,但它并不会是完全理性的,更不可能是完全消除资源浪费的。这也就是说,资源在世界范围内配置既反映了经济发展的规律,同时也反映了以利益为基础的资源配置必然存在不合理、不理性的特点。而且,即使经济全球化经过若干年的发展之后,各国经济对资源在世界范围内的配置需要也还是一定的,并非是全部的。这也就是说,每一个国家从其他国家获取资源的需要虽然是发展的,是会逐渐增长的,但不会发展到所有生产和生活都离不开其他国家的地步。每一个国家总是会有依靠自己所有的资源进行生产的情况。这表明,经济全球化也只是资源配置的一种方式,而不会是唯一的方式。而在经济全球化的历史过程中,如何保有一国经济的相对独立性,如何做到真正充分利用自己所有的资源,不仅是完全必要的,而且是理性的。反之,在经济全球化的历史进程中,一国如果丧失了自己经济的独立性,如果自己所有的资源没有被充分地利用,则是悲哀的。

三、市场经济与资源配置

所谓市场经济,是指市场在资源配置中发挥基础性作用的经济制度。

市场经济作为资源配置的制度,是以资源所有制为基础的。市场经济的基础,是资源所有权主体多元化,或者说,是产权主体多元化。没有资源所有者主体的多元化,就不会有市场经济。市场经济必须以产权主体多元化为前提条件。而产权主体多元化又是以人们存在利益差别和利益计较为基础的。如果人与人之间没有利益差别,当然也就无需计较利益得失,则产权主体多元化以及建立在此基础上的市场经济也就没有了存在的基础。

市场是买者和卖者相互作用共同决定资源价格和交易数量的机制。市场经济的基本规律是价值规律。市场经济使资源配置通过市场的供给和需求决定,由价值规律这只"看不见的手"来指挥调动资源。

市场配置资源的优越性体现在以下几方面。

第一,优化资源配置。对个人而言,市场经济意味着人们可以根据自己需要自由地选择资源,在市场上,人们需要什么资源就可以购买什么资源,只要手里有货币就成。对整个社会经济而言,市场经济则意味着社会经济结构的合理和优化。因为市场经济会使社会经济结构不断地进行调整。在市场经济中,资源供求关系是不断变化的。供求关系与资源的价格是互动的。一方面,供求关系的变化会引起资源价格变化;另一方面,资源价格的变化又会引起资源供求关系变化,一种资源的价格上涨会导致该种资源的需求减少、供给增加,而资源价格下跌则会使对它的需求增加、供给减少。而供求关系的变化就会导致社会经济结构发生或大或小的调整。

第二,推动资源开发。市场,能够比较充分地调动资源需要者的积极性,使他们积极地主动地到市场上寻求所需要的资源(包括寻求可替代资源);能够比较充分地调动资源供给者的积极性和创造性,使他们想方设法提供市场所需要的资源以满足资源需要者的需要(包括开发可以用来代替稀缺性很大的新资源)。这都有力地推动着资源开发。

第三,推动资源节约。市场,既是分配资源配置资源的机制,也就是实现利益并造成利益得失的机制。这使市场具有压迫人们提高资源利用效率的作用。而这种作用使得人们都力求充分利用稀缺资源。从而推动着资源节约不断发展。

市场经济的缺陷包括市场配置资源的缺陷。市场配置资源的缺陷体现在以下几方面。

第一，市场并不能使资源配置完全合理。市场经济的发展可以分为三个历史阶段：一是没有货币的商品经济阶段，二是以金属货币为资源交换媒介的商品经济阶段，三是以纸币为资源流转媒介的发达商品经济阶段。在没有货币的资源交换时代，资源配置主要是通过物流来实现，而这种物流主要是买卖双方所有的物质资源的互换。这种资源互换虽然是不经常的，是偶然的，但却具有直接满足资源需要的功能，因而能直接达到优化资源配置的目的。有了货币以后，资源配置优化的实现，一方面是具有更为有利的条件，因为资源所有者可以凭借货币方便地取得所需要的资源；另一方面看，则也有不利于资源配置优化的地方。比如，商人依据手中的货币可以实现大量占有他自己并不实际需要而别人实际需要的资源，即囤积资源。商人还可以通过经商活动突破资源所有制的限制，使自己所有的资源大量增加，甚至垄断某些资源。从这里我们可以看到货币的巨大作用。但是，金属货币与纸币相比较，其作用还是有很大区别的。当货币是金属货币时，市场上的资源配置要依靠金属货币作为工具，而金属货币的数量是由金属货币的生产决定的。金属货币的生产相对于纸币的生产要困难得多，其扩张也困难得多。这决定金属作为货币材料的时代，发生通货膨胀要比纸币作为市场经济配置资源的工具的时代要困难一些。

第二，市场虽然具有推动资源开发的作用，但由市场所推动的资源开发也可能使资源开发具有盲目性以及所导致的资源破坏。市场经济意味经济主体可以自由地开发资源，这必然会产生资源开发的盲目性，而盲目开发资源又必然要产生资源浪费，甚至资源破坏。我国改革开放以来的经济建设实践也证明了这一点。

市场配置资源的缺陷决定政府必须对资源配置进行干预、调节和控制。市场经济条件下，政府干预、调节、控制资源配置的必要性是容易认识的，因而也是容易论证的。市场经济条件下，政府对资源配置的调控的度却是难以把握的。而这个难以把握的度又是由历史条件决定的。所谓市场经济的历史条件，是指每一历史阶段的市场经济总是有其具体的历史条件。由于市场经济的历史条件不同,市场经济也就有发达不发达的区别。而这种区别使得市场经济条件下政府如何调控资源配置的思想理论也就有了区别。从西方市场经济理论的发展历史中,我们可以认识到这一点。西方政府干预市场经济资源配置的理论发展大致经历了以下几个阶段。

第一阶段,是原始国家干预主义。在西欧封建制度解体和资本主义生产方式产生的那个历史时期产生的重商主义理论,其基本内容之一,就是主张国家干预经济生活。重商主义认为,财富就是金银,也就是货币,一国财富增加的主要来源是顺差的对外贸易,即一国在对外贸易中必须坚持出口大于进口,这样才能实现本国致富。为此,重商主义主张国家运用行政手段和立法手段,通过奖励出口,限制或禁止外国商品进口等措施,以保护本国的对外贸易,保证本国财富增加。这当然要使市场配置资源的作用受到限制,即使市场配置资源受到政府的控制。

重商主义作为原始的国家干预主义,为资源配置摆脱封建关系的束缚扫清了道路,为资本原始积累创造了条件,当然也就为资本主义生产方式的确立作出了贡献。但是,重商主义毕竟是市场经济不发达阶段即资本主义生产方式产生的那个历史阶段的理论,存在诸多缺陷,因而在占据统治地位两个世纪后被自由放任主义所代替。

第二阶段,是自由放任主义。所谓自由放任主义,就是以亚当·斯密为代表古典经济学理论。这个理论,在17世纪至20世纪初期的近200年时间里一直占据经济实践和理论的统治地位。这个理论,是在资本主义完成原始资本积累,生产方式由工场手工业向机器制造业过度,资本主义社会化大生产基本确立和成熟的历史时期,为资本主义市场经济发展提供动力,为资本主义社会处理政府与企业之间的关系提供指导的理论。其重要内容是,认为市场可以自发地不需要任何干预地实现资源的优化配置,从而主张"小政府",少干预,让企业在市场的导引下自由地发展。当然,自由放任主义只是主张国家对经济生活少干预,而绝不是主张"无政府"和"不干预"。

自由放任主义,以法国重农学派为先导。重农学派认为农业对于财富积累有重要作用,主张通过全面的自由贸易实现财富积累,认为资源配置应该遵守"自然秩序",不应遵守"人为秩序"。而他们所讲的"自然秩序"就是指市场经济,"人为秩序"则是指封建制度。斯密是资产阶级古典经济学的集大成者。1778年,斯密出版了他的划时代著作《国富论》。斯密认为,人是"经济人"。

人的本性是利己的,人是利己主义的动物。实现人的利己本性的最好途径是实现经济自由。认为,只有在经济自由的条件下,资源(资本)才能得到最有利的使用,社会福利才会得到最大增进。因此,他反对国家干预经济,提倡自由放任。在他看来,市场经济有"一只看不见的手的指导"。市场经济作为一只看不见的手可以实现资源最优配置,而不需要政府任何干预。斯密理论的合理处在于看到了市场配置资源的基础性作用,其反对政府干预的主张虽然有其合理性,但过了头。斯密之后的马歇尔,是新古典经济学的重要代表,他的思想的基础和核心是"均衡价格论"。所谓"均衡价格论"是说,自由交换下供给和需求能够平衡,无需政府干预,市场就能调节供给与需求的矛盾,从而否认资本主义各种矛盾存在。萨伊也是新古典经济学的重要人物,他提出了著名的萨伊定律。在萨伊看来,供给能够创造需求。任何一次卖都必然是买,一种产品的生产也就为其他产品的销开辟了道路,因而不会发生过剩,至多是产生暂时积压,因而仍然反对国家干预经济,反对政府干预资源配置。在亚当·斯密的时代,以资本主义私有制为基础的市场经济的内在矛盾还没有暴露,市场配置资源的缺陷还没有很多显露,其"看不见的手"的理论能够得到经济实践的支持,其无需政府干预资源配置的主张和理论也就情有可原。新古典经济学理论的背景则是资本主义矛盾已经暴露市场配置资源的缺陷业已强烈显露,资本主义经济危机已经多次爆发。在这种背景下,新古典经济学却不能正视资本主义的内在矛盾,仍然反对政府干预经济,这就不能不使其成为20世纪30年代资本主义经济大危机的人文思想根源。

  第三阶段,是凯恩斯主义。20世纪30年代的那场资本主义经济大危机,使资本主义固有矛盾充分暴露,使资本主义经济处于崩溃的边缘,同时也使自由放任主义破产。正是在这个背景下,凯恩斯主义应运而生。资本主义经济危机使萨伊的生产自动产生需求,市场能够自动调节供求使之平衡不会产生过剩的观点遇到挑战,证明这个观点具有条件性和局限性,证明市场配置资源具有盲目性和缺陷,证明市场经济条件下资源配置需要政府予以必要的干预。凯恩斯完成了经济研究方法的重大变革,他从古典经济学的微观供求关系分析转为宏观即国民经济总量供求关系的分析,说明资源配置理论分析不能仅着眼于微观,还必须着眼于宏观。凯恩斯以其有效需求理论为核心和依据,认为资本主义市场经济的体制不能自动地实现充分就业,从而不能自动地实现供给与需求的平衡,因而需要国家干预经济,需要政府干预资源配置。凯恩斯所面临的问题是,资本主义经济大危机带来的失业、就业等社会紧迫问题。他认为,资本主义市场经济是有缺陷的,只有政府干预资源配置,才能弥补市场经济的缺陷。为此,他主张政府运用财政和货币政策对资源配置进行调节,增加社会的总需求,实现对失业顽症的医治。凯恩斯主义强调政府干预经济,是对自由放任主义的诮缺陷的弥补和矫正。第二次世界大战后,各资本主义发达国家纷纷按照凯恩斯理论所开出的"药方"对资本主义市场经济体制进行修补,但也出现政府过多干预经济,过度财政赤字,导致经济停滞和通货膨胀并存的滞胀,宣告凯恩斯主义破产。

第四阶段,是新凯恩斯主义和新自由主义。新凯恩斯主义和新自由主义,是20世纪60、70年代后,西方的主流经济学理论。这个理论既继承了凯恩斯主义又继承了放任自由主义,但同时又对凯恩斯主义和放任自由主义做了修正。新凯恩斯主义和新自由主义的背景是"滞胀"问题需要解决。所谓"滞胀",就是经济停滞、失业和通货膨胀并存。这是新情况新问题。凯恩斯理论在这个两难中,无能为力。这也就是说,用扩张性的货币政策和赤字财政政策解决就业和刺激需求,就会使通货膨胀加剧;而用紧缩性货币政策和财政政策去治理通货膨胀又会使需求受到抑制,从而导致失业增加。为了解决滞胀问题,新凯恩斯主义将凯恩斯主义关于国民收入的决定及其波动的宏观分析方法,与新古典学派关于单个产品和生产要素的价格决定的微观分析方法结合起来,使之既适用于国民收入均衡、充分就业等宏观经济问题的研究,同时又适用于价格均衡机制、生产要素的收入分配等微观经济问题的研究,从而使资源配置更加贴近资本主义市场经济变化的实际。新凯恩斯主义主张采取灵活机变的财政和货币政策对需求进行管理,其出发点和归宿点都是在市场经济的基础上,通过政府的灵活机变的财政政策和货币政策,以求实现资源的优化配置和经济稳定,既避免经济大的波动,又能解决滞胀问题。西方各发达国家的实践表明,新凯恩斯主义的这套理论是有作用的。而这套理论的核心思想是在承认并发挥市场配置资源的基础性作用的前提下,肯定政府干预经济的必要性和重要性,而且这套理论还使政府干预经济的手段更加具体、完善、全面,因而得到西方经济学界的广泛认可。

新自由主义也是为解决滞胀问题而产生的理论。新自由主义由现代货币学派和现代供给学派组成。现代货币学派的代表人物是美国经济学家费尔德曼,他认为对自由的最大威胁是权力集中。他反对政府的一些干预经济的手段,但主张政府通过一定货币存量的基础上的规则对资源配置进行调控。现代供给学派的代表人物是美国的蒙德尔等人,其核心思想是经济自由和效率。他们认为,滞胀的根本原因是政府任意扩大普遍享有的福利开支,造成需求过分膨胀,引起通货膨胀。为解决滞胀问题,他们主张政府为企业创造宽松的环境,充分发挥市场配置资源的作用,通过经济利益的调整,促进供给适用需求变化,从而实现经济稳定增长。显然,新凯恩斯主义和新自由主义都是:既赞成充分发挥市场配置资源的基础性作用,又主张政府对经济进行干预的。二者的区别只是政府干预的着眼点、范围以及手段、力度等方面的区别。新凯恩斯主义是在市场机制既定的前提下,更强调政府干预经济作用的发挥;新自由主义则是在承认政府干预经济必要性的前提下,更强调发挥市场配置资源的基础性作用。这还使二者都在政策设计和提供上采取务实和具有灵活机变的态度。

总之,现代西方经济学已经能够在坚持资源资本主义私有制的前提下,认识到市场必须在配置资源过程中起基础性作用,同时也必须发挥政府对资源配置的宏观调控作用。而现代市场已不是17到19世纪的市场,而是政府调控下的市场,市场竞争也是有政府管理和引导的竞争,这就要求:不仅要有完备的市场体系和现代企业制度,而且要有政府的灵活机变的政策体系才能实现资源的优化配置。而且,现代市场经济在经济全球化的大潮推动下,必然还会发生更多的变化,这就会使灵活多变的政策体系也会存在不适宜的时候,这当然也就预示着经济学理论还将发展。

从世界各资本主义市场经济发达的国家的情况来看,其资源配置的社会机制具有以下特点。

其一,坚持市场作为资源配置的基础机制的前提下,发挥政府配置资源的作用。所有搞市场经济的国家,都是将市场配置资源作为基础性的社会机制。第二次世界大战期间,由于战争的需要,许多发达国家对资源配置,曾一度实行战时国家干预和政府控制,国家计划统制的成分曾经多一些,但并没有放弃市场这一资源配置机制。二战后,这些国家都恢复了市场主导资源配置的机制。凯恩斯主义和新凯恩斯主义虽然强调政府干预经济,但都是以承认市场配置资源的基础性作用为前提的。放任自由主义和新自由主义更是强调充分发挥市场配置资源的基础性作用,但也承认政府干预的必要性。

其二,政府干预经济的主要手段是经济手段和法律手段,方法上主要是运用财政政策和货币政策对资源配置进行间接的调控,政府运用行政手段进行资源配置是比较少的。当今资本主义发达国家,政府干预经济的办法,一是通过财政政策影响资源资源配置,对市场配置资源的作用进行引导;二是运用货币政策控制货币在市场上的量来调节社会资源的配置;三是通过立法和司法以及发展社会中介组织维护市场秩序,维系"神圣"的市场游戏规则。

其三,为使市场配置资源的基础性作用得到有效的健康的充分的发挥,同时也为使政府配置资源的作用有效合理进而实现资源优化配置,都非常重视建立监督体系。市场经济,是产权主体多元化的经济,市场配置资源是存在缺陷的,市场经济必须是有秩序的经济;而现代市场经济又是有国家干预的市场经济,这两方面都要求建立监督体系。为了维护产权主体的正当利益,使市场主体之间的资源交换有序进行,必须对市场主体进行有效监督,使他们的违感规行为得到及时处理。由于政府管理着纳税人缴纳的税金,也由于政府的财政政策本质上是对社会资源的占有和进行分配和配置,使得政府配置资源事实上是权力支配资源,而公共权力是可以演变为私权力的,因而政府是需要监督的。监督与民主是相联系的。没有民主就没有监督,没有监督也就没有民主。监督是民主的题中应有之义,反过来说,民主也是监督的题中应有之义。资本主义国家的民主,是资产阶级民主。这种民主对广大的人民群众而言是虚假的,但对资产阶级则是真实的。资本主义市场经济条件下的监督体系是非常庞大的,同时也是比较有效的、严密的。这表现为:第一,微观经济主体是比较遵守市场游戏规则的,是比较讲诚信的,而这是严密有效监督的结果;第二,政府的决策过程是比较透明的,资产阶级及其代言人是能够充分表达意见的,政府采纳政策的空间是广阔的,任何学派的政策主张都是可能被政府采纳的;第三,政府官员的行为是受严密监督的,他们是没有多少隐私权的。

四、计划经济与资源配置

计划经济,从字面上讲是按照预先安排的计划进行资源配置的经济形式。计划经济作为对未来社会的描述,作为资源配置模式的一种设计,其理论框架是马克思恩格斯提出来的。计划经济作为经济的历史形式,是对20世纪各社会主义国家资源配置模式的概括和描述。其实质是政府按照自己的意志进行资源配置,也就是政府直接参与并包揽社会生产、分配、交换、消费全过程的管理。计划经济作为经济的历史形态,已经随着东欧剧变和中国经济体制改革而终结。

马克思恩格斯认为,由于存在社会化大生产和资本主义私人占有之间的矛盾,资本主义不可能解决它自身发展所产生的社会不公等一系列问题,必然要被新的社会形态所代替。社会主义、共产主义取代资本主义,是人类社会发展的必然趋势。代替资本主义的社会主义、共产主义是什么样子,其资源配置将怎样进行?马克思恩格斯做了设计。他们认为,共产主义是阶级和国家消亡的社会形态,物质资源全部属于社会公共所有(经典表述是生产资料全民所有制),整个社会生产、交换、分配、消费将由一个社会指挥中心,通过计划配置资源来进行控制和调节。与之相联系的社会分配制度是各尽所能,按需分配。他们认为,社会主义社会是共产主义社会的第一阶段,"它不是在它自身基础上季经发展了的,恰好相反,是刚刚从资本主义社会中产生出来的,因此它在各方面,在经济、道德和精神方面都还带着它脱胎出来的那个旧社会的痕迹。"(《马克思恩格斯选集》第三卷第10页)他们认为,社会主义社会的基本特征有三:一是生产资料公有制,二是没有市场的计划经济,三是按劳分配。这就是计划经济的理论框架。俄国十月革命后的社会主义和中国革命胜利后的社会主义,都是按照马克思恩格斯的设计进行实践的。在这种历史实践中,虽然存在着历史条件不同于马克思恩格斯的"设计"所依赖的条件的情况,但在整体上则是按照马克思恩格斯的"设计"进行实践的。

计划经济作为实践,是历史性的实践。所谓历史性实践,其含义:一是说计划经济是一个历史过程,二是说计划经济是在一定历史条件下建立起来的。从计划经济是一个历史过程的角度看问题,所有社会主义国家建立计划经济的过程都经过了几个历史性的阶段:无产阶级革命取得政权的历史阶段;建立资源公有制的历史阶段;建立和完善社会经济运行和管理制度的历史阶段。经过这样三个历史性阶段形成的计划经济具有以下特点。

(一)追求单一化的资源所有制和产权格局

马克思主义对资本主义的批判,集中到一点,就是否定资本主义的资源私人所有制度。虽然马克思恩格斯所主张废除的所有制,在严格意义上,是指生产资料的资产阶级所有制,但在实践上则是财产的资产阶级所有制。马克思主义所主张用来代替资产阶级财产所有制的所有制,是单一的全民所有制。所谓全民所有制,在其表述上,虽然是表述为:生产资料属于全民所有。但事实上则是指一切资源、财产属于全体人民所有。这是因为,生产资料本身是一个进行经济学分析的概念,其外延是不确定的。例如,某些资源在一定条件下被认定为生产资料,在另一定条件下则可以被认定为生活资料。因此,所谓生产资料全民所有,不仅是一个在外延上不确定的命题,而且事实上是以一切资源为对象的全民所有。

一切资源全民所有,作为资源所有制的制度安排,虽然在实践上并未建立,但以某些具体资源为对象的全民所有却是历史的事实。全民所有的存在形式是社会主义的国家所有。这使国家成为产权主体。社会主义国家作为产权主体与资本主义国家作为产权主体,在形式上并没有本质的区别,其本质的区别体现为国家为谁服务。正由于,社会主义国家作为产权主体与资本主义国家作为产权主体在形式上没有本质的区别,因而以它为基础的资源配置方式也就没有本质的区别,即都是由政府对其所有的资源进行直接的分配或运用资源进行经济建设或其他的建设。这里所讲的政府直接分配资源,严格意义上是指政府将属于国家所有的资源配置到社会生产和其他社会领域。这里所讲的运用资源进行经济建设或其他建设,就是指政府直接利用资源进行物质资料生产或非经济用途的建设。显然,政府直接利用资源所形成的财产所有者主体只能是国家,其产权主体也就是国家。如果一切资源属于国家所有(虽然这时候的国家可以说已不是国家,即所谓国家消亡后社会指挥中心),则产权主体也就只有一个,因而是单一化的产权主体格局。因为社会主义各国在实践中并未建立以一切资源为对象的全民所有制,而是存在多种资源所有制同时并存的格局,所以,产权主体单一化的格局并未形成。但是,追求单一化的产权格局的情况却是客观存在过的。

追求单一化产权格局的表现是:第一,将共产主义社会的基本特征确定为生产资料全民所有和"按需分配,各尽所能";第二,认为社会主义社会是共产主义社会的第一阶段,认为社会主义社会的特征之一是生产资料公有制存在两种形式,即社会主义集体所有制和全民所有制,社会主义社会的分配制度是按劳分配;第三,认为社会发展的走向是两种形式的社会主义公有制过渡到单一全民所有制,相应的认识是,全民所有制是比集体所有制更高级的公有制;第四,发生过谓之"左"的路线和政策的"穷过渡"和"共产风"。

以一切资源或生产资料为对象的产权单一化格局虽然没有实现，但以某些资源为对象的全民所有制还是建立起来了，因而相应的产权单一化也在实践上存在过，甚至今天仍然存在。这种产权单一化的资源配置机制的运行特点是：第一，排斥市场配置资源；第二，劳动者对自身的人力资源的所有权没有被确认；第三，隐藏着制度性不公和腐败。

（二）排斥市场配置资源

计划经济的另一特征是，政府对资源配置的调控采取了直接的、行政性的、包揽式的、排斥市场配置资源的办法，其结果是高度集权，事无巨细，统一管理。

就中国的计划经济来说，排斥市场配置资源的主要表现是：第一，在计划经济时代，中国只有消费品市场，没有生产资料市场，没有劳动力市场和人才市场，更没有资金市场和技术市场。国有企业进行生产所需要的各种资源都由计划配给。国有企业生产的产品都由国家统购。第二，就是消费品市场也是有计划控制的，这表现为货币的作用受到限制，许多消费品不是仅凭货币可以购买到的，居民要获得消费品，不仅要凭货币，还要凭各种票证，如粮票、布票、煤票、油票、豆腐票、面粉票、自行车票、手表票等等。第三，工农业生产都是按照国家计划进行的。工厂生产什么，生产多少，不是由工厂自己决定的，而是由国家计划安排的。农民生产什么，生产多少，所需要的化肥农药等资源，也是由国家计划控制的。

计划经济作为资源配置的一种方式，实际上是国家作为"公共权力"对资源进行配置。国家掌握一定的资源是完全必要的。国家控制一些资源对于经济建设也是有积极作用的。这种积极作用的突出表现，就是可以办大事。新中国成立后，治理大江大河，兴修水利，修建铁路、机场等，甚至大庆油田的开发，两弹一星的成功，都证明国家掌握一定资源不仅必要，而且具有重大的积极作用。计划经济的优越性，集中到一点，就是能够集中力量办大事。然而，计划经济作为资源配置的方式，也是有消极作用的。这种消极作用集中到一点，就是不利于资源的充分利用和开发。其表现是：每一微观经济主体都尽量从国家那里取得更多的资源。例如，每一国有企业都是尽量从国家手中获得更多的原材料、机器设备和人力资源。每个农业生产队都想方设法从国家那里获得更多一些化肥农药。

(三)劳动者对自身人力资源的所有权没有被确认

资本主义制度下的雇佣工人所以被称为无产者,是因为雇佣工人只能靠出卖劳动力来维持生存,他们除了自身的劳动力以外一无所有,即没有维持其生存所需要的物质生活资料,也没有进行物质资料生产所需要的物质资源。但是,他们对自身拥有的人力资源的所有权还是被确认的。他们在劳动力市场上将自己的劳动力使用权转让给资本家,通过为资本家干活挣得工资,再用工资收入维持劳动力的再生产(其中也包含人力资源的再开发,因而形成人力资本)。这当然要受人力资源的供求关系制约。但是,这种人力资源供求关系却被雇佣工人本身一无所有和技术不断进步等因素而扭曲,表现为剩余价值的经济规律。剩余价值规律的存在使得雇佣工人的人力资源所有权不可能真正保有并实现。因此,资本主义条件下,劳动者的人力资本产权实际上是在这个交换过程中被剥夺了。而这种剥夺的制度基础则是资本主义国家所确认并极力维护的资产阶级私有制。

社会主义是以废除资产阶级私有制为前提的。剥夺资产阶级所形成的社会主义公有制为确立并实现劳动者人力资源所有权提供了经济基础和制度基础。因此,社会主义的特点,应当是劳动者不仅对自身的人力资源保有所有权,而且能充分实现其所有权。社会主义的旗帜是"各尽所能,按劳分配",不是"各尽所能,按需分配"。这要求承认人力资源即人的劳动能力,是劳动者生存发展的源泉,是劳动者生存发展的最基础的"资本"。承认劳动者对自身的人力资源享有所有权,并使这种所有权能够充分实现,是社会主义制度优越性的体现。而实现这一要求的条件是:第一,社会承认每个人的体力和智力是属于他自己所有的,这要求社会承认每个人为自己获得知识、才能所付出的资源是一种投资,从而每个人都是人力资本的所有者。第二,每个人都具有从社会获得最基本的物质生活资料的权利,从而使每个人在其人力资源因为种种原因未能在社会发展中发挥作用前不至是像资本主义社会的雇佣工人那样的无产者。社会保障制度就是这一条件的具体化。第三,人口迁移是不受限制的,就业和自己创业都受到社会的充分支持。

我国改革开放前的计划经济体制所具有的特点则是:不承认劳动者的人力资源是属于个人所有的。社会所倡导的观念是:人的知识、才能的获得、提升,是不能归功于自己的,而是要归功于党和政府的。人才资源的所有制,事实上是国家所有制和单位所有制。在这个制度下,城市就业是由国家计划安排的。毕业生国家包分配,城市知识青年上山下乡,干部下放进五七干校,农民不劳动不得食等使就业具有表面上的充分性,但这种充分就业却具有强制性的特点,人们对就业岗位基本上是不能选择的,人才是不能自主自由流动的。一次分配定终身。人才不能自主自由流动,是以不承认劳动者对自身人力资源享有所有权为前提的。同时,人才资源不能自由流动,也使人才资源的配置不能实现优化,其结果是人才浪费,人才被埋没。

(四)隐藏着制度性不公和腐败

政府对资源配置的调控采取直接的、行政性的、包揽式的统制办法,高度集权,事无巨细,统一管理,是计划经济体制的重要特点。在这种制度下,资源配置需要通过层层上报计划,层层审批计划,层层执行计划来实现。行政性的计划指标和批文,是资源流动的"路条",没有指标和批文就不能实现资源配置。这种制度的实质是少数政府官员决定资源配置,是权力配置资源。当配置资源的权力不能得到有效且有力的监督时,权力寻租现象就必然产生。资源配置优化是社会生产力发展的重要条件。资源本身的无限多样性,资源配置优化条件的多样性,决定资源配置过程极为复杂,需要考虑的问题和因素相当多,通过计划实现资源配置优化的可能性不能说没有,但要实现是非常困难的,是需要具有多方面条件的。比如,就物质资源配置优化来说,少数人拥有资源配置决定权政府官员就必须对社会对资源的需要真正了解,必须对社会所能供给的资源的质和量都有真切的了解;就人才资源的配置来说,拥有决定权的政府官员就必须对岗位和人才的特点都非常了解,只有这样才能做到人尽其才,才能杜绝人才浪费。而少数政府官员要达到上述要求是十分困难的,他们也要追求工作效率和更多的休息时间,这决定他们用过于简单的机械的办法处理复杂的问题,加上经验不足,就使主观主义、官僚主义必然产生。主观主义、官僚主义,加上权力寻租,不仅不能使整个社会的资源得到优化配置,而且必使资源配置不公平不合理和腐败产生。

计划经济作为资源配置模式的新设计,是既具有科学性又具有空想性的。其科学性的表现,一是马克思恩格斯关于资本主义基本矛盾的分析是完全正确的,关于资本主义必然要被更高的社会形态所代替的预见是科学的;二是马克思恩格斯对资本主义市场经济的批判中存在对市场配置资源模式的缺陷的科学认识,包含国家干预经济必要性的科学认识,包含政府调控资源宏观配置优越性的认识。其空想性的表现和原因则在于以下几方面。

其一,计划经济是以所有资源单一公有制(经典表述是生产资料全民所有制)为基础的。而事实上,单一的全部资源属于全民所有是不可能的。这是因为:物质资源是具有无限多样的,有的资源是可以占有的,有的资源则是即使被人利用也是不能占有的,因此,对那些不能占有的资源即使宣布为所有的对象,也是实际上不能占有的,这使全部物质资源属于国家是不可能的。

其二,计划经济是以社会化大生产为规范对象的,而社会化大生产又是以社会分工高度发展为条件和特征的,社会化大生产的高效率要求资源配置具有高度的灵活性和高效率,在没有市场机制的情况下,要实现资源配置的灵活性和高效率是不可想象的,也是不可能的。

其三,计划经济的现实基础是存在利益关系,这种利益关系必然使资源配置不能实现资源配置的最优化。任何经济的高效率都必须以微观经济主体即个人的积极性和创造性充分发挥为前提,而当今及今后一个相当长的历史时期内,人的积极性和创造性的充分发挥在没有利益机制的条件下是不能实现的。而只要存在利益观念,则计划配置资源就仍然会要以利益关系为基础,计划配置资源的过程中也就必然存在利益关系的扭曲。

其四,革命胜利取得政权是建立计划经济的前提,而这个前提的出现又以运用利益机制集结革命力量,充分发挥各种革命力量作用为条件。运用利益机制集结革命力量和发挥各种革命力量作用的过程本身又必定形成利益关系,这种利益关系中本身就存在不合理性,其表现就是既得利益存在于革命运动和革命力量那里。换句话说,既得利益既由历史活动造成,以既得利益为基础的利益关系的改变也就只能通过历史活动来改变,而改变这种利益关系又以历史形成的条件为基础。因此,无产阶级革命运动这个历史过程所形成的利益关系就必然要对此后的计划经济体制产生影响。而这又必使资源配置受既定利益关系制约。

其五,人们的利益和利益关系必然影响着供给和需求的变化,这更使本来复杂多变的供求关系具有不能预测性。

总之,利益制约需求,需求被利益扭曲,资源配置也就不能满足需求所提出的要求;被利益扭曲的需求更加丰富多彩,这使需求不能被计划确知;这样一来,计划所应具有的先见之明就被销蚀了。而资源本身所具有的无限多样,则既不能使计划掌握所有的资源,也使计划不能确知资源的供给,从而不能实现资源配置的宏观和微观的有机统一。所以,计划经济作为资源配置的模式在今天乃至今后相当长的历史阶段,是具有空想性质的。

五、计划经济、市场经济条件下,政府调控资源配置的区别

(一)前提基础不同

作为历史形态的计划经济,其基础是社会主义全民所有制和劳动群众集体所有制。资本主义市场经济的基础是资本主义私有制。计划经济时代,资源私有制虽然存在,但量太小,公有制占主体地位,使国家无需经过市场直接运用行政手段进行资源配置具有条件。而资本主义私有制虽然使其政府能够掌握大量的税收收入,但政府配置资源作用还是必须经过市场这个中介。

(二)方式方法不同

计划经济条件下,政府配置资源的方式是行政方式,资源配置所依据的信息是层层上报的资源指标,资源配置的过程是通过层层审批计划指标下达计划指标。市场经济条件下,政府配置资源所依据的信息是市场上的各种资源的价格,其决策过程是资产阶级的民主过程,也就是一个申述理由的说服过程。

(三)政府与微观经济主体的关系不同

计划经济条件下,企业是政府的附属物,政府与企业的关系是所有者与被所有、领导与被领导的关系,政府对企业进行直接的管理和指挥,企业对政府的指令必须持"一切行动听指挥"的态度。市场经济条件下,企业是独立的,企业只对市场负责,而不必对政府负责。政府对企业的引导必须经过政策对市场的影响才能实现,因而是间接地对企业进行管理。

计划经济条件下,个人与政府的关系也是完全的直接关系。个人作为人力资源的所有者,其所有权没有被确认,人的生存发展所需要的资源基本上依

赖政府配置,个人拥有、开发资源的活动受到政府严格限制,人的发展依靠政府提供的机遇。在市场经济条件下,个人与政府虽然存在着政治关系,但每个人获得经济资源则不依赖政府,而是通过找市场来解决,这使人的发展依赖自己的努力和市场提供的机遇。

(四)调控资源配置的成本不同

计划经济条件下,政府承担直接管理企业和个人经济活动的责任。政府既要管企业生产什么、生产多少,又要管企业产品的销路和生产要素的供给,人财物、产供销都要管。这使计划经济的政府必然是大政府,其调控资源配置的成本必然高。市场经济条件下,政府不对企业生产什么、生产多少进行管理,也不管企业产品的销路和资源取得,即企业的人财物、产供销都是企业自己的事情。这使市场经济条件下的政府必然是小政府,其调控资源配置的成本也就必然低。

(五)调控资源配置的效率不同

资源配置的高效率最终是体现为物尽其用,人尽其才,人的积极性和创造性充分调动和发挥。计划经济虽然具有集中力量办大事、杜绝自然资源被微观经济主体受利益驱动乱开发而免遭破坏等优越性,但也有因政府官员决策失误而导致的资源破坏等缺陷。从配置资源效率的角度看问题,计划经济难以保证资源优化配置,短缺经济就是资源配置效率不高的产物。市场经济则能充分调动微观经济主体的积极性和创造性,其配置资源的效率一般要比计划经济高。

(六)政府失误对社会的损伤不同

任何高明的政府都可能有犯错误的时候。计划经济条件下的政府失误对社会造成的损伤比市场经济条件下政府失误要大。这是因为:第一,计划经济条件下的政府对资源配置是实行统制的办法,对人财物的管理是直接地一统到底的,政策失误所带来的后果往往是全局性的,而不是局部的。市场经济条件下的政府的失误所造成的损失则往往是局部的。这又是因为,第二,计划经济使企业等微观经济主体不能抵制政府的错误的或有缺陷的经济政策,而市场经济的微观经济主体是独立的,它们对政府的失误是可以通过自己的对策予以销蚀的。第三,计划经济条件下的政府失误必须由政府自己纠正,而且往往既费时又费力,重大失误往往需要社会损伤明显表露后才能得到纠正,而此时资源巨大浪费往往已经形成。市场经济条件下的监督机制使政府的政策一般都是在有不同意见充分表达的情况下出台的,政府失误有可能避免和减少,政府失误也比较容易被发现,其纠正也比较声时声力,因而一般不会形成长时间的重大失误,因而政府失误所造成的社会损伤比起计划经济条件下政府失误造成的社会损伤要小。

导致上述区别的根本原因是政府与企业和个人的关系。企业是社会经济的细胞,个人则是在一定条件下具有社会经济细胞的性质和功能。社会资源的绝大部分,要在社会经济的细胞里进行组合和搭配。社会经济细胞既是资源的主要耗费者,同时又是社会资源的主要提供者。政府干预和调控,最终是对资源配置的调控。这使社会经济细胞必然成为政府调控的主要对象和受力者。政府对资源配置的调控最终是要落实为社会经济细胞的行为,这使社会经济细胞成为政府政策的最终执行者。当政府与社会经济细胞的关系是直接的附属关系时,社会资源的绝大部分就由政府掌握,政府也就享有对整个社会的资源的完全支配权。权力能够支配资源是迄今为止的以往一切历史阶段都具有的共同特征,而权力能够支配一切资源则在历史上只有非常时期才具有的特点。而这种非常时期也就是战争时期。计划经济作为经济的历史形态具有战时经济的特点。政府下达的配置资源的计划如同首长下达的作战命令,是必须执行的,这使社会经济细胞的任务简化为简单地执行命令听指挥。直接掌握绝大部分社会资源成为政府的基本职能,直接配置资源是政策的基本内容。煤炭、电力、钢材、石油、粮食、棉花等重要物质资源基本上掌握在政府手里,由政府统一给社会经济细胞分配;就是提一级工资也有中央文件规定。这种体制使资源配置由政府一"头"说了算。当然,计划经济体制下,社会经济细胞还是有途径和可能影响政府进行资源配置的。这是因为,人们在实践中认识到计划经济体制难以实现资源最优配置,这表现为党和政府领导人对调查研究的强调,对社会经济细胞情况即下情的切实了解。而这种叫作群众路线的好经在社会资源配置的实践中往往演变为:各级政府领导人听到、看到下情后的"拍脑袋"决策;下对上的"磨嘴皮"决策。"拍脑袋"和"会哭的孩子多吃奶",都是对计划经济体制特点的形象写照。这种体制使社会经济细胞尽可能多地从政府手中获得资源,而市场经济体制则使社会经济细胞在正常情况下尽可能少地占用、消耗社会资源。

当政府与社会经济细胞是间接的非附属关系时,社会经济细胞就具有比较强的独立性,他们手中掌握社会的绝大部分资源,政府直接掌握的资源就非常有限,政府对资源配置的调控主要表现为通过财政和货币政策引导市场。在这种体制下,政府对资源配置虽然可以通过调整财政政策和货币政策间接地实现,但社会经济细胞并不直接听命政府。它们对政府的政策可以执行,也可以不执行,即使执行也是对它有利才执行。这样一来,政府的作用就大为弱化,而这又使政府必须重视政策制定过程,力求政策科学周密,即使这样,政策是否能推行下去,社会经济细胞是否会跟进,是否能够实现预期的目标等,还是未知数。而且,市场经济是以产权主体多元化,产权主体对其开发、占有的资源享有绝对的支配权为基础的,这也就是所谓私有财产神圣不可侵犯。而私有财产神圣不可侵犯,以及市场经济中微观经济主体对资源所有权和合法占有权的无止境扩张,都会使资源相部分微观经济主体手中集中,其结果就是资源垄断。

现代市场经济是不能没有政府管理的经济。政府要实现对资源配置进行有效的管理,固然要以坚持市场配置资源的市场体制为前提,固然可以通过制定和推行财政和货币政策达到目的,但手中掌握一定数量的资源也是完全必要的。问题的关键已经不是要不要市场,也不是要不要政府干预,更不是政府手中要不要掌握一定数量的资源,而是:如何保证财政和货币政策科学并能有效发挥作用;政府手中掌握多少资源以及这些资源如何运用的问题。就我国而言,这样的问题同样存在,但也具有不同于发达资本主义国家的特点,为使我国经济健康高速发展,我们既要从发达资本主义国家那里吸取经验,同时也需要从过去计划经济的实践中吸取经验。其目标应当是:既使经济具有活力,同时也要力求避免资源在部分微观经济主体那里集中。而贫富两极分化的出现,本质上就是社会资源过分地在部分社会经济细胞那里集中。

第四章

资源所有制及其理论

人类社会在其发展的历史过程中建立了资源、财产所有制度。人类社会为什么需要建立资源、财产所有制度？资源、财产所有制度的依据是什么？资源、财产所有制度将会怎样发展变化？

对于这些问题进行哲理思考，虽然不是每个人都有的兴趣，但对于我们正确认识资源、财产所有制度的形成、发展，完善各种法律制度，在市场经济条件下发展社会生产力却具有现实的意义。

一、资源所有制

（一）所有制及社会意义

1. 所有制和所有权的概念

所有制是哲学、历史学、经济学、政治学、社会学等学科常用的词汇。从字面上讲，所有制的含义是：确定资源、财产属于谁"所有"的制度。人们通常认为，所有制是指生产资料所有制，即是指规定生产资料属于谁所有的制度。笔者则认为，所有制就是资源所有制，即是规定资源属于谁所有的社会制度，它包括两个方面：一方面，规定哪些资源成为"所有权"的对象，即规定"所有权"的客体；另一方面，是规定谁对资源享有所有权，即规定"所有权"的主体。

之所以这样认为，是因为：第一，资源、财产、生产资料，是三个既相互区别又相互联系的概念。资源的概念比财产概念的外延要大，而生产资料概念的外延比财产要小。是财产的东西，不一定是生产资料，但一定是资源。相反，是生产资料的东西，一定是财产，也一定是资源。反之，是资源的东西，并不必然是财产，也不必然是生产资料，而只有在一定的社会条件下，资源才能是财产。资源一旦成为了所有的对象，就必定是财产。第二，资源所有制可以涵盖财产所有制和生产资料所有制。资源所有制规定资源属于谁所有，也就规定了财产属于谁所有，生产资料属于谁所有。财产所有制、生产资料所有制都不能包括资源所有制。生产资料所有制只是资源所有制的一部分、一方面，财产所有制也只是资源所有制的一个方面、一个部分。

所有制的实质和核心，是规定资源、财产属于谁所有。因此，所有制的核心是所有权。所有权是法律用语，其含义不仅是指人对资源（含生产资料）、财产的占有状态或占有形式，而且是指人对资源、财产的占有状态的不可侵犯性。不可侵犯是对与资源、财产的主人相对或之外的其他人的限制规定，即其他人不可改变也不可阻碍资源、财产的主人对资源、财产的占有和利用状态。资源（财产）有一个属于谁所有的问题。一定资源（财产）属于其所有权主所有，这意味其他人对其所有权不可侵犯。所有权本身的意义在于确定其对象——资源或财产不可被非所有者随意占有或支配。所有权的社会意义则是区分不同主体各自占有资源、财产的范围，从而防止、禁止每一主体对其他主体所占有资源随意支配，进而起到解决人与人之间利益纷争的作用。因此，所有权所表示的是人与人的关系，或者说，所有权是表示人与人的关系的范畴。

所有制作为确定资源（财产）所有权的社会制度，是其他社会制度的基础，是社会的基本制度。所有制所以是社会的基本制度，是因为资源或财产的所有权要依据所有制确定。所有制形式的划分可依据所有权主体而划分为个体所有制、集体所有制和国家所有制。所有制的作用在于确定资源、财产的所有权，从而规定经济的基本形式。因资源属于个人所有而产生的经济，是私有经济；因资源属于集体所有而产生的经济，是集体经济；因资源属于国家所有而产生的经济，是国有经济。这说明所有制的根本性作用之一，是确定或规定资源（含生产资料）的所有权。但这种规定可以说是属于事前的规定。这种规定意味着经济主体在进行经济活动之前，其所利用的资源必须有合法的来源。

所有制另一方面的作用在于确认经济活动的结果，即确认劳动产品的所有权。这种确认是属于事后的规定。事后确认以承认经营、劳动对创造财富的作用为前提。事后确认有两种情形：一种是在资源无主的情形下确认劳动者对资源的利用合法，进而承认其劳动的价值，确认劳动者对其劳动所生产的产品有所有权。例如，当国家没有确定江湖、海域、山林的所有权归属时，渔民、猎人事渔事猎所获产品，国家是承认其所有权的。另一种情形是，资源已经有主而附着在该资源之上的其他资源则处于未被利用的状态,而且其资源所有者往往未视为资源,因而可以任人利用,当劳动者将这种在其主人看来无价值的资源利用起来而创造的劳动产品时,人们往往也确认其享有所有权。如地主山林、田地上的野草,被李时珍之类人物利用而成为中草药材,人们往往确认李时珍之类人物对所采集的中草药材享有所有权。

所有制的形式不仅可从主体的角度进行划分,还可以从客体的角度进行区分:不仅资源所有制、财产所有制和生产资料所有制,是所有制的形式;而且人力资源所有制、物力资源所有制、智力资源所有制等,也是所有制的形式。专利制度、商标制度、著作权制度等,本质上都是一种资源所有制度。原始公社所有制、奴隶制、封建制、资本主义所有制等,都是对所有制的历史形式的描述。而公有制和私有制,则是对所有制性质和形式的一种最简单的划分。这种划分既是需要的也是有意义的,但是,这种简单的划分在一定历史条件下则又是没有多大理论价值的。换句话说,如同将"所有"划分为公有和私有一样,将"所有制"划分为公有制和私有制,虽然对于认识所有制具有方法论的意义,但这种划分一旦产生或者被多次运用之后,其价值和意义就会变小。

所有制作为社会的基本经济制度,是通过确定资源或劳动产品的所有权归属,从而起到推动资源有效利用和息纷止争的双重作用的。然而,所有制并不能解决所有问题,即既不能使全部资源得到充分地利用,也不能完全免除人与人的争执。这是因为:第一,资源所有者并不总是能够有效利用资源,从而造成资源浪费,而造成这种结果的原因或是因为资源所有权主拥有太多的资源而不能充分利用,或者是因为资源所有权主缺乏利用资源的知识、技术、劳动力等而使资源浪费。第二,资源在整体上虽然具有无限性,但任何具体资源总是有限的,因而在一定条件下必然会出现资源短缺,而资源短缺势必加剧人们对资源的争夺。例如,在种植农业经济刚刚兴起之时,耕地资源是不短缺的,但随着耕种经济的发展,耕地资源势必会变成为稀缺性资源。而一旦耕地资源成为稀缺资源,则必定会使一些人拥有耕地资源,而另一些人没有资源,这必然使资源争夺激化。为了解决上述两方面的问题,就有资源、财产所有制度基础上的社会经济制度的完善,而资源有偿利用制度和资源、财产交换制度也就应运而生。

所有权,无论其主体是个人还是集体、国家、社会,其内涵都是相同的,即都意味着主体对资源的占有具有不可侵犯性。所有权的作用在于区分并确定不同主体各自占有资源或财产的范围,在于防止每一主体对其他主体的占有物(资源或财产)随意支配。如果所有资源只有一个所有权主,则所有权就失去意义。因为在只有一个所有权主的情况下,不存在区分不同主体进而禁止相互侵犯的必要性。当整个地球上只有一个人时,此人必定可以任意支配整个地球的全部资源。由于不存在与他相对的其他人,他也就无需宣布他对地球或地球上的全部资源拥有所有权。

由此可见,所有权产生的前提是多元主体客观存在。所有权的存在表明存在着多元的、不同的主体,即多个主体拥有对资源(不同种资源或同种资源而数量不同)的支配权,而且这种支配权是不可侵犯的。所谓多元主体是指主体多种多样,其含义有二:一是单个人的独立,二是由单个人组成的群体具有自己的共同利益。利益差别是主体多样性的基础。而利益相同则是群体存在的根本原因。正因为人与人之间或人类群体之间存在利益上的差别,而这种利益上的差别又由占有资源所决定和体现,因而需要所有权。但是,如果人或人类群体没有相对独立,则即使存在利益差别,也无需所有权。因为不以人的独立或人群的独立为条件的所有权,是没有意义的。因此,所有权不仅意味人与人之间或人群之间存在利益差别,而且意味人或人群的独立和对立。没有人或人群的独立,也就不会有人或人群的对立,而没有人与人或人群与人群的对立,就无需所有权。如果单个人不具有独立性,其对资源的拥有就不存在所有权问题,也不具有"所有"的意义,而只是对资源的一种自然拥有;如果资源是由没有分化的人类群体的共同拥有,则该资源也没有所有权,而只存在他们对该资源的拥有。所以说,所有权的前提是:独立的人与独立的人的对立;独立的人群与独立的人群的对立。比如,当一个地区只有一个民族时,则该地区内的全部资源对外就无需所有权的概念。相反,当地球或地球的某一部分存在多个国家或多个民族时,而他们又不能相安无事时,则必然需要所有权。当然,当他们能够相安无事时,则也无需所有权,而所谓相安无事也就是这些人类群体没有利益的冲突,因而对各自拥有的资源或所利用的资源无需确定所有权。所以,多元主体存在是以利益差别为前提的。而多元主体存在也就意味所有权存在有了前提。

所有权,无非是资源所有权(含生产资料所有权)或财产所有权。因此,所有权必然意味资源或财产是有主人的。但是,所谓资源"有主",并不是说一切资源都是有主人的。因为,资源要成为所有的对象即成为财产是有条件的。

这也就是说,资源所有制的产生,不仅依赖"所有者"主体这个条件,同时还依赖"所有制的客体"这个条件。仅有人或人群的独立这个条件,如没有所有制客体这个条件,资源所有制即财产所有制还是不能建立。

2. 资源成为"所有"对象的条件

一种资源要成为"所有权"的对象,即要转变为财产,必须满足三个条件。

第一,该资源的有用性已为人们认识,或者说该资源在经济活动和经济过程中对经济效益具有决定性或很重要的作用,即具有强烈的明显的有用性。

第二,该资源能够为经济主体所占有和控制,即具有明显的可占有性。

第三,该资源具有一定程度的稀缺性,即明显不是无限多样的。

首先,资源的有用性是资源成为"所有权"的对象的先决条件。一种资源如果对于人没有用处,或者在人们看来没有什么用处,人们就不会去占有它,它也就不会成为所有权主的占有对象。或者说,一种资源在经济活动或经济过程中没有很重要的作用或决定性的作用,就不会引起人们对它产生占有的欲望,当然也就不会成为人们的占有对象。一种资源一旦成为了所有权主的占有对象,就一定具有很重要的用途。相反,一种物或说一种资源如果还没有成为人们占有的对象,或者还没有成为人们争夺的对象,那就说明:该资源的用途或者是没有被发现、没有被认识或者是该资源的用途不大。换句话说,资源的有用性是否被人认识,是资源是否转变为财产的先决条件,其有用性没有被人们认识的资源不会是财产。

其次,资源的可占有性是资源成为"所有权"对象的必要条件。一种资源即使对经济活动或经济过程有很重要的作用,是经济过程不可缺少的资源,但如不具有可占有性,人们也就无法占有它,因而也就不会产生以它为对象的占有。比如,气候对农业生产是有很重要作用的,但由于它具有不可占有性,因而就不存在以气候为对象的所有权。所以说,一种人们不能有效占有的资源,即使它具有很大的有用性,也不会成为人们的财产。

再次,资源的稀缺性是资源成为"所有权"对象的充要条件。一种资源对人很有用,人们已认识到其有用性,或者认识到它对经济过程或经济效益有决定性的影响和作用,但如果这种资源很多即具有无限性(即使这种无限性是暂时的甚至是虚假的),它也不会成为所有的对象物。例如,阳光作为资源是很有用的(万物生长靠太阳),但阳光一是具有不可占有性,二是阳光是不具有稀缺性的,因此,阳光是不能成为所有权的客体的,以阳光为对象的所有制是不可能建立起来的。相反,一种资源在现实的经济过程中对经济有重要的作用,同时它又具有稀缺性和可占有性,那它很快就会成为所有的对象物,以它为对象的资源所有制度就会迅速地建立起来。例如,粮食是有用性明显的资源,而它又具有稀缺性和可占有性,因而以粮食为对象的所有制总是能够建立的。

土地无论在什么社会里,都是很重要的资源,它的有用性非常明显,它的稀缺性和可占有性也非常明显。正是由于这样三个方面的因素决定以土地为对象的所有制能够建立。而气候则不同,气候虽然对农业经济也有很重要的作用,但它不具有稀缺性,而且人们对气候的变化不能控制,更不能占有,这就决定气候资源的所有制度不可能建立起来。

3. 资源所有制建立的社会意义

凯恩斯说:"秩序是人类社会生活的必要条件,一个不存在某类秩序的社会是不可想象的。"而资源利用秩序则是整个社会秩序的基础。以往的历史和今天的现实表明:资源利用的秩序首先又是由资源归谁所有的制度决定的。资源归谁所有的问题,是人类社会的第一秩序。这个秩序建立起来了,其他的社会秩序也就有了基石。相反,资源所有制存在问题或缺陷,则其他的社会秩序也必存在问题。所以,资源所有制建立有着政治、经济、文化等多方面的社会意义。

其一,资源所有制建立意味资源属于谁有了明确的规定,也就实现了资源在全社会范围内仅亚于自然配置的资源配置。或者说,资源所有权的确立是资源在全社会的范围内实现的第一层次配置。

其二,资源所有制建立意味人与人之间对资源的争夺告一段落,同时也意味着对资源的争夺有了一个新的开始。但是,这种人与人之间的新的资源争夺战不再是过去那样了,而是与资源所有权相联系了。在一定意义上可说,资源所有权已不再是人们的斗争目的,而是人们的斗争武器。

其三,资源所有权制建立意味各种社会共同体之间有了明确的边界。在原始社会,人类的利益共同体是以血缘为基础的,它有着明显的固定性或稳定性,而所能拥有或占有的资源却没有固定性,也就是没有固定的地域边界。当血缘共同体演变为地域共同体之后,国家也就产生了,一国之疆界就是对一国资源所有权的界定。国界有了之后并不能杜绝各国对资源的争夺,相反还可能加强各国对资源的争夺。现代国家基本上确立了相互尊重领土主权完整的国际法准则。而国家主权概念中的领土主权,实质是指一国政府以及该国的人民对其领土范围内的资源具有绝对的支配权,排除他国的任何干涉。一国之内的资源所有权同样具有划分各种经济主体边界的作用和意义。

其四,资源所有制建立使资源所有权人对资源利用的行为长期化,即使人们利用资源的短期行为减少。如果某人对特定土地的收益权利只有3年,他就不会进行土地改良,也不会采取其他的保持土地肥力的措施。某人对一个企业的承包期为3年,他在这个3年内就会拼命地利用机器设备等资源而不会去花钱添置新的机器和设备。而一旦他对企业有了所有权,情形就会完全不一样。资源所有制所以能起到使资源合理有效利用的作用,是因为它利用了所有权能够给资源所有者提供稳定的、长期的收益,而这就使资源所有制为资源的有效且合理地利用提供了制度保障。

其五,资源所有制建立为资源流动配置及优化配置提供了制度保障。资源所有制,一方面是限制了资源的流动配置,另一方面,则又为资源流动配置提供了制度保障,从而为资源的有序流动配置提供了制度基础。这也就是说,资源所有权使资源交换具有了合法合理改变所有权的意义和性质,也就使改变资源所有权有了文明的手段。而在没有所有权之前,资源在不同主体之间的流转则是完全地具有动物世界的性质和特点的。

第六,资源所有制建立意味评价人们行为善恶有了新标准。在资源所有制建立前,也许勇敢、文明、礼貌等,是人之行为善恶评价标准。当资源所有制产生后,偷盗、抢劫、抢夺等侵犯资源所有权的行为就是恶了,而不偷不抢以及赠与等行为就是善了。当资源、产品交换制度产生后,欺诈以及不守信用就是恶行了,而诚实守信等就是善了。所以,资源所有制建立对于社会道德文化的进步是有着重要推动作用的。

(二)资源所有制的产生过程

1. 资源所有制的产生与"所有"观念的产生,是紧密联系的

人们头脑里有了"所有"观念,也就意味着财产所有制或资源所有制业已产生。资源所有制与财产所有制虽然存在区别,但二者是相联系而存在的。没有资源所有制也就没有财产所有制,反之,没有财产所有制也就没有资源所有制。没有资源所有制或财产所有制,也就不会有"所有"这个观念。正因为已有资源所有制或财产所有制,人们的头脑中才会产生"所有"的观念。这符合存在决定意识的认识论原理。

"所有"的根本属性是其排他性。而"排他"可以是"我"的排他,也可以是"我们"的排他,因此,"所有"既可以是我们或你们的所有,也可以是我或你的所有。如果原始社会的资源(或者称为财产)是属于氏族公共所有,则这种"所有"的含义就是:"这资源是我们的,而不是你们的"。"我们"总是与你们、他们相互区别相互联系而存在的,没有我们就不会有你们和他们,反之,没有你们、他们的概念,也就不会有"我们的"概念。既然有了"我们所有"的观念,当然也就有了"你们所有"和"他们所有"的观念。没有"你们所有"和"他们所有"的概念,"我们所有"的概念是很难建立的,甚至是不可想象的。因此,所谓原始社会财产共有或资源共有的含义就是:这些资源在氏族的外部既不属于你们所有,也不属于他们所有,而是属于我们所有;这些资源在氏族内部则是属于全体氏族成员大家所有,即不属于氏族内部任何个人所有。氏族首领不是共有资源(财产)的所有权人,而只是这些财产(资源)的管理人和公平分配的主持人。

"所有"的主体是多种多样的,归结起来却无非是两种:群体和个体。群体之间的区别体现为我们、你们和他们;个体之间的区别则造成你、我、他。所以说,我们与你们、他们的区别又是同我、你、他的区别相联系的。原始社会作为人类社会发展的一个历史阶段,不是只有一个氏族部落的历史阶段,而是存在多个氏族部落社会的历史阶段,氏族部落的不同是产生我们、你们和他们的前提。同样道理,我、你、他的观念的产生也一定有其前提,你的、我的、他的的观念产生也一定有其特定的前提;这特定的前提不具备,你的、我的和他的观念就不会产生。反之,既有我们所有、你们所有、他们所有的观念,也就必有你所有、我所有和他所有的观念。换句话说,资源所有制的产生,不仅意味财产观念的产生,而且意味财产制度的产生;不仅意味财产公共所有制度产生,而且意味财产私有制度产生。资源或者说财产公有制和私有制是同时产生的。有资源公共所有存在,也就必有资源私人所有存在。公与私,既是相互联系的又是相互对立的,没有一方就没有另一方,没有私就不会有公,有公就势必有私。反之亦然。

原始社会的人类群体是血缘共同体。以血缘为纽带的氏族部落是当时人类生存发展的基本单位。氏族部落的成员共同占有的资源(含生产资料)是氏族共同所有的财产的一部分,以共同所有的资源为基础的共同劳动所造成的劳动成果,同样是氏族共同所有的财产,二者共同决定氏族全体成员必须对其劳动成果共同分享。所以,我们现在说,原始社会是以资源共同所有为基础的。

显然,现在的人们对于人类原始社会进行研究是存在实际困难的,但人们可以进行推测性或假设性的研究,也就是说,人们可以就此问题提出科学的假说。研究问题不仅应当允许假说,而且必然要运用科学的假说。马克思主义的某些理论,事实上也是属于科学的假说或者说是以科学的假说为基础的。

恩格斯的重要著作《家庭、私有制和国家的起源》,已经运用了摩尔根的《古代社会》这部著作所提供的资料。恩格斯说:"摩尔根在美国,以他自己的方式,重新发现了四十年前马克思所发现的唯物主义历史观,并且以此为指导,在把野蛮时代和文明时代加以对比的时候,在主要点上得出了与马克思相同的结果。"①恩格斯赞同摩尔根的分析研究方法,而摩尔根的分析研究方法无非是"根据生活资料生产的进步",进而推知人类社会发展的方法,而人类社会的发展是包括社会的财产或资源配置制度的变化发展在内的,离开人类社会的资源配置制度的变化和发展,也是无法认清人类社会的整个发展的。因此,从生活资料以及生活资料生产的变化来推论财产制度以及资源配置制度变化的研究方法是可取的。

2. 资源公有制和资源私有制是同时产生的

在新中国成立后出版的各种哲学、政治经济学、法学的教科书中,我们都可以读到这样的论断:在人类的原始社会是没有私有制的(也就没有私人财产的概念),随着社会生产力的发展,即出现了"剩余"之后,私有制就产生了,原始社会也就解体了,人类社会也就进入到阶级社会了;在阶级社会里,必然存在剥削和阶级压迫,而剥削和压迫的产生和存在基础是生产资料私有制,要消灭剥削和压迫就必须消灭生产资料私有制;国家和法也是伴随着私有制出现而产生的,国家和法是维护私有制的工具,消灭私有制之后,国家也就会进入历史博物馆与青铜器陈列在一起。与上述论断相联系的便是,私有制和剥削是万恶之源。要消灭剥削就必须消灭私有制。

显然,上述理论是含有猜测的。在上述理论的指引下,人们对于财产或资源所有制的最初形态进行了一些更深入的研究,如先有动产所有制后有不动产所有制的假说,就是这种研究的一个成果。

---

① 《马克思恩格斯选集》,人民出版社,1972,(4),1

高富平在其《物权法原论》一书中说:"最初,人类利用外界资源基本是一个随心所欲的过程。因为大自然提供了丰富的资源供人类猎取。但随着自然资源的变得稀缺和人类进入主要依靠劳动和智慧生产和创造必需品的时代,人类利用资源就要受到同类的限制,即围绕有限资源开展竞争,这样就有必要界划各自的利用范围,建立互不侵犯的规则。""在私有财产形成时期,我们可以推测,成为私所有权客体是先由动产再到土地的过程。"(高富平:《物权法原论》,中国法制出版社,2001年版第15页)他在解释为什么私有制的形成是"私有物由动产到不动产"的过程时又说:"在以采集渔猎为主要生存手段时期,人们所需要的是土地上生长的果实,而不是土地本身,土地对他们来说除了栖息外,没有什么价值;而且地广人稀的生存环境,为原始人类提供了充分的活动空间,毋须界定哪片土地是我们的,你们的和他们的(况且,即使作了这种划分,它的维护也是困难的)。因此,我们说在这一阶段土地尚没有纳入原始人类的财产概念中。"(高富平:《物权法原论》第16页)

显然,这种理论分析在本质上还是属于一种推测,但又是存在合理性的。之所以有其合理性,是因为这种推测比较符合人类社会发展的历史实际。在原始社会的早期,人类以采集水果和坚果为生,如果当时的人有"资源""财产"或"所有"的观念,则相应的财产所有或资源所有就必然只能以水果和坚果为对象,最多是以有果树的山林为对象,而不会以没有果树的土地为对象,这是由当时人类所具有的认识能力决定的。当人类学会了狩猎之后,人类的"财产"概念的外延也就扩大了,但是,狩猎所获得的动物以及狩猎所使用的弓箭等还是属于"动产"。早期的人类,只要还没有发展到从土里刨食的阶段,其财产的概念就必然局限在"动产"的范围之内。一旦人类学会了种植农业,则土地就会成为资源和财产,相应地,土地这种不动产才会成为所有权的支配对象。

可是,这种理论分析在认为私所有权的形成"是一个由动产到不动产的过程"的同时,却又认为"此前实行的是共同占有享用财产的制度,"也就是认为"人类原始社会是以生产资料公共所有为基础的。"这就产生一个问题,人类原始社会的各个历史阶段的"生产资料"是一个什么概念?例如,当人类以水果和坚果为生时,"生产资料"是指什么?当人类以鱼和野兽加上水果、坚果为生时,"生产资料"又指的是什么?当人类发展到主要以种植粮食为生时,"生产资料"又指的是什么?当然,如果我们坚持人类社会的分配制度必须以生产资料的所有制为基础,则必然要认为人类的原始社会当以生产资料公有制为基础,其结论也就必然是:私所有权的对象必是一个从动产到不动产的过程。反过来,如果我们承认人类社会的基本生产和生活单位是一个由"血缘共同体"发展到"地域共同体"的过程,则可以认为,私所有权最初同样可以不动产为对象。因为在人类原始社会那个历史阶段,以一片山林、一片水域为对象的"所有"也是可能产生的,虽其所有者主体必是整个氏族,而不可能是单个人。而以一片树林、一片水域为对象的"所有",只有存在其他氏族的情况下才是有意义的。因此,一旦一片树林或一片水域被一个氏族宣布为所有权的对象物或被视为该氏族的"财产"时,就必然要产生其他氏族是否承认的问题,其他氏族如果予以承认,氏族之间可以相安无事,其他氏族如果不予承认则必然要产生氏族之间的战争。而在人类社会的早期,氏族之间的战争又是确实存在的。那么,这种氏族之间的战争的争夺对象该是什么呢?这只能有一个答案,那就是对资源即对财产的争夺。

人类是由动物进化而成的,人类走出动物界的过程是一个漫长的历史过程,在这个历史过程中,人类的动物式生存方式是逐渐被人的生存方式所代替的。而原始人类氏族之间的战争则是动物式生存方式的延续。今天仍然能够看到的动物界的争夺,常使我们联想到人类早期的战争,同时也常使我们联想到今天的人类社会特别是20世纪发生的两次世界大战,而这些战争又不能不使我们常常想到人类社会与动物世界的相同。社会达尔文主义者的错误就在于仅看到了人类社会与动物界的这种相同,却对人类社会与动物世界的不同视而不见。人类的聪明,不仅在于是以劳动来解决生存问题,而且在于人类发明了资源所有制、产品交换制以及司法制度等来处理人与人之间的矛盾,民族与民族之间的矛盾。诚然,直至今日,人类还没有做到消灭战争,而且在以后相当长的时间内人类还不可能消灭战争,但是,人类毕竟在走向文明,消灭战争的可能性毕竟存在。正是基于这种认识,我们要说,即使是人类早期的战争也具有不同于动物界的争夺的意义。因为人类早期的战争是以"所有制"即将产生或者已经产生为前提的。如果人类最早的战争发生前,"所有制"还没有产生,那么战争将使还没有产生的"所有制"产生出来;如果人类最早的战争以"所有"观念已经产生为前提,则这种战争无疑将进一步强化刚刚产生的"所有"观念。在这里,我们看到了"恶"对人类社会历史发展的推动作用。

人类原始氏族之间存在战争这个事实表明,早期人类的头脑中已经产生了"资源""财产""利益"及"所有"等观念。如果没有利益、资源、财产、所有等观念，原始人类氏族之间发生的战争就不具有人类活动的意义，而仅仅是动物群之间的争夺。原始人类所具有的"利益""所有"等观念，是与"我们的""你们的""他们的"，"你的""我的""他的"等观念相联系的。没有"你的"与"我的"的区别，也就不会产生"你们的""我们的"的概念，反之亦然。当然，如果我们认为，"在原始社会，很长一段时期实行以氏族为单位，共同占有生产资料，共同劳动和共同分享劳动果实的共产制"是客观的事实，那么，"你的""我的"观念当然无从产生，而氏族之间只要存在战争，则"你们的""我们的"观念就势必已经产生。即使当时还确实没有"你的""我的"的观念，但其产生也已为期不远。因此，与其在"你的""我的"和"你们的""我们的"观念产生上分个先后，倒不如假设这些观念是同时产生的。因为，一旦观念上业已产生"你们的"和"我们的"，则"你的""我的""他的"观念也就已经产生。

3. 资源私有制的产生要以"资源稀缺"为条件

有一种观点认为，私有制的产生要以出现"产品剩余"为条件。这种观点，是值得商榷的。

"剩余"是一个相对的概念，这也就是说，剩余是相对于人的消费需要而言的。剩余说明资源的供给大于资源的需求。比如，一个树林的野果相对于一个氏族部落的一定时间的消费需要而言，可能是有剩余的，也可能是无剩余的。如果有剩余，而该氏族部落的人们又还没有处于独立的状态，即还没有"财产""利益""所有"等观念时，是不大可能产生资源争夺的。而在没有资源争夺的情况下，资源私有制产生是难以想象的。相反，当资源没有剩余时，即资源短缺时，也即一个氏族部落所拥有的资源不能满足该群体所有成员的消费需要时，则以能够满足人的消费需要的资源为对象的资源争夺就可能发生，但这种资源争夺在不具有人相对独立这个条件时，"所有"的观念还是不会产生，此时解决资源争夺的办法还是动物世界的办法。只有当资源短缺，而人又是相对独立的，且人们已有诸如利益、财产、所有等观念时，所有制才有可能产生。因此，资源剩余不是所有制产生的条件，更不是私有制产生的条件；资源短缺才是所有制（含私有制）产生的条件。或者说，资源争夺是产生"所有"观念的前兆。

人类是从动物世界分化出来的，具体讲就是类人猿变成了猿人，猿人再变成为人。一方面看，猿人与类人猿有本质区别，人与猿人更有本质区别。另一方面看,最初的猿人则是更像类人猿,最初的人更像猿人。因此,最初的人身上保留比较多的动物性不仅是必然的,而且也是合理的。我们现在观察动物世界都可以发现这样的事实:当一群动物所需要的资源存在过剩时,动物之间的争夺都会偃旗息鼓。只有当动物们对资源的需要非常强烈而资源的供给又可能不足时,动物之间才会展开激烈的资源争夺战。人的特点是:人身上既有自然属性,同时又有社会属性,既保留了一些动物属性,同时又发展了自身的人性。人们对资源的争夺,是人的动物性的表现;人与人之间的谦让,人类发明的诸如所有制等社会制度,则是人性的展现。在资源丰裕的情况下,即有资源剩余的情况下,人与人之间不会存在对资源的争夺,因而资源所有制无从产生。相反,在资源短缺的情况下,人与人之间也会发生以资源为对象的争夺,而这种争夺就会在一定历史条件下导致所有制产生。

在动物世界里还有这样一种现象,那就是动物也有为了下一代或为了同类而自愿做出牺牲的牺牲精神。人类也具有这种牺牲精神。这种牺牲精神的存在和发展,就是人性的发展。但是,这种牺牲精神或人性的发展,与资源剩余是没有必然联系的。因为,当资源有剩余时,人与人之间不会产生资源争夺,而此时也就无需人对人的谦让或牺牲。早期人类的生存环境是非常险恶的,但这种险恶环境是对整个人类而言的,至少是对整个氏族部落而言的,在解决氏族部落的安全问题时,也需要个别人做出牺牲,但这种牺牲并不是人与人之间在资源占有或享用上的谦让。因此,人类社会的资源所有制的建立与外部自然环境的险恶是无关的,与资源剩余也是无关的。这也就是说,不论资源剩余还是短缺,都会存在人性的存在和发展,都会展现人性的光辉。不过,在没有资源或财产所有制以前,人性光辉并不会以对资源占有的谦让表现出来。而在有了所有制特别是私有制以后,人性的光辉才会表现为对资源占有的让与。因此,资源的剩余与资源所有制的产生之间是没有必然联系的。

资源所有制的产生,与资源短缺却存在必然的联系。在资源短缺的情况下,人类为了解决人们之间的资源争夺,就发明了资源所有制。所有制的建立,不仅意味资源变成了财产,而且意味资源(某些具体资源,而不是一切资源)是有主人的,意味某些资源是你的,某些资源是他的,某些资源则是我的。资源所有制的建立,意味在此之前,人类社会(如氏族部落)已经有过对劳动产品的分配,至于这种分配是按照什么原则进行的,是由谁主持的,则是另外的问题。人类的群体对其集体劳动所生产的产品在群体内部进行分配(如氏族部落群体将围猎打死的野猪进行处理,其处理方式是不同于动物的,动物的处理方式是争夺,是按照强者撕抢,弱者旁观的方式进行的,人类则可能是先将这野猪分割成许多块,然后按照一定的原则进行分配。这也就是说,在动物世界奉行的弱肉强食,而人类的方式则是分配),不仅意味人类社会与动物世界的不同,而且意味社会制度的建立。人类对资源的分配,特别是对集体劳动成果的分配,可能是人类发明资源所有制的先兆,其功用是解决人类对资源的争夺。当然,人类自己建立的资源所有制并不能完全避免人与人之间对资源的争夺,但是,这一步却使人类离动物世界越来越远。从一定角度看人类的进步和发展,可以认为,"人猿相揖别,几个石头磨过",是第一步,人类按照自己的原则分配集体劳动的成果,则是人类进步的第二步,而建立资源所有制则是人类进步的第三步。

人类社会进步的轨迹是:人类由最初的单个自然人或独立的氏族运用自身的力量向他人或其他氏族宣布此财产为我的财产或我们的财产,发展为通过国家这种公共权力宣布此财产为我的财产,彼财产为你的财产;此资源为我们的资源,彼资源为你们的资源。人类由最初的氏族共同体运用整个氏族的力量向另外的氏族宣布这片山林或这片土地或这片水域为"我们的财产",发展为通过建立财产制度来规定什么财产是属于我的、你的、他的,什么财产是你们的、我们的和他们的。这种制度的建立虽然是一个漫长的历史过程,但确实体现了人类的智慧和人类社会所具有的不同于动物世界的特点。

当我们确认上述结论以后,我们就当确认:人类社会所建立的所有制首先是以劳动产品为对象的所有制,这种所有制也就是所谓动产所有制,但是,这种动产所有制并不是以什么生产资料公有制为基础的。

马克思指出:我们认识人类应该有一个前提,这个前提就是,人是"一些现实的个人,是他们的活动和他们的物质生活条件,包括他们得到的现成的和由他们自己的活动所创造出来的物质生活条件。因此,这些前提可以用纯粹经验的方法来确定。"(《马克思恩格斯选集》第一卷第24页)当人类还是以野果为生时,不仅没有什么生产资料可言,就是劳动也基本上是单个人独立进行的,也就没有什么共同劳动的成果。而当人类以围猎为生时,人类也就有了共同劳动的成果,也就才产生对共同劳动成果如何分配的问题。正因为这样,所以马克思说:"第一种所有制形式是部落所有制。它是与生产的不发达的阶段相适应的,当时人们是靠狩猎、捕鱼、牧畜,或者最多是靠耕作生活的。在后一种情况下,它是以有大量未开垦的土地为前提的。"而"第二种所有制形式是古代公社所有制和国家所有制。……除公社所有制外,动产的私有制以及后来不动产私有制已经开始发展起来,但它们是作为一种反常的、从属于公社所有制的形式发展起来的。……国家之间的对立也相继出现。"(《马克思恩格斯选集》第一卷第28页)

显然,在资源存在剩余的条件下,人类氏族部落的内部是无需建立所有制的。只有当人类遇到资源匮乏时,人类才需要在其氏族的内部建立所有制。在存在多个氏族部落的前提下,在氏族部落之间存在资源争夺的前提下,氏族部落所有制的建立才是需要的。就氏族内部而言,如果共同劳动是在没有其他氏族侵占共同劳动产品的条件下进行的,而劳动所创造的产品又是丰裕的,则所谓生产资料所有制也无需建立;只有当共同劳动所创造的产品不丰裕时,以产品为对象的分配以及相应的所有制建立,才是需要的。因此,说剩余是私有制产生的条件,是不能成立的。剩余成为争夺的对象,是在所有制业已建立的前提下产生的。剩余作为争夺的对象,或成为所有制产生的条件,是以人们已有利益、所有、财产等观念为前提的。而利益、财产、所有等观念的产生,虽然是一个很长的历史过程,但有一个条件是需要的,这条件就是人类的氏族已就共同劳动所生产的产品进行过内部的分配,正是这种劳动成果的分配使利益、财产、所有等观念产生。因此,最先的产品分配以及所谓动产所有制的建立,是无需生产资料公有制为前提的。

生产资料公有制的产生,是以氏族外部存在其他氏族为先决条件的。但是,如果没有氏族之间对资源的争夺,则资源所有制也是无需建立的。氏族之间对资源所有权的确认,是在解决氏族之间的资源争夺问题的历史过程中实现的。但是,氏族之间占有资源的确认,与氏族内部私有制的确立是无关的。没有氏族之间的资源争夺,氏族内部如果需要,建立财产私有制的需要也会产生,而一旦这种需要产生了,则建立氏族内部的财产所有制就会提上议事日程。氏族之间的资源争夺的解决,虽然是提出了建立氏族部落所有制的要求,但对氏族内部关系的处理来说,不是会加速氏族内部私有制的建立,反而是会减缓这种所有制的建立。因为,此时整个氏族所面临的问题,是要解决氏族之间的争夺或战争。而氏族之间的战争,总是会加强氏族内部的团结,从而也使人意识到:属于整个氏族所有的资源是全体氏族人的。但这并不意味动产私有制产生要以生产资料公有制为条件。

4. 奴隶制的含义和意义

现在，人们一般都认为，原始社会解体后人类进入奴隶制社会。奴隶制社会是以奴隶主占有生产资料为基础的社会。一些人怎么会沦落为奴隶呢？人们的解释是：一是氏族之间的战争使一部分战俘转变为奴隶，二是氏族内部一部分自由民因为负债、违法等原因而沦落为奴隶。

历史上的奴隶制可说是一种资源所有制。奴隶制的重要特点在于，它以自然人也就是以人力资源为所有的对象。自然人所以会成为所有权的对象物原因有以下几方面。

第一，单个自然人能够以其所具有的体力和智力进行劳动，生产出比维持其生存更多一些物质财富，即具有有用性。"对于低级阶段的野蛮人来说，奴隶是没有用处的。所以，美洲印第安人处置战败敌人的办法，与较高发展阶段上的人们的处置办法，完全不同。男子被杀死或者当作兄弟编入胜利者的部落；妇女则作为妻子，或者把他们同他们的残存的子女一起收养入族。在这个阶段上，人的劳动力还不能生产超出维持它的费用的余额。"（《马克思恩格斯选集》第4卷第49页）马克思恩格斯的上述研究成果使我们知道，在奴隶制建立之前，氏族之间的战争也是有战俘的，那时的战俘的用途就是杀死后以其尸体用来充饥。战俘所以不被杀掉，是因为战俘具有了新的更大的用途。这种新的用途没有被发现之前，战俘的命运就只能是被杀。奴隶作为"会说话的工具"，是人被认为是人力资源的标志，而奴隶制则是以否定人的价值的形式来肯定人的价值。

第二，单个自然人之所以能够成为奴隶还在于，人作为资源能够为经济主体所占有和控制。如果战俘不能占有，不能控制，就不能成为奴隶，其结果要么是逃亡，要么是被杀。只有当战俘既不能逃亡，而且具有求生的意愿时，才可能像动物一样被驯服。所以，恩格斯关于畜群的所有制建立在奴隶制之前的观点，是有道理的。

第三，战俘具有稀缺性。如果战俘太多，则有其占有、控制的实际困难，其无用性也就显露出来，其命运也就还是被杀。相反，战俘比较少，则既具有占有的价值又具有占有的可能性。

但是，最早建立的奴隶制可能是一种公有制，即对奴隶的占有最初是氏族的公共占有。之所以这样认为，一是因为，氏族相对于战俘，是强大与弱小的关系，而战俘所具有的不易占有性决定对其实现占有需要运用整个氏族力量或氏族内其他成员的力量,而不是仅仅依靠某个氏族成员的力量就可实现。战俘为氏族成员大家所有,就可以削弱其不易占有性。二是因为,战俘具有稀缺性,而过于稀缺的资源只适宜于公共占有或公共所有。结合起来说,最初的战俘如果能转化为奴隶,也只能是成为氏族的奴隶而不是氏族内哪一个自由民的奴隶。战俘作为氏族战争的一种战利品,如果一开始就是氏族内某个自然人的私有物,既不现实也不符合公平原则,而且不利于氏族内部的团结和凝聚。因此,只有当战俘不断增加,而氏族特别是单个自然人控制战俘的能力达到一定的程度时,奴隶公有才会发展为奴隶私有。

(三)资源所有制的形式

1. 资源所有制的基本形式

(1)资源所有制的存在形式依所有制性质和所有主体的不同而划分为私有制和公有制两种基本形式。

公有和私有,是相对的概念。比如,单个自然人作为资源所有者主体时,固然归其所有的资源是"姓私",而他所在的家庭则又是"公"了;当家庭作为资源所有者时,而该家庭所处的氏族则又是"公";当按地域组织社会基本单位代替按血缘组织社会基本单位时,不仅家庭就是氏族也都变成了"私",而"地域共同体"则又成为了"公"。"地域共同体"的具体形式又有很多。如现时存在的村民小组、村、乡(镇)、县、市、省乃至国家,都是"地域共同体"。在这些地域共同体之间又存在公与私的关系,村民小组对村民而言是"公",对村而言则是"私";村对乡而言是"私",乡对村而言则是"公";乡、县、市、省与国家的关系处理上,同样存在一个公与私的关系需要正确处理,而这种关系的处理又必然涉及资源所有制的问题。

企业或单位,是在"地域共同体"的基础上发展出来的一种新的社会组织,这种组织同样可以是资源所有制的一种具体类型,但就其姓"公"还是姓"私"来说,则具有不确定性,因为企业所有的资源既可以是公有的也可以是私有的,甚至还可以是公私混合所有的。国有企业和集体所有制企业的资产是属于公有的。个人合伙企业、私人有限责任公司和私人企业拥有的资产则属于私人所有。混合所有制企业的情况是比较复杂的,其形式是多种多样的,既存在国家、集体和个人的混合所有,也存在集体和个人的混合所有,甚至还存在不同国家的国家、集体和个人的混合所有。从一定意义上甚至可以说,任何企业的存在和发展都是以资源混合所有制为条件的。比如,在我国现阶段,任何私人企业的存在都要以拥有国家所有或集体所有的土地为前提;任何国有企业也要以拥有劳动者的人力资源为条件;而外国在华企业也是要以拥有中国土地、劳动力等资源为条件的。

(2)对资源所有制还可以从客体的角度进行划分。

从这一角度我们可将资源所有制划分为:耕地资源所有制、土地资源所有制、矿藏资源所有制、渔业资源所有制、林业资源所有制、人力资源所有制、信息资源所有制、技术资源所有制、文化资源所有制、旅游资源所有制、资金资源所有制等等。

(3)公有制的形式不仅可按所有制的性质区分为集体所有和国家所有,还可按主体对客体的所有关系划分为按份共有和共同共有。

资源、财产公有的形式也是多种多样的。资源、财产公有,可以是只有一个主体的公有,如国家所有和法人、集体所有;也可以是存在两个以上主体的共同所有。民法上所讲的"共有"就是指两个以上主体共同享有对资源或财产的所有权。共有又可以分为按份共有和共同共有。按份共有是指两个以上主体对同一具体资源或财产按照预先约定的份额享有权利。在按份共有关系中,主体的权利是不相同的。共同共有则是指两个以上主体对同一具体资源或财产享有相同的权利。

2. 资源、财产公有、私有的功用和意义

资源、财产公有和私有作为制度安排具有促进经济发展和排解社会矛盾的双重作用和意义。首先,资源、财产公有和私有的划分,使资源、财产的所有权归属有了明确的规定,它不仅使你的就是你的而不是我的有了明确的规定,而且使大家公有的资源和财产明确为是不属于任何个人或家庭所有的,这为明确人与人之间的利益关系,排解人与人之间的利益纠纷提供了制度依据,从而有利于防止社会纠纷的产生。其次,资源、财产所有权归属的明确,对于充分利用资源,引导人们积极开发、保护资源,促进社会经济和生产力发展起到了积极的推动作用。

(1)资源、财产私有制的作用和意义

资源、财产私有制的作用和意义是二重的,即既具有积极作用,同时也具有消极作用。其积极作用和意义在于以下几方面。

首先,资源、财产私有制使得单个人或单个家庭之间的物质利益有了明确的界线,对于保护个人或家庭的物质利益具有重要作用。其次,它使属于个人或家庭所有的资源得到充分的利用和有效的保护,对于提高资源利用效率,减少资源浪费起了积极的推动作用,同时也促进了资源的开发,因而对于促进社会经济发展和生产力进步具有历史性的重要意义。再次,资源、财产私有制是解决和预防人与人之间纠纷的制度依据。"勿偷盗","勿抢劫","君子爱财,取之有道","不义之财不取"等道德观念,都是以此为制度依据的。

资源、财产私有制的消极作用和意义在于:推动占有资源、财产的欲望发展到贪婪的程度,阻碍人的精神境界提高;使人们拥有财富的多寡相对固化,造成贫富差别和两极分化,从而使社会矛盾和社会问题进一步发展,甚至成为社会动乱的社会根源。

(2)资源、财产公有制的作用和意义

资源、财产公有制的作用和意义也是二重的。其积极作用和意义在于:

首先,资源公共所有为提高人类的生活质量准备了物质条件和制度条件。其次,资源公共所有为人群和社会集中人力和物力进行经济建设,为某些资源的充分利用,使某些资源尽快开发,使某些资源得到有力保护,发展教育文化和科学事业,提供了物质条件和制度条件。再次,资源公共所有为解决或缓解社会矛盾提供了物质力量和制度条件。

其消极作用的表现是:某些资源属于公共所有,反而不能得到充分利用;某些资源属于公共所有不能得到有效保护;当某些资源被开发出来后属于公共所有时,人们开发资源的积极性减弱。而且,资源公共所有必然使公共权力存在,而公共权力在一定条件下是可以演化为私人权力的,当公共权力演化为似权力后,权力寻租现象就不可避免,这使腐败不可避免,社会为了防止腐败又必须投入更多的资源。

总之,作为人类智慧发明的资源、财产公有制和私有制,在一定历史条件下都是必要的。这种必要性源于人与自然的矛盾和斗争,同时也源于解决人类社会自身矛盾和问题的需要。

(四)制约资源所有制安排的因素

资源所有制以何种形式存在取决于多种因素。安排资源所有制度的目的,资源本身的性质和特点即资源的有用性和有害性、可占有性和不可占有性、有限稀缺性和无限多样性、可垄断性和不可垄断性等,都会影响资源所有制的形式。

1. 资源本身的性质和特点对资源所有制度安排的影响

资源的有用性和有害性及资源利用对资源所有制形式的影响：

一般情况下，人们不会将有害的资源据为己有。对单个人而言，有害性明显的资源不会成为所有的对象，人们只会将有用性非常明显的资源据为己有。有害同时又有用资源，当有害性未被人们认识之前，或者其有害性已被认识但能被个人控制时，也会成为个人占有的对象。对社会群体来说，有害性明显的资源也不会成为所有的对象。趋利避害是人的本性。因此，资源所有，无论是资源私有还是资源公有都是只能以有用的无害的资源为对象，人们总是会把有害的资源抛向社会。例如，人们总是会把生产和生活过程所产生的垃圾抛给社会。而生产和生活过程所产生的有害资源如果没有科学的治理又必然要危害人类社会。因此，怎样有效地管理有害资源并消除资源有害性对人类社会的影响，就是人类社会制度安排层面必须考虑的问题。

从资源有效利用的角度看问题，所谓资源有效利用不仅是指资源的有用性得到充分发挥，而且是指资源的有害性得到最大限度的避免。而资源有害性的最大限度避免，不仅是一个技术问题，而且是一个制度问题。技术进步需要推动力，而推动技术进步的重要动力之一是制度。在一定的制度下，人们会尽全力追求技术进步以消除资源利用过程所派生的资源有害性，相反，在另一定的制度下，人们就可能只考虑如何利用资源，而不考虑如何避免或消除资源利用过程所派生的有害性。所以，如何通过制度建设使资源利用者追求技术进步以避免和消除资源利用过程所派生的有害性，就是十分有意义的事情。

而资源所有制是最根本性的社会制度。因此，要从制度层面避免或消除资源有害性扩张，就必须从资源所有制入手。这就是说，资源所有者如果对资源有害性的避免或消除没有责任，则资源利用过程所产生的资源有害性的治理就失去了第一责任人。相反，资源所有者如果担当了资源有害性扩张的治理责任，则资源有害性及其扩张就有了第一个拦截的堤坝。资源所有的制度安排，不仅要考虑资源有用性充分发挥，而且还要考虑资源利用过程所派生的资源有害性的避免和消除。以往的资源所有制基本上只考虑了资源有用性充分发挥这一方面，而对资源利用过程所派生的有害性，则基本上没有考虑，这是当今世界环境问题、污染问题愈演愈烈的制度原因。在农业社会里，农业经济对资源的利用过程基本上不会派生出资源有害性问题，而在工业社会里，则不论是第一产业还是第二、三产业都会派生出资源有害性问题。如现代农业经济中的化肥、农药的大量使用就对土地、植物乃至人类的生存发展造成了许多众所周知的危害。现代工业经济所派生的有害资源更是令人惊心动魄。如何避免和消除环境污染,已经是现代社会必须考虑的问题。而从制度层面上考虑环境治理问题,我们已经有了谁污染谁治理等制度,但资源所有者对资源利用过程所派生的资源有害性却基本上仍然是处于无责任的状态,这显然不利于资源有害性的避免和消除。谁污染谁治理的制度是需要的,也是有作用的,但是,资源所有者的责任也是必须强化的。因为,如果所有资源所有者都可以任意地自由地抛弃无用或有害的资源,则资源充分利用避免、消除其有害性的目标是不能实现的。

资源有用性和有害性对资源所有制的影响是存在的,而且是发展的。资源的有用性是决定并构成利益的因素,而资源的有害性也与人们的利益有关。人是趋利避害的。人们对有用资源会去设法占有,而对无用资源或有害资源则会放弃占有。因此,资源所有的制度安排是必须考虑这个问题的。这也就是说,资源所有的制度安排必须以充分利用资源,充分发挥资源的积极作用,避免其有害性的发挥即消极的作用为出发点和归宿点的。而充分发挥资源的积极作用,避免其消极作用的问题,实际上也就是发展社会生产力的问题。

2. 资源可占有性和不可占有性对资源所有制的影响

对个人而言,不可占有的资源人们不会去占有。每个人的力量本来是非常有限的,甚至可以说是很小的,许多资源对单个人而言,是不能成为占有对象的。比如,一个人要占有一块土地、一块山林、一片水域、一条道路,其实是非常困难的,甚至可以说是不可能的。不可能之事成了可能,困难之事成了容易之事,原因何在?原因在于社会的力量,在于国家的力量,或者说,在于个人借重了国家的力量及社会制度的力量。如果没有国家,如果没有社会制度的力量,资源私有制是难以建立起来的。即使建立起来了,也是很难维持的。但是,如果资源本身不具有可占有性,即使个人背后站着强大的国家,或者国家力量对这个人的占有行为全力支持,以某些资源为对象的所有还是不能确立。这说明资源私人所有的制度总是要受到一定的限制。

资源公有制的形式是多种多样的,其占有资源的现实性是有差别的。家庭在一定意义上,也是公有制的一种形式,如果没有国家力量和社会制度的支持,其占有资源的力量也是很小的。在一国之内,不仅任何个人不能也不应与国家抗衡,就是任何公有形式(如企业、地区、民族、阶级、政党等)的力量也不应与国家抗衡。如果一国之内出现了可以与国家力量抗衡的个人或群体,那么,这个国家也就必定是国将不国了。从古到今,任何私所有权或公所有权的维持和实现都必以国家机器的正常运转为前提。国家作为公共权力,其本质,其根本性的作用就是既要维护各种主体形式的资源所有(包括财产所有),但又不能使某些主体的资源所有或财产所有发展到可以与国家抗衡的地步。

3. 资源有限稀缺性和无限多样性对资源所有制形式的影响

一般来说,单个人要保有稀缺性明显同时又是非常有用的物质资源,是极其困难的;相反,要保有与其智力相联系的技术性稀缺资源却相对比较容易。从历史上看,以新资源为客体的资源所有制往往是资源公有制。例如,奴隶制最初应是奴隶公有制,其原因是奴隶这种资源不仅稀缺而且难以占有和控制。土地资源所有制最初也应是公有制,这同样决定于土地资源的稀缺性和难以实际占有的特性。中国春秋战国时代开始出现铁器和牛耕,这耕牛和铁制农具开始出现时也是稀缺的资源,运用这两种资源也有一定的技术难度,这些因素都决定其最初的所有制形式应当是公有制。在近代和当代,世界上的第一台火车、第一架飞机、第一台电子计算机等,都无不先是公有的对象物,然后才慢慢地或快速地变成私人所有的对象物,进入寻常百姓家。这反过来说明资源的稀缺程度越小,即丰裕资源的易于占有、控制性就越大,而相应的资源所有制就越有可能是私有制。

资源的稀缺性和可占有性并不是一成不变的,而是随着生产力的进步而变化的。一般来说,资源的稀缺程度会随生产力进步而变小,资源的可占有性会随生产力进步而增大。当然,这是就资源整体而言。就一种具体资源(如石油)来说,其稀缺程度则可能会随生产力进步而增大。

考虑上述因素,则资源所有制度的安排应当是:对于不可能再有增加的自然资源实行资源公有(含资源国有);对于比较丰裕的资源实行资源私有;对于国家或运用国家力量开发的新资源实行资源国有,而当这种新资源逐渐增加并增加到一定程度时实行资源私有;对于群体开发的新资源实行群体所有;国家鼓励人民开发新资源,特别是鼓励开发新的技术资源,实行谁开发谁所有的制度。从人类社会发展的整个历史来看,从当今世界各国的现实资源所有制度来看,都无不是按照这种思路来建立资源所有制度的。回顾人类历史,没有哪个时代是完全实行资源私有制或公有制的;放眼当今世界,也没有哪个国家是完全实行资源私有制或公有制的。而是:资源私有制和资源公有制并存的。

4.安排资源所有制度的目的对资源所有制形式的影响

人是一种特殊的存在物,其特殊点之一是,人能够意识到自己的存在,能对自己的存在方式进行反思,并且能够在反思的基础上改变自己的存在方式。社会制度本质上都是人类在反思的基础上建立起来的。因而从这个意义上可以说,社会制度都是理性的产物。而理性这个词,本身就意味人们的行为是有目的的。资源所有制作为人类社会的基本经济制度,同样是理性的产物,是由人创造出来的,是由人安排的。那么,安排资源所有制度的目的是什么呢?其目的对资源所有制的形式又有什么样的影响呢?

人要解决自己的生存发展问题,是不能离开社会的,这决定人类要团结一致。然而,人类的动物性以及获取资源的困难性又使人与人之间(迄今为止,今后相当长的时间内仍然存在)发生资源争夺。资源所有制的作用之一,就是熄纷止争。熄纷止争也就意味公平。资源分配制度,特别是劳动产品的分配,明显具有调动劳动者劳动积极性的作用,而资源所有制则不仅具有调动劳动积极性的作用,而且还具有提高资源利用效率的作用。当这两方面的作用显露出来,被人们认识之后,安排资源所有制度的目的就体现为以下两种主张。

其一,公平为先,兼顾效率。所谓公平为先,兼顾效率,就是将安排资源所有制的目的主要确定为:保证社会成员平等地享有利用资源的权利,而将资源利用的效率放在次要的地位。这种安排资源所有制的指导思想往往体现为强调资源公有制的优越性。

其二,效率优先,兼顾公平。所谓效率优先,兼顾公平,就是将安排资源所有制的目的主要确定为:提高资源利用效率,充分发挥资源的作用。"先把蛋糕做大,然后再考虑蛋糕的分配"的思想,是这种目的论的最形象表述。这种目的论还表现为特别强调资源私有制的优越性。公平问题则认为可以待经济发展后再解决,或许诺:只要蛋糕做大了,公平问题就容易解决。

除上述两种主张外,也有极端的主张,这就是或者只讲效率,或者只求公平。所有这些主张都体现在人类思想史上各种思想理论和学术流派以及它们之间的争论。对此,将在下一章做些介绍和讨论。

二、所有制理论

(一)西方的理论

为什么需要资源(财产)私人所有的制度?西方智者是这么回答的。

1. 亚里士多德的"资源利用效率"理论

古希腊思想家亚里士多德在其著作《政治学》里针对柏拉图关于公有制的设想,对公有制与私有制做了一番比较分析后,认为资源(财产)私有制度优于公有制度。其理由主要有三条:一是认为,实行资源(财产)私有可以使人们关心自己的资源和财产,从而有利于资源的保护和财产状况的改善。他说:"各人注意自己范围内的事业,各家的境况也就可以改进了"。(《政治学》)二是认为,资源私有和财产私有可以减少人与人之间的争执。他说:资源私有或者财产私有"划清了各人所有的利益范围,人们之间相互争吵的根源也就消除了。"(《政治学》)三是财产私有适应人们自爱的本性。其论证是:"在财产问题上我们也得考虑到人生的快乐[和品德]。某一事物被认为是你自己的事物,这在感情上就会发生巨大的作用。人人都爱自己,而自爱出于天赋,并不是偶发的冲动[人们对于自己的所有物感觉爱好和快意;实际上是自爱的延伸]。自私固然应该受到谴责,但所谴责的不是自爱的本性而是那超过限度的私意,——譬如我们鄙视爱钱的人就只因为他过度地贪财——实际上每个人总是喜爱这些事物[自己以及财货或金钱]的。"(《政治学》)

事实上,亚里士多德对自己的这三个理由更强调的是第一个理由,而这个理由用现代语言来表述,就是为实现提高资源的利用效率需要建立资源私有制度或称私有财产制度。亚里士多德对柏拉图在《理想国》中所描述的资源公有制度是持反对态度的,他认为公有制将使资源利用的效率低下,认为资源公有将导致资源浪费。他说:"凡是属于最多数人的公共事物常常是最少受人照顾的事物,人们关怀着自己的所有,而忽视公共的事物;对于公共的一切,他至多只留心到其中对他个人有些相关的事物。人们要认为某一事物已有别人在执管,他就不再注意了,在他自己想来,这不是他对那一事物特别疏忽;在家庭内部,情况正是这样,成群的婢仆往往不如少数侍从更为得力。"(《政治学》)

当代美国法学家贝勒斯认为主张资源私有或财产私有的实用主义观点主

要有两种,而这两种实用主义观点都是以资源利用效率提高作为出发点的。他说:"一种赞成私有财产的论点强调:如果人们在占有和使用有限的时没有安全保障,则会导致社会的不稳定。……如果人们不能确保对物的持续占有,就可能发生混乱以及对资源的浪费。""另一实用主义论点则强调资源的有效利用。……如果人们对于继续使用某些资源并依此获益抱有信心,那么,他们就有使用资源创造效益的积极性,资源的利用便会更为有效。"美国另一法学家波斯纳认为,"……对财产权的法律保护创造了有效率地使用资源的激励。"他还为提高资源的利用效率提出了财产权的三大原则:普遍性原则,排他性原则和可转移原则。

上述法学家论证资源(财产)私有制的必要性的理由除开增加了资源有限而人的需要无限这个前提之外,其论证的思路都与亚里士多德基本相同:"……一切资源均须由确定的主体拥有,或者,必须明了确定的主体如何获得对资源的所有权。……若资源为人所有,在拥有财产者便有合理的理由利用之以创造更多的财富和满足。……明确所有权的规则以及规范如何获得无主资源的规则可以减少就此类问题而发生的争议。""假设所有的资源都归大家公有,每个人都是万物之主,那么,实际上人们将陷于一无所有的境地。人人都可以利用他需要的任何东西,……就如同众所周知的'大锅饭的悲剧'那样,可能会导致效率的丧失。如果每位农民都可以在公共草地上放牧,那么他们都会尽可能多地放牧。这将造成毁掉草地的过度放牧,从而对大家都不利。如果将其放牧限定在特定的区域内,他人不得进入其中,则每个人都会避免过度放牧。"

显然,上述理论是以资源利用效率作为核心问题来考虑资源制度安排的,其合理性是客观存在的。但是,这种理论却否定了一个事实,或者说是对一个事实视而不见,这个事实是:某些资源在一定的历史阶段是只能为公共所有的;而在一定的历史阶段为着开发一些新的资源也必须以某些资源公共所有为条件。

2.洛克的"自然需要"理论

为什么人类社会需要建立资源(财产)私有制度?洛克的解释是:就初始意义而言,上帝将自然生长的一切是给予人类共有,无人对自然资源享有排他性的私有权。但是,人类的自然需要决定人类社会必须将公共所有的资源转变为个人所有的物,才能为个人所享有以维持个人的生命而生存。因此,私有财产权是由个体的自然需要所决定的。

显然,洛克是从个体消费的角度来论证私有制的必要性的。但他的论证在逻辑上明显存在一个问题,那就是人类个体的消费并不必然要求建立资源(财产)私有制,因为在人类的早期,人类个体的消费同样存在,但哪个时代却没有资源私有制(至少是在氏族内部没有资源、财产私有的制度)。因此,洛克的理论是缺乏充分说服力的。

3. 黑格尔的"个人自由"理论

黑格尔认为,资源(财产)私有的合理性和必要性的依据在于人的意志自由。他认为,人的意志自由,不仅表现与对自身的支配,而且表现为对自身以外"外部领域"。而"所有权"就恰好能够给人的意志自由提供外部的空间。黑格尔说:"人为了作为理念而存在,必须给它的自由以外部的领域。因为人在这种最初还是完全抽象的规定中是绝对无限的意志,所以这个有别于意志的东西,既可以构成它的自由的领域的那个东西,也同样被规定为与意志直接不同而可以与它分离的东西。""所有权所以合乎理性不在于满足需要,而在于扬弃人格的纯粹主观性。人唯有在所有权中才是作为理性的存在的。"那么,为什么所有权必须是私有权呢?黑格尔的解释是:因为人的意志是个体的意志,所以,所有权体现的意志就只能是个体的意志。由于人的自由是个体意志的自由,所以,所有权就只能体现个体的意志自由;所以,所有权只能是私有权。他说:"在所有权中,我的意志是人的意志;但人是一个单元,所以所有权就成为这个单元意志的人格的东西。由于我借助所有权而给我的意志以定在,所以所有权也必然具有成为这个单元的东西或我的东西这种规定。这就是关于私人所有权的必然性的重要学说。"

4. "自然权利"理论

这种理论基于自然法学的自然权利假设,认为资源(财产)私有权是人的自然权利,认为资源(财产)私有权是个人自由的组成部分,认为资源(财产)的私有权合理性和必要性是防范和制约政府权力的根据。美国人迈克·D·贝勒斯介绍说:"另一类型的自由论点着眼于作为政治自由要素之一的私有财产所具有的价值。该论点的一种论调声称:在假设的'自然状态'中(无政府、亦无法律),人人都享有完全的自由,其中包括取得、使用以及改造物的自由。因此,财产自由——即对物的占有、控制及使用——是基本的公民自由或自然权利之一种。依此观点,对于财产的规范就如同对于其他公民自由进行规范一样是可以允许的,但这种规范应具有恰当的理由。而取缔私有财产绝对不比取缔言论自由或取缔免遭无理搜查及逮捕的安全更具有合理性。……该论点的一种社会学论调主张,只有独立于行政权威的权力中心才能够约束政府,而此类权力中心常常以财富作为基础。简言之,私有财产决非仅仅是公民的一种权利,它还是对抗政府的一种防卫工具。""随意拥有处分财产的自由是一般行为自由的一个方面,而我们已将自由视为人所必备的价值。财富及处分财富的能力对于自由的实现常常是重要的。"

5. 公平目的理论

美国学者迈克·D. 贝勒斯介绍这种理论时说:"公平是财产劳动理论的一个终极关怀。概括言之,劳动理论认为至少在无相反理由的场合,人应对其劳动成果享受所有权。如果一个人在不对别人负有作为或不作为义务场合耕种土地并收获庄稼,那么他就对其劳动的价值——庄稼享有所有权。经典的理论认为,人拥有自己的身体,故人亦应对附着了其身体劳动的东西享有所有权而不是丧失对其劳动的所有权。一个比混合劳动说更好的观点是:如果某人并无义务从事该工作,那么在欠缺相反的恰当的理由场合,他应对产出收益享有权利。欠缺恰当的理由,他人对其收益便无权请求,故基于劳动而提起的请求便是充分的请求。"显然,这种理论实际上是将人的身体和劳动作为私有权的依据。

(二) 马克思主义的理论

马克思主义资源、财产所有制理论可以概括为以下几个论点:一是认为在资产阶级私有制之前或之后,存在"一般的所有制"。所谓"一般的所有制"是指"构成个人的一切自由、活动和独立的基础的财产"的所有制,它包括资产阶级私有制之前的"劳动者的私有制"和资产阶级私有制之后的"劳动者的个人所有制",也包括资源公有制;二是认为资产阶级私有制是劳动异化的基础,也就是资本即"对别人劳动产品的所有权"的基础,共产主义所要废除或要消灭的私有制是资产阶级私有制;三是认为消灭资产阶级私有制之后要重建新的所有制,这新的所有制也就是"劳动者的个人所有制"。

1. 劳动异化的基础是资本,即对别人劳动产品的所有权

在《1848年经济学手稿——哲学手稿》中,马克思提出的问题是:劳动异化的基础是什么?这个问题也就是:资本,即对别人劳动产品的私有权的基础是

什么?

"劳动者生产的财富越多,他的产品的力量越大和数量越大,他就越贫穷。劳动者创造的商品越多,他就越是变成廉价的商品。"这是19世纪中期资本主义社会普遍存在的现象。马克思对这一普遍存在的现象的解释是:"这一事实不过表明:劳动所生产的对象,即劳动产品,作为异己的东西,作为不依赖于生产者的独立力量,是同劳动对立的。"这也是说,劳动异化是客观存在的。而所谓劳动异化也就是指,劳动者同自己的劳动产品的关系就像同一个异己的对象的关系一样。劳动者耗费在劳动中的力量越大,他亲手创造的、与自己对立的、异己的对象世界的力量越大,属于他所有的东西便越少。其原因何在?马克思认为,劳动异化的基础是资本,即对别人的劳动产品享有所有权。显然,马克思的分析是用劳动异化的概念来揭示劳动者贫困现象之后的本质——社会制度的不合理性。而这种社会制度的不合理性,是以资本主义私有制为基础的。

在资本主义私有制未产生之前,对别人的劳动产品享有所有权的情况就已存在,那么,资本主义私有制产生之前的对别人劳动产品享有所有权的基础是什么呢?资本主义前的对别人劳动产品享有所有权的社会制度与资本主义又有什么不同呢?对这两个问题,马克思恩格斯进行了研究并作出了回答。马克思认为,所有制是包括公有制和私有制的,而私有制也和公有制一样有其不同的历史形式。

马克思首先指出:"一当人们自己开始生产他们所必需的生活资料的时候(这一步是由他们的肉体组织所决定的),他们就开始把自己和动物区别开来。人们生产他们所需要的生活资料,同时也就间接地生产着他们的物质生活本身。"(马克思恩格斯选集第一卷第25页)这就告诉我们,所有制是由物质生活资料生产的方式决定的。"人们用以生产自己必需的生活资料的方式,首先取决于他们得到的现成的和需要再生产的生活资料本身的特性。"人是什么样的,人有没有属于他自己的"所有"是与其生活方式相联系的,是和他们生产什么一致的,也是同他们怎样生产一致的,而生产什么,怎样生产,又是与所有制相联系的。所有制的形式从一个方面反映物质生活资料生产方式。从另一角度看,人们生产什么,怎样生产,是与交往相联系的。"生产本身又是以个人之间的交往为前提的。这种交往的形式又是由生产决定的。""各民族之间的相互关系取决于每一民族的生产力、分工和内部交往的发展程度。""一个民族的生产力发展的水平,最明显地表现在该民族分工的发展程度上,任何新的生产力,只要它不仅仅是现有生产力的量的扩大(例如开垦新的土地),都会引起分工的进一步发展。"(《马克思恩格斯选集》第一卷第25页)

未来的共产主义社会同样是有分工的,但那种分工是与所有制没有联系的。而历史和现实的分工都是与一定的所有制相联系的。因此,马克思说:"其实,分工和私有制是相等的表达方式,对同一件事情,一个是就活动而言,另一个是就活动的产品而言。"(《马克思恩格斯选集》第1卷第37页)"分工发展的各个不同阶段,同时也就是所有制的各种不同形式。"(《马克思恩格斯选集》第一卷第26页)正由于分工是发展的,而且是与所有制相联系的。所以,马克思说:"第一种所有制形式是部落所有制。""第二种所有制形式是古代公社所有制和国家所有制。""在这种所有制下仍然保存着奴隶制。除公社所有制以外,动产的私有制以及后来不动产的私有制已经开始发展起来,但它们是作为一种反常的、从属于公社所有制的形式发展起来的。公民仅仅共同占有自己的那些做工的奴隶,因此就被公社所有制的形式联系在一起。""第三种形式是封建的或等级的所有制。"与这种所有制相联系的,或者说"封建时代的所有制的主要形式,一方面是地主和束缚于地产上的农奴劳动,另一方面是拥有少量资本并支配着帮工劳动的自身劳动。"(《马克思恩格斯选集》第一卷第26页至29页)显然,这三种所有制形式中,第三种所有制是私有制的一种。

关于私有制的形式,马克思恩格斯除开上述论述外,他们还指出,资产阶级私有制和资产阶级私有制产生前的"劳动者的私有制",都是私有制的存在形式。而资产阶级私有制下的"资产阶级赖以形成的生产资料和交换手段,是在封建社会里造成的。"(《马克思恩格斯选集》第一卷第256页)"劳动者的私有制"则被资产阶级私有制消灭了。

私有制,作为一般私有制,其产生是与私有财产相联系的。而私有财产产生又是由生产方式决定的。生产方式决定人们的生活方式,而它本身则又是由于生产力进步而发生变化的。生产力进步是与分工相联系的。"一个民族的生产力发展水平,最明显地表现在该民族分工的发展程度上。任何新的生产力,只要它不仅仅是现有生产力的量的扩大(例如开垦新的土地),都会引起分工的进一步发展。"亚当·思密则认为,分工并不是人类运用智慧、深谋远虑的结果,而是产生于交换,而交换又是源于人们互通有无的本能,他说:"分工的产生不能归功于人的智慧。它是物物交换和互通有无这种倾向的缓慢而逐步发展的必然结果。这种互通有无倾向或许是运用理性和语言的必然结果。它是一切人所共有的,在动物那里根本看不到的。动物一旦成长,就靠自力生活。人则经常需要必然的帮助,但他想要单靠必然的好意得到这种帮助,那是徒劳的。诉诸他们的切身利益,并且要他们相信,是他们自己的利益要求他们做他们所希望他们做的事情,这要更加可靠得多。……这样一来,我们既然靠交换、满意、买卖获得我们相互必要的服务的大部分,所以正是这种互通有无的倾向产生了分工。"至于后来人们所表现出来的才能的差别,则与其说是分工的原因,倒不如说是分工的结果。

事实上,一旦出现了分工和交换,则以规定资源或产品属于谁所有从而进一步规定人与人的关系的所有制(私有制)也就产生了。而资源所有制产生之后,人们之间的分工就一定是以拥有一定资源为基础的,没有资源,或者说没有属于自己所有的资源,人就不能在社会立足,当然也就不会有社会的分工,所以,分工是以资源所有制这种社会制度安排为基础的。同样道理,如果没有资源所有制,人们之间的交换如果有也是偶然的,而交换成为必然,也就意味资源所有制已经确立。因为交换在本质上是所有权的让渡。没有所有权,人们之间就用不着交换。而有了交换,那就意味资源所有权已经确立。资源所有权确立意味资源是有主的。在这个前提下,没有资源者要拥有有主的资源,办法就是交换。交换是为着解决资源配置的需要而产生的。交换产生后,一方面是使资源配置中的矛盾得到解决,是对资源所有制的维护;另一方面,交换又加强资源所有制,使拥有资源者更有资源,使没有资源者更加没有资源,这种情况在货币作为交换工具产生后更为明显。比如,在农业社会里,农民没有土地资源而地主拥有土地资源,这使表现为劳役地租或实物地租的交换成为必要,而这种交换的发展结果则是没有土地资源的农民更加贫穷,拥有土地资源的地主则更加富裕。又如,在工业社会里,工人对进行工业生产所必需的物力资源没有所有权,同时也没有任何的生活消费资料,因而只能将自己拥有的劳动力资源出卖给资本家,这种以劳动力为对象的买卖(交换)的结果是:劳动异化。显然,上述交换得以产生、存在的前提是劳动者丧失叫做生产资料的资源,而不是劳动者没有任何资源。正是因为劳动者丧失生产资料而又拥有劳动力资源,才使交换成为可能。但是,劳动者之间与生产资料资源所有者之间的这种交换的不断发展却使劳动异化得以形成。正因此,马克思主义认为,私有财产并不是劳动异化的原因。但是,以劳动异化为基础的私有财产,借助分工和交换则会使劳动异化更加强化。因此,资源、财产私有制,特别是生产资料私有制,就是劳动异化产生的基础性前提。为要消灭劳动异化,必须消灭资源(生产资料)私有制也就成为符合逻辑的合理要求。而剩下的问题则是:马克思主义所主张消灭的私有制是什么私有制?如何消灭私有制?

2.马克思、恩格斯所主张消灭的私有制是资产阶级私有制

很久以来,人们认为,马克思、恩格斯所主张消灭的私有制,是一般私有制,或者说,是一切私有制。实际上,这是对马克思主张的误解。之所以是误解,是因为:马克思、恩格斯在《共产党宣言》里并不是这样说的。

首先,马克思、恩格斯在《共产党宣言》里指出:"消灭先前存在的所有制关系,并不是共产主义所独具的特征。"因为,"一切所有制关系都经历了经常的历史更替、经常的历史变更。例如,法国革命废除了封建的所有制,代之以资产阶级的所有制。"(《马克思恩格斯选集》第一卷第264页至265页)

接着,马克思、恩格斯指出:"共产主义的特征并不是要废除一般的所有制,而是要废除资产阶级的所有制。"(《马克思恩格斯选集》第一卷第265页)显然,马克思、恩格斯在这里所讲的"一般所有制",是既包括资源、财产的公有制,也包括资源、财产的私有制,却不包括资源、财产的资产阶级所有制。这也就是说,马克思、恩格斯所主张消灭的私有制,是指资产阶级或资本主义的私有制。正如马克思、恩格斯所说:"从这个意义上说,共产党人可以用一句话把自己的理论概括起来,消灭私有制。"

马克思、恩格斯这样明确提出自己的主张之后,接着还对当时出现的各种反对马克思主义即反对共产主义的错误观点进行了批驳。马克思、恩格斯指出,共产主义并不是"要消灭个人挣得的、自己劳动得来的财产",也不是"要消灭构成个人的一切自由、活动和独立的基础的财产",更不是要消灭"资产阶级所有制以前的那种小资产者、小农的财产",因为这种财产"用不着我们去消灭,工业的发展已经把它消灭了",即资本主义私有制早已把它们消灭了。然后,马克思、恩格斯指出,共产主义所要消灭的私有财产,也不是指资本主义社会里的无产阶级的财产。因为在资本主义社会,"雇佣劳动,无产者的劳动",不会给无产者创造出财产,而是只会创造资本,即只会创造出"剥削雇佣劳动的财产",而这种财产也就是资本家剥削雇佣工人的条件。换句话说,马克思、恩格斯所要消灭的是"个人财产不再变为资产阶级财产"的社会条件,也就是要消灭个人财产变为资本的条件,而这里所说的"资本"是"一种社会力量",而

不是"一种个人力量"。正因此,马克思、恩格斯说,所谓共产主义是指将"资本变为属于社会全体成员的公共财产",而"不是把个人财产变为社会财产";"共产主义并不剥夺任何人占有社会产品的权力,它只剥夺利用这种占有去奴役他人劳动的权力。"(以上引文出自《马克思恩格斯选集》第一卷第 265、266、267 页)

3. 如何消灭资产阶级的私有制?

对于这个问题,马克思、恩格斯是有自己的主张的。他们的主张概括地说,是分为两步:"第一步就是使无产阶级上升为统治阶级,争得民主";第二步是"无产阶级将利用自己的政治统治,一步一步地夺取资产阶级的全部资本,把一切生产工具集中在国家即组织成为统治阶级的无产阶级手里,并且尽可能快地增加生产力的总量。"(《马克思恩格斯选集》第一卷第 272 页)

关于第一步,马克思、恩格斯认为是必须具备一定的历史条件后才能走的。这条件也就是:其一,发动革命的条件;其二,革命成功的条件。

关于发动革命的条件,马克思、恩格斯发明的历史唯物主义研究了历史上的一切革命发生的条件,认为社会革命的客观条件是社会的政治危机和经济危机。所谓社会的政治危机就是社会的"上层"不能照旧生活下去,不能照旧不变地维持自己的统治。所谓社会的经济危机就是社会的"下层"不能也不愿照旧生活下去。在历史唯物主义的指导下,马克思、恩格斯具体研究了资本主义社会发生无产阶级政治革命的条件,即具体分析并指出了无产阶级政治革命发生的社会条件,而他们的分析方法不仅是与空想社会主义不同的,而且是批判空想社会主义理论的。

自从托马斯·莫尔的《乌托邦》问世以来,所有空想社会主义理论家都无不出于对私有权的道德义愤而提出了废除私有制,实行公有制的主张和设想。许多空想社会主义理论家都曾经普遍认为,只要让人们认识到资源(财产)所有权(私有权)的弊端和罪恶,就可以通过国家立法的方式取消财产私有权,实现由私有制向公有制转换。而事实上,财产私有权并不是可以随意消灭的。人们当时认为,要消灭财产私有权就要消灭劳动分工,那么,在什么条件下人们才能消灭劳动分工呢?

马克思、恩格斯则不同,他们在客观而又冷静地研究之后,认为,所要消灭的私有制并不是一般的私有制,而是资产阶级私有制。消灭资产阶级私有制似乎是要消灭劳动分工的。但消灭劳动分工必须具备两个基本条件,一是劳动分工造成的社会矛盾和对立达到非解决不可并且除非废除劳动分工别无解决办法的地步;二是人类打破地域观念的限制而成为世界性的人类存在。这两个条件又是以社会生产力巨大增长、社会财富即物质资料极大丰富为前提的。"这种'异化'(用哲学家易懂的话来说)当然只有在具备了两个实际前提之后才会消灭。要使这种异化成为一种'不堪忍受的'力量,即成为革命所要反对的力量,就必须让它把人类的大多数变成完全'没有财产'的人,同时这些人又同现存的有钱有教养的世界相对立,而这两个条件都是以生产力的巨大增长和高度发展为前提的。另一方面,生产力的这种发展(随着这种发展,人们的世界历史性的而不是地域性的存在同时已经是经验的存在了)之所以是绝对必需的实际前提,还因为如果没有这种发展,那就只会贫困、极端贫困的普遍化;而在极端贫困的情况下,必须重新开始争取必需品的斗争,全部陈腐污浊的东西又要死灰复燃。其次,生产力的这种发展之所以是绝对必需的实际前提,还因为:只有随着生产力的这种普遍发展,人们的普遍交往才能建立起来;普遍交往,一方面,可以产生一切民族中同时都存在着'没有财产的'群众这一现象(普遍竞争),使每一民族都依赖于其他民族的变革;最后,地域性的个人为世界历史性的、经验上普遍的个人所代替。"

从历史的角度看问题,劳动异化和大多数人变成完全没有财产的人,都是既由历史造成,也由人们认识或确认,当人们认为这种情况业已存在因而进行革命的条件已经具备时,人们便有理由发动革命。另一方面,生产力巨大发展以及随之的人们的普遍交往和人成为世界性的人类存在,也是既由历史造成同时也由人们确认,当人们认为这样的情况已经出现时,人们也就更有理由发动以消灭私有制为内容和目的的革命了。历史上的1917年的俄国十月革命和中国社会主义革命,都是这种性质的革命。其特征都是:由劳动异化所导致的大多数人变成完全没有财产的情况已经出现;生产力巨大发展以及人们的普遍交往和人成为世界性的人类存在也被人们认为已经达到。

关于革命成功的条件,马克思恩格斯同样运用其历史唯物主义的方法论进行了具体的研究,认为无产阶级要取得革命的成功,不仅要在革命的客观条件具备时及时地发动革命,还必须具备革命胜利的主观条件:一是革命阶级的觉悟程度,即对革命对象、动力、任务、道路的正确认识;二是革命阶级的组织程度,即政党的组织程度,包括政党的组织、内部纪律、领导是否坚强等;三是革命的决心、意志以及革命力量的正确运用与否等。马克思恩格斯还具体总结了巴黎公社革命的历史经验,提出要在革命中运用革命的力量坚决地打碎资产阶级国家机器等主张。

关于第二步,马克思恩格斯认为,无产阶级在取得政权以后就要"同传统的所有制关系实行最彻底的决裂;毫不奇怪,它在自己的发展进程中要同传统的观念实行最彻底的决裂。"(《马克思恩格斯选集》第一卷第271页至272页)这就是所谓"两个彻底决裂"。而实行第一个彻底决裂的具体措施则有:

"1. 剥夺地产,把地租用于国家支出。

2. 征收高额累进税。

3. 废除继承权。

4. 没收一切流亡分子和叛乱分子的财产。

5. 通过拥有国家资本和独享垄断权的国家银行,把信贷集中在国家手里。

6. 把全部运输业集中在国家手里。

7. 增加国营工厂和生产工具,按照总的计划开垦荒地和改良土壤。

8. 实行普遍劳动义务制,成立产业军,特别是在农业方面。

9. 把农业和工业结合起来,促进城乡之间的对立逐步消灭。

10. 对一切儿童实行公共的和免费的教育。取消现在的这种形式的儿童的工厂劳动。把教育同物质生产结合起来,等等。"(《马克思恩格斯选集》第一卷第272页至273页)

4. 提出重建"劳动者的个人所有制"

马克思恩格斯指出:"共产主义的特征并不是要废除一般的所有制,而是要废除资产阶级的所有制。"(《马克思恩格斯选集》第1卷第265页)那么,马克思恩格斯不主张废除的"一般所有制"是怎样的一种所有制呢?或者说,马克思恩格斯所主张的在无产阶级革命胜利后所要建立的所有制是一种怎样的所有制呢?马克思恩格斯对此问题是作出了回答的。

马克思在《资本论》里指出:"从资本主义生产方式产生的资本主义占有方式,从而资本主义的私有制,是对个人的、以自己劳动为基础的私有制的第一个否定。但资本主义生产由于自然过程的必然性,造成了对自身的否定。这是否定之否定。这种否定不是重新建立私有制,而是在资本主义时代的成就的基础上,也就是说,在协作和对土地及劳动本身生产的生产资料的共同占有的基础上,重新建立个人所有制。"1875年,马克思在亲自修订的法文版《资本论》(第一卷)中又补充说:历史上存在过的劳动者的私有制,被资本主义私有制否定了;社会主义所要重建的,不是"劳动者的私有制",而是"劳动者的个人所有制"。

那么,"劳动者的私有制"与"劳动者的个人所有制"存在哪些区别呢？关于这个问题,我们将在本书最后一章予以讨论。

结论:

根据上述马克思恩格斯的论述,我们可以认为:第一,马克思恩格斯所主张消灭的私有制,并不是后来的人们所理解的那样的"私有制",他们所主张消灭的私有制实际上是资产阶级所有制,这也就是说,马克思主义创始人并没有主张消灭"一般所有制",而只是主张消灭资本主义所有制。第二,马克思恩格斯认为,消灭资产阶级私有制必须以无产阶级革命取得胜利即建立无产阶级专政为前提。

三、社会主义资源所有制

(一)马克思恩格斯的设想

马克思恩格斯最先认为,"用暴力推翻全部现存的社会制度"即资本主义制度后,人类社会就会进入共产主义社会。他们为共产主义社会设计的经济制度具有三个特征:一是资源所有制是单一的全民所有制(经典表述是"生产资料全民所有制")。二是取消商品经济,实行计划经济。马克思说:"在一个集体的、以共同占有生产资料的社会里,生产者并不交换自己的产品"。① 三是按需要分配消费资料。后来,马克思恩格斯对自己的思想进行了修正,即提出,共产主义社会划分为两个历史阶段:社会主义阶段和共产主义阶段;社会主义阶段是从资本主义到共产主义之间的"革命转变时期","同这个时期相适应的也有一个政治上的过渡时期,这个时期的国家只能是无产阶级的革命专政"。② 与此相联系,他们认为,社会主义经济制度的特征是:单一的生产资料全民所有制;计划经济;按劳分配。

公有制还是单一的私有制,或是采取公有制和私有制并存,公有制经济和

---

① 《马克思恩格斯选集》,人民出版社,1972,(3),10.

② 《马克思恩格斯选集》,人民出版社,1972,(3),21.

私有制经济共同发展,或是坚持公有制为主体,多种所有制经济共同发展,作为自觉的制度安排,要以解放生产力和发展生产力为出发点和归宿点。

资源所有作为一项社会制度,是社会的基本经济制度。资源分配、资源配置、资源利用、资源闲置、资源开发等,都要以资源所有为前提。从一定意义上可以说,资源配置问题也就是资源所有制问题,不解决资源所有制问题也就不能解决资源配置问题。资源所有的制度不同,资源配置的方式也就不同。同样的资源属于不同的所有者,即处于不同的所有状态,其分配、利用、开发甚至闲置,都会有不同的情况。有的资源在共有的状态下,就可能发生浪费和闲置,而在个人所有的情况下,则不会发生浪费和闲置。相反,有的资源在公有的情况下,就能最大限度地发挥其作用,而在私有的情况下就不能得到充分的利用,甚至还会造成浪费、污染、资源被破坏。资源被有效利用,充分发挥其作用,既以一定生产力为前提条件又以生产力发展为结果,它本身就是生产力和生产力的进步。相反,资源浪费、资源闲置、资源破坏等,都不仅必使生产力的发展不能达到理想的境地,而且可以说,它本身就是生产力的破坏。

当然,生产力的进步和发展并不等于资源的充分有效利用,但是,生产力的进步和发展必以资源被一定程度充分有效利用为前提条件,没有资源的充分有效利用就不会有生产力的进步和发展,生产力的发展过程实际上就是资源充分有效利用水平不断提高的过程。而资源所有制的适当形式,是使资源得到有效充分利用的条件。换句话说,一定条件下,某些具体资源社会公有更有利于生产力发展,与之相反,某些具体资源属于私有则更有利于生产力发展。因此,资源所有制是采取公有制还是私有制,或是采取公有和私有并存,作为制度安排必须有利于促进生产力发展,必须以解放生产力、发展生产力作为出发点和归宿点。

解放生产力、发展生产力的含义和内容是十分丰富的,应该不仅是指社会物质财富增长和物质资料生产能力提高,而且包含人的全面发展。"人的全面发展"具有二重含义,一是指人类整体的发展,对一国而言,应该是指国民素质的普遍提高。二是指每个单个人的自由自主地发展,一个人具有多方面的知识和才能,具有良好的道德素养,是全面发展;一个人具有某方面的特长或专长,也是全面发展;一个人能够转换多个职业岗位,是全面发展;一个人不能转换多个职业岗位,但能以自己的一技之长,安身立命于斯世,也是全面发展。人的全面发展与人力资源得到充分的开发和利用,是紧密联系的。人力资源充分开发和有效利用,是人的全面发展的题中应有之义。人力资源开发主要是人的智力资源的开发。人力资源开发同时也是实现人的全面发展的途径。人力资源开发固然不能离开接受教育,但是,人力资源开发更重要的途径是劳动,特别是脑力劳动。人不投身到社会实践中,是不可能实现发展的。要使所以人得到全面发展,依赖多方面的社会条件。

首先,人的全面发展必以社会物质财富增长为前提条件,没有物质财富的增长就不可能有人的全面发展。社会财富增长和物质资料生产能力提高,必须以自然资源和人力资源得到充分利用和开发为条件。自然资源可持续利用是生产力发展的题中应有之义。对单个人而言,全面发展在今天乃至今后相当长的历史时期内,必须具有一定的经济条件。这使社会所建立的资源、财产制度以及它的合理性,成为必要的社会条件。因为,任何人都是必须从社会获取其生存和发展所需要的资源的。人离开社会是不能生存的,更不可能发展。

其次,人的全面发展必须通过接受教育和参加劳动来实现,这要求社会的资源配置制度能够给每个人提供平等的接受教育和参加劳动的机会。换句话说,使每个人的教育权和就业劳动权得到有效保障,是实现人全面发展的前提条件。而保障每个人教育权和劳动权,又是与资源所有制度的安排紧密相联的。

资源所有制作为自觉的理性的制度安排,除开要以生产力解放和发展作为出发点和归宿点外,还必须考虑现实的社会条件和资源本身的性质和特点。现实的社会条件是多方面的,包括社会财富的总量,人的素质状况,教育、科学技术的水平等。就人的素质来说,又包括人的身体素质、文化素质、创新素质、道德和精神素质等。几千年遗留积淀下来的文化、观念等都会对人的素质的形成和提升产生不可忽视的影响。而这些因素都会制约资源所有制度的建立和发挥作用。因此,所谓理性地确立资源所有制度,就包含着对上述现实社会条件的考虑和顾及。就资源本身的性质和特点来说,资源所具有有用性和有害性,稀缺性和无限多样,可占有性和不可垄断性,可垄断性和不可垄断性,都会对资源所有制产生制约。资源的有害性及其有效防止、治理,要求必须有某些资源的公有制为保障。资源整体上所具有的无限多样,使资源所有制要按照公有制和私有制并存的框架建构。资源私有制一方面具有解决某些资源稀缺问题的功能,使某些资源变为丰裕或促进替代资源的寻求;另一方面,则可以使某些资源在一定时间内变得更加短缺。具体资源的稀缺性和丰裕性、可占有性和不可占有性、可垄断性和不可垄断性,有用性和有害性是不尽相同的,它要求我们在安排某些具体的资源所有制的时候必须有所选择,而不能笼统地安排公有制或私有制。

在资源所有制问题上,存在的问题是:一是一些人仅从资源利用效率的角度考虑问题,即仅从经济增长的角度考虑问题,而对人的全面发展则不予关注,相反,有些人则只考虑了人,其人文关怀虽然充分,但资源利用的效率则从其视野中消失。二是许多人只考虑了生产力发展,而对资源本身的性质和特点则没有注意。仅从资源利用效率的角度考虑问题,其主张往往是否定资源公有制,认为普遍的资源私有制才是解决经济增长的万能灵药。相反,仅仅考虑人,又使一些人否定资源私有制,主张建立单一的普遍的公有制。这两种意见从古到今都存在,而且争论了几千年,而历史的事实则是:既没有建立单一的私有制,也未能建立单一的公有制。真实的历史和现实是:以私有制为主体的奴隶社会、封建社会和资本主义社会,都存在各种形式的资源公有制;而与计划经济相联系的社会主义社会的最初时期,也是多种所有制并存的局面。虽然将具有某些私有特性的集体所有制提升为单一的全民所有制,曾经是我们所追求的目标,但资源公有制和资源私有制并存确是客观的事实。基于上述事实,我们可以断言:在共产主义社会没有真实到来之前,是既需要资源公有制,同时也需要资源私有制的。多种资源所有制同时并存,共同发展,既是历史的选择,同时也是科学的理性选择。

所谓资源公有制和资源私有制同时并存共同发展,其含义并不是指每一种具体资源都有属于公有的情况同时也有属于私有的情况,而是某些资源属于公共所有,某些资源则是属于私人所有,而且所有的对象即公共所有和私人所有的对象是改变的,并不是一成不变的,这也就是说,在一定历史时期属于公共所有的资源,而在另一定历史时期则可能是属于私人所有。相反,一定历史条件下属于私有的资源,在另一定历史条件下则应当属于公共所有。正如马克思恩格斯所说:"一切所有制关系都经历了经常的历史更替、经常的历史变更。"(《马克思恩格斯选集》第1卷第265页)而这一切所有制关系所经历的经常变更,既包括了资源所有权主体的变更,也包括了资源所有权对象的变更。社会主义社会作为向共产主义社会过度的历史阶段,应该要有资源所有制关系的经常变更,但这种"经常变更"却不是朝令夕改,而是某些具体资源所有制的经常变更。

西方经济学从资源有限稀缺和人是经济人的假设出发,认为发展生产力,增加社会财富必须通过资源、财产私有制和市场竞争才能实现,认为资源私有制符合人的自私本性,具有天然的合理性。以资源私有制为基础的市场经济,内含"物竞天择,适者生存"的生物进化式竞争虽然具有推动资源优化配置从而为经济发展提供动力等作用,但毕竟是以牺牲一部分人的发展为代价而求得另一部分人的发展的社会制度。

四、社会主义初级阶段的资源所有制探讨

马克思恩格斯认为,社会主义社会作为共产主义社会的第一阶段,即作为共产主义社会,"它不是在它自身基础上已经发展的,恰好相反,是刚刚从资本主义社会中产生出来的,因此它在各方面,在经济、道德和精神方面都还带着它脱胎出来的那个旧社会的痕迹。"(《马克思恩格斯选集》第3卷第10页)认为,在社会主义社会这个历史阶段还只能实行按劳分配,而按劳分配所体现的平等权利"按照原则仍然是资产阶级的法权"。因为,"一个人在体力或智力上胜过另一个人,因此在同一时间内提供较多的劳动,或者能够劳动较长的时间,而劳动,为了要使它能够成为一种尺度,就必须按照它的时间或强度来确定,不然它就不成其为尺度了。这种平等的权利,对不同等的劳动来说是不平等的权利。它不承认任何阶级差别,因为每个人都像其他人一样只是劳动者;但是,它默认不同等的个人天赋,因而也就默认不同等的工作能力是天然的特权。所以就它的内容来讲,它像一切权利一样是一种不平等的权利。"(《马克思恩格斯选集》第3卷第12页)马克思恩格斯还认为,存在"这些弊病,在共产主义社会第一阶段,在它经过长久的阵痛刚刚从资本主义社会里产生出来的形态中,是不可避免的。权利永远不能超出社会的经济结构以及由经济结构所制约的社会的文化发展"。(同上)

即使马克思恩格斯在没有社会主义的历史实践之前,就已经预计到社会主义社会与共产主义社会的区别,但他们毕竟没有社会主义的实践经验作为设计社会主义制度的依据,因此,他们在做出上述论断的同时仍然认为,与社会主义社会这个历史时期相联系的社会基本经济制度是单一的资源公有制(其经典的表述是:生产资料全民所有制),而且"生产者并不交换自己的产

品",因而是不存在商品经济和市场的。

(一)建立社会主义资源所有制的实践和理论发展

历史唯物主义认为,人类社会自身的基本矛盾是生产力与生产关系,上层建筑与经济基础的矛盾。人类社会是在这两对社会基本矛盾的运动中不断发展的。而解决社会基本矛盾的根本途径是发展生产力。无产阶级革命成功之后,同样遇到一个问题,那就是如何在革命成功之后进一步发展生产力。

怎么发展生产力呢?对这个问题,从不同的角度可以有不同的回答。

从科学技术是第一生产力的角度回答问题,其结论当然是发展科学技术。但又会产生如何才能实现科学技术进步的问题。

从分工本身就是生产力,发展分工就是发展生产力的角度回答问题,则发展生产力依赖分工的发展。马克思说:"分工对于创造社会财富来说是一个方便的、有用的手段,是人力的巧妙运用。"(《马克思恩格斯选集》)"一个民族的生产力发展水平,最明显地表现于该民族分工的发展程度。任何新的生产力,只要它不是迄今已知的生产力单纯的量的扩大(例如,开垦土地),都会引起分工的进一步发展。"(《马克思恩格选集》)

从生产力发展离不开生产关系的角度回答问题,则发展生产力必须建立一定的即与生产力发展要求相一致并且能够不断促进生产力发展的生产关系。从生产力进步不能脱离社会的经济基础即生产关系和上层建筑的角度回答问题,则发展生产力必须有与之相适用的经济基础和上层建筑,而所谓与生产力相适用并且能够促进生产力发展的经济基础和上层建筑又不是固定不变的,它们总是处于不断的变革和进步中,否则,生产力是不能最大限度进步的。

从生产力中最活跃最革命的因素是人的因素的观点出发回答问题,则答案就是:要使人获得全面的发展。

事实是:发展生产力是多种因素结合起来的结果,其中任何一个因素都不仅是不可缺少的,而且都是重要的。科学技术进步不能没有,经济关系调整不能没有,上层建筑的调整不能没有,人的发展更是不能没有。生产力进步实际上是整个社会系统中各方面因素发挥作用的结果。在所有这些因素中,虽然有时候看起来,某些因素是最为重要的,但其重要性实际上又是没有脱离其他因素的,因而,与其说所有因素中有一个因素是重要的,倒不如说所有因素都是重要的。当然,这些因素的重要性在不同的历史阶段是有区别的。

俄国十月革命后发展生产力的办法可以说，主要是两个，一个是发展科学技术，一个就是消灭私有制，即消灭财产私有权，也就是在社会主义公有制的基础上消灭商品经济，通过计划经济来发展生产力。这种办法实际上暗含承认发展生产力必须有一个前提，这个前提就是：为使社会生产力得到巨大发展，使社会物质财富达到极大的丰富，必须有社会分工的发展。计划经济，至少计划经济的设计者、主持者，都不是否定分工者，或者说，至少都不是主观上否定分工必要性者，因为计划经济的计划都是含有分工和发展分工的，至于计划经济在客观上阻碍分工的发展，则是另一个问题。

分工的存在和发展，是社会生产力发展的前提条件。没有分工及分工的发展，就不会有生产力的巨大发展。这应当是确定无疑的。然而，分工的存在和发展是否一定要以资源财产私有制为前提，则是另外的问题。在这个问题上，有两种完全相反的观点，一种观点认为，资源（财产）私有制是分工存在和发展的前提，要保留分工或者要继续发展分工，就必须保留资源财产私有制度。马克思说过，"分工发展的不同阶段，同时也就是所有制的各种不同形式。"与马克思上述观点相一致，但又认为私有制是由分工导致的人们则认为，由于分工必然导致私有权，所以，要创造极大的社会物质财富，就必须在承认劳动分工的前提下承认私有权。所以，私有权是不能靠立法来废除的。当社会还不可避免地要依靠分工来创造巨大物质财富时，就必然要实行资源（财产）私有权制度。另一种观点则认为，分工虽然是发展生产力的前提，但分工并不是必须以私有权为存在和发展的前提条件。因为，分工是劳动发展即生产发展的产物，而在资源（财产）私有权没有产生以前，分工就已经存在着或者说已经出现，分工不是私有制的产物，而私有制才是分工发展的产物。虽然私有制对于分工的发展有着巨大的推动作用，但资源（财产）私有并不是分工产生的原因，消灭私有制并不就必然使分工失去了存在的前提。

事实上，上述两种观点都存在一定的片面性。这种片面性表现为，要么是肯定资源财产私有制，要么是完全否定资源财产私有制，而真实的情况是：在人类社会的任何历史阶段，都是资源财产公共所有和资源财产私人所有并存的；历史上既不存在所有资源属于公共所有的时代，也不存在所有资源财产完全私有的时代。如果说，原始社会还没有资源所有权的观点能够成立，则资源、财产、所有的观念在当时就还没有产生，一旦人们头脑里有了资源、财产、所有等观念，则意味资源财产公有和私有的制度就已经产生。原始人类的氏族发展的历史过程,实际上就是人类的资源财产公有和私有观念产生的过程。至于奴隶社会,则是已有明确的公有与私有的观念,即某些资源是属于公共所有的,而另一些资源则是属于私人所有的。在封建社会,也明显存在资源财产公共所有和私人所有的划分。在资本主义社会,更有公共资源和非公共资源的区别。社会主义的历史还不长,但无论是苏联社会主义还是中国社会主义,都是在追求资源全部公有的同时,或多或少地保留了一些资源属于个人私有。

事实虽是如此,但马克思恩格斯之后的马克思主义者都是在理论和实践上坚持建立单一公有制的追求。列宁在十月革命前理论上的主要贡献是提出了社会主义革命可以在一国数国首先胜利,而在十月革命后则是提出了"新经济政策",但"新经济政策"并不是对建立单一全民所有制的否定,而是从实际出发提出的暂时修正,故列宁都称自己提出的"新经济政策"是为了进两步而退一步。所以,列宁的思路仍然是马克思恩格斯的思路。至于斯大林的思路更是没有什么改变,即仍然是完全的马克思恩格斯的思路,这表现为实行计划经济,取消商品经济,坚持向单一全民所有制的方向发展。中国革命胜利后,在资源财产所有制度的安排上,虽然比起苏联来有保留稍微多一点集体所有制和私有制的特点,但基本的思路仍然是以单一全民所有制为发展方向。20世纪50年代的"大跃进"和后来的"文化大革命"时期的"穷过渡",所以被称为"穷过渡"还是因为它本身符合马克思恩格斯的思路,不过是太急了一点,因而被定为"左"的思潮。马克思恩格斯的这一思路使我们中国在改革开放前一度盲目追求"一大二公""纯而又纯"的资源公有制,力图按照被称为社会主义三大基本特征的公有制、计划经济和按劳分配来构建我国的基本经济制度,结果是严重阻滞了我国经济社会的发展和人民生活水平的提高。这一理论还内含资源无限多样性与资源公有制之间的逻辑矛盾。党的十一届三中全会以来,我们党根据我国生产力发展的实际,在社会主义基本经济制度这一重大问题上,继续探讨,认真总结了历史的经验教训,逐步提出了在保持公有制为主体的前提下发展多种所有制经济的思想,从而发展了马克思主义理论,创造了邓小平理论,并在改革实践中进行了大胆探索。邓小平理论作为资源所有制度安排学说,其主张可以概括为:坚持公有制为主体,多种所有制同时并存,共同发展。

邓小平理论基本形成后,党的十四届三中全会通过的《中共中央关于建立社会主义市场经济体制若干问题的决定》明确提出,必须坚持公有制为主体,多种所有制经济共同发展的方针。十五大第一次将"公有制为主体,多种所有制经济共同发展"确定为我国社会主义初级阶段的基本经济制度,提出要继续调整和完善我国所有制结构的任务。党的十六大进一步提出了"坚持和完善公有制为主体,多种所有制经济共同发展的基本经济制度"的任务,强调两个"毫不动摇":一是毫不动摇地巩固和发展公有制经济,二是毫不动摇地鼓励、支持和引导非公有制经济发展。十六届三中全会通过的《中共中央关于完善社会主义市场经济体制若干问题的决定》,将进一步完善公有制为主体、多种所有制经济共同发展的基本制度,作为完善社会主义市场经济体制的重要任务之一。其中的关于大力发展混合所有制经济,使股份制成为公有制的主要实现形式等论述,则标志我们党对资源所有制即社会基本经济制度的认识进一步深化,为我国完善社会主义市场经济体制奠定了更加坚实的理论基础。现在,坚持公有制为主体,多种所有制经济共同发展,已经写入宪法,这标志我国社会主义的基本经济制度即资源所有制度的安排在宪法层面上已经完成。

五、社会主义基本经济制度的进一步完善

进一步完善社会主义基本经济制度,既是一个现实问题,同时也是一个战略问题。作为现实问题,需要我们从中国的现实国情出发进行思考;作为战略问题,需要我们站在战略的高度,联系共产主义理想进行思考。

党的十六大报告提出,"必须毫不动摇地巩固和发展公有制经济";"必须毫不动摇地鼓励、支持和引导非公有制经济发展";"坚持公有制为主体,促进非公有制经济发展,统一于社会主义现代化建设的进程中"。这"两个毫不动摇"和"一个统一",是在深刻认识我国国情的基础上确定的进一步完善社会主义基本制度的根本方针,对于正确把握改革方向具有重要的指导意义。

(一)关于毫不动摇巩固和发展公有制经济

毫不动摇巩固和发展公有制经济的方针,既符合我国的现实国情,又符合共产主义理想的大目标,既是历史的现实的选择,又是根据共产主义理论的理性选择。所以要毫不动摇地巩固和发展公有制经济,是由社会主义社会的本质决定的,同时也是现阶段发展社会生产力和社会主义民主政治所需要的。

公有制对于发挥社会主义制度的优越性,满足社会公共需要,协调各方利益,实现社会公平和共同富裕,增强我国经济实力等,具有关键性作用。同时,巩固和发展公有制经济,对于维护社会稳定,增强人们的社会主义信念等都具有重要的意义。

毫不动摇巩固和发展公有制经济,必须坚持公有制为主体。而坚持公有制为主体,主要应从发挥优势、提高质量、增强控制力和焕发活力等方面来加强和发展公有制经济,而不是简单地追求公有制经济的数量和所占比重。发展公有制经济固然要求考虑量的增长,但更要注重质的提高。如果我们关注的重点不是增强公有制经济的内在活力,最终将无法确保公有制经济的主体地位。而且,坚持公有制经济的主体地位是就国民经济的总体而言的,是就公有制经济的控制力而言的,因此,不同地区不同行业应有所区别。我国改革开放以来的实际情况表明,国有独资企业的数量减少和产出比重下降,并不妨碍其主导作用和控制作用的发挥,只要其总体实力不断增强,结构不断优化,整体素质不断提高,其主导和控制作用就能发挥。

巩固和发展公有制经济,必须通过改革积极推行公有制实现形式的多样化和有效化。除少数关系国家安全以及国家机密、国家重要战略物资、国家核心技术等资源的开发和利用的特殊产业外,一般不要实行国家独资经营,而应推行股份制的实现形式,使国有资源和民有资源实现更好的结合。应将国有企业改革和国有经济的布局结构调整有机结合起来,继续实行有进有退的方针,使国有经济更多地退出竞争性经济领域。要认识到,以股份制为基本形式的混合所有制经济是现阶段最适合生产社会化和社会主义市场经济运行机制要求的经济形式,它不仅有利于增强公有制经济的活力,而且有利于形成单个人在现代社会条件自由发展所必须具有的经济基础和经济实力。首先,混合所有制本质上是资源公有制以及各种资源优化组合的具体形式。它突破了单一公有制或单一私有制这一传统所有制观念的藩篱,在企业内部实现了物质资源和人力资源的组合,实现了国有资本、集体资本和个人资本的融合,实现了各种人力资源的优化组合。其次,混合所有制经济既有利于国有资产的资本化运营,使国有资本能够通过吸纳社会资本增强经济控制力;同时也有利于人力资源转化为人力资本,从而提高人力资源所有者实现自由发展的经济实力。再次,混合所有制经济为国家、集体和公民所有的资源更灵活更自由地进出企业提供了宽广的通道,既有利于增强国家调控资源配置的能力,同时也有利于增强企业的活力。

巩固和发展公有制经济的关键,是建立和完善现代企业制度。从我国目前建立和完善现代企业制度的情况来看,如何使国有资产实现保值增值固然是一个必须注意的问题,同时,如何保证企业普通员工的利益并促使其积极性和创造性能够充分发挥,也是一个必须予以关注的重要问题。这两个问题的解决,都依赖企业制度的进一步完善。而核心则是资本所有者与企业家和普通员工的利益关系。

(二)关于毫不动摇鼓励、支持、引导非公有制经济发展

毫不动摇鼓励、支持、引导非公有制经济发展的方针,作为政策选择和制度安排,也是既符合我国国情,又符合共产主义理想大目标的理性选择。所以要毫不动摇地鼓励、支持、引导非公有制经济发展,也是由社会主义社会的本质所决定的。社会主义本质是解放生产力、发展生产力,消灭剥削,共同富裕。我国改革开放以来的历史实践证明,发展非公有制经济,对于充分利用各种社会资源,发挥各方面的积极性和创造性,对于解放生产力、发展生产力、消灭贫穷,实现共同富裕,都具有重要作用。

我国改革开放以来,非公有制经济有了空前的发展。实践证明:非公有制经济发展对于充分表现社会主义本质是有积极作用的,而非公有制经济的发展,首先必须得到社会的承认、鼓励和支持。鼓励、支持的前提是承认。承认非公有制经济具有拾遗补缺作用,是承认;承认非公有制经济是社会主义市场经济的重要组成部分,是进一步的承认;现在提出对非公有制经济要给予鼓励、支持和引导,同样是承认的进步。鼓励、支持包含了承认,而引导也包含着鼓励和支持。然而,理论上关于非公有制经济即私有经济的解释还是在一定意义上没有跳出"私有制比公有制要坏"的思想藩篱,而要彻底跳出这个思想的藩篱,就要承认社会主义社会本质上没有私有制,而只有民有制。关于这一点,我们在后文还将讨论。

鼓励、支持非公有制经济发展,要求进一步消除体制性障碍,使非公有制经济获得与公有制经济相同的市场主体地位,这是社会主义市场经济的客观要求。在这方面,一是要求放宽市场准入,激发民间投资热情。凡是法律法规没有禁止的行业和经济领域,都应该对非公有资本开放。应将国有经济布局和产业结构调整与鼓励民间投资有机结合起来,通过国有企业的资产重组来

实现国有经济和非公有制经济(民有经济)的双赢。二是要放开对非公有制经济的融资限制,广开融资大门。国有商业银行应一视同仁地对待非公有制企业的贷款要求。政府应支持建立为民有经济发展服务的金融机构。对非公有制企业在股票上市、发行债券、兼并、收购等方面,给予政策支持和融资支持,如建立非公有制中小企业发展的担保基金或投资风险基金等。三是要改善市场环境,取消一切不利于民有经济发展的限制。四是要发展社会服务体系,通过专业化的服务体系,为民有经济主体提供全方位的优质服务。

建立并完善现代产权制度,增加政策透明度,既是鼓励、支持民有经济即非公有制经济发展的重要环节,同时也是对其予以积极引导的必要措施。在这方面,一是要求通过立法确认公民财产的不容侵犯性,给公民财产予以与公有财产相同的保护力度;二是要求通过立法建立现代产权交易制度,使民有经济主体运用属于国家或其他经济主体所有的资源更加顺畅,加快资源的流转速度;三是要求提高产业政策和其他经济政策的透明度,减少公民拥有资源的盲目性,降低公民非法占有运用资源的比例;四是要特别注重建立健全人力资源(含知识产权)所有制度,明确确认劳动者的人力资本产权;五是要引导公民注重合法对企业资产的所有和拥有,注重对知识产权的创造和合法拥有,而不注重对住房这类资产的占有,这样既可以引导消费需要增长,又可以实现社会财富的更多积累,同时还可以降低某些资源的稀缺性。

(三)关于发展公有制经济和非公有制经济的统一

在社会主义初级阶段乃至更高级的阶段,资源、财产公有制和非公有制(在社会主义社会应当称为民有制)都是发展社会生产力不可缺少的基本所有制形式,两者不是互相排斥的,而是具有各自发挥作用的领域和优势的。非公有制包含强烈的激励机制,具有激励所有者高效利用其所拥有的资源的作用,为他们进行经济活动提供了有力的动力,使他们拥有获得最大利益的进取空间。公有制经济有利于形成一定范围的整体利益,有利于形成比较大的规模经济,从而有利于形成、增强市场竞争力;公有制经济的巩固和发展,表示公共所有的资源和财产更多,从而具有明显的整体协调功能,能够为国家和集体的所有成员提供进行经济活动和各种社会活动的共同物质条件,对于保证社会财富的公平分配具有重要意义。同时,二者都具有各自的功能缺陷。公有制和非公有制同时并存,内含互补、互动和互相促进的机制,有利于二者取长补短,共同发展。二者共同发展的趋势,不是共存共容,而是你中有我,我中有你的共融。而这种共融式的统一形式,就是混合所有制。完善社会主义基本经济制度的重要一环是,通过探索和改革使制度安排朝着更有利于二者融合的方向发展,而这个过程也就是社会主义现代化的建设过程。

在这个历史过程中,很重要的一点是,要在保证整个社会经济可持续发展的前提下,探索各种资源的所有制安排,而不能是不论资源具体特点的笼统的公有制或非公有制,更不能是单一的资源公有制或单一的资源、财产私有制。

第五章

资源国有与国有经济

一、资源国有与国有资源

(一) 部分资源国有的必然性

1. 国有资源与资源国有的意义

所谓国有资源,是指资源在所有权上属于国家所有。资源属于国家所有与一国拥有哪些资源是两个不同的概念。一国拥有的资源包括该国属于国家所有的资源和不属于国家所有的资源。比如,归公民个人或其家庭所有的资源不是国家所有的资源,属于企业所有的资源也不是国家所有的资源,而属于国有企业所有的资源则是属于国家所有的资源。因此,所谓国家所有的资源实际上只能是属于该国政府所有的资源。自从有了国家,也就有了属于国家所有的资源。而在没有国家之前,就不存在属于国家所有的资源。换句话说,国家存在也就意味必有属于国家所有的资源,而不论国家的性质如何。资本主义国家有属于其国家所有的资源,社会主义国家有属于社会主义国家所有的资源,世界各国都有其属于国家所有的资源。

资源属于国家所有的原因和意义在于:第一,一些资源不能属于社会的家庭或个人所有,如属于某些家庭或某些个人所有就必然造成社会的不公平,并且必然要引起人们对这些资源的争夺,从而使社会陷于无序的状态。第二,国家要实现其功能必须拥有一些资源,国家不拥有一些资源就不能发挥其对外对内的功能作用。国家的功能是多方面的,如政治功能、经济功能等。无论国家要实现何种功能作用,都需要拥有一些资源。第三,有些资源在一定历史条件下,只有属于国家所有才能得到有效利用,才能正确而又充分地发挥其作用。比如,某些历史文物就只有属于国家所有才能充分发挥其作用。又如,某些科学技术资源只有属于国家所有才能得到充分地利用,才能在此基础上开发出更多的新的科学技术资源。再如,一国要在科学技术、教育等领域走在世界前列,就必须保有一些资源用于发展科学技术和教育事业。在一定的历史条件下,国家要实现其稳定社会的政治功能,就必须占有某些资源以便处理各种社会矛盾和社会问题。例如,2003年我国爆发的"非典型肺炎"疫情的消除就表明:国家没有属于自己所有的某些资源是不行的。第四,在一定历史条件下,某些事业只有以一定的国有资源才能办成。比如,现有历史条件下,载人航天、三峡工程、南水北调等,就必须由国家主办才能办成。第五,经济全球化,世界经济一体化,已是历史发展的潮流,但经济全球化的参与主体首先是一个个国家和民族,特别是在目前这种发达国家主导世界经济,世界经济的游戏规则主要由发达国家主导的情况下,国家作为经济主体的重要意义更是不能忽视的。

2. 我国的国有资源

我国现行《宪法》规定,矿藏资源、水流属于国家所有,森林、山岭、草原、荒地、滩涂除由法律规定属于集体所有的以外,都属于国家所有,城市的土地属于国家所有,农村和城市郊区的土地,依照法律规定也可以归国家所有。显然,我国《宪法》所以要规定矿藏资源、水流属于国家所有,是以充分利用和保护这些自然资源为出发点和归宿点的。比如黄河、长江、洞庭湖等江湖,如果不属于国家所有,其开发利用、维护等方面的存在困难和问题显然会更多。因此,一些资源属于国家所有不仅是完全必要的,而且是必然的。除开自然资源以外,其他的物质资源和非物质资源,经济资源和政治资源,以及科技、信息等资源也有必须属于国家所有的部分。在现代,如果没有一些资源属于国家所有,如果国家不能绝对地控制一些资源,要发挥其功能作用是不可想象的。

(二)国有经济及存在形式

1. 国有经济的概念

国有经济的概念无疑是十分重要的。然而,关于国有经济概念的内涵在我国学术界至少有以下五种解释：一是认为，"国有经济即全民所有制经济"。① 二是将国有经济定义为"生产资料归社会主义国家所有，实行多种经营方式进行生产经营活动的经济形式。在性质上属于全民所有制经济"。② 三是认为，国有经济是"生产资料为国家所有的经济形式。在我国，社会主义国有经济在性质上属于全民所有制经济"。③ 四是认为，国有经济"一般指的是以传统形态的国有企业为基本实体，以政府负责管理国有企业的职能部门为上层建筑的经济成分。"④ 五是认为，"国有经济的准确定义应当是，国有经济是生产资料归国家所有，以国有企业为基本实体并且体现国家的利益和意志的经济形式"。⑤ 在上述五种解释中有没有一种解释完全科学地揭示"国有经济"这一概念的内涵呢？如果有，又是哪一个解释呢？为回答这一问题，我们先不宜对这五种解释进行分析，而是应当先了解一下科学解释概念的逻辑方法。

定义，或称为下定义，是科学揭露概念内涵，指出概念对象的特有属性，从而使概念对象和其他类似对象相互区别的逻辑方法。列宁说："'下定义'是什么意思呢？这首先就是把一个概念放在一个更广泛的概念里。例如，当我下定义说'驴'是动物的时候，我就是把'驴'这个概念放在更广泛的概念里"。⑥ ( )但是，要给一个概念正确地下定义，并非只要把该概念放在一个更广泛的概念里就够了，而是要遵守定义规则："定义项和被定义项的外延要相等"。所谓"定义项和被定义项外延相等"，是指定义项与被定义项所指的对象相同。例如，"商品是用来交换的劳动产品"，就是关于"商品"的准确定义。在这个定义中，"商品"是被定义项，"用来交换的劳动产品"是定义项。这个定义所以正确，在于"被定义项"和"定义项"的外延相等，也就是定义项和被定义项所指的对象相同。相反，"驴是动物"作为一个判断并不错，作为"驴"的定义却不正确，因为"驴"作为被定义项与作为定义项的"动物"的外延并不相等。"驴是动物"这句话作为定义，犯了定义过宽的错误。"人是能辩证思维的动物"，作

---

① 高鸿业主编：《西方经济学与我国经济体制改革》(2)，北京：中国社会科学出版社，1996，235.
② 刘国光主编：《经济学大辞典》(计划卷)，上海：上海辞书出版社，1990，50.
③ 于光远主编：《经济学大辞典》(下册)，上海：上海辞书出版社，1992，1345.
④ 樊纲：《渐进改革的政治经济学分析》，上海：上海远东出版社，1996，204.
⑤ 刘解龙、唐未兵：《国有经济论》，长沙：湖南人民出版社，1998，3.
⑥ 《列宁全集》，人民出版社，1963，(14)，146.

为"人"的定义,则犯了定义过狭的错误。因为:"能辩证思维的动物"和"人"的外延不等,前者的外延较后者少得多,"能辩证思维"是一部分人的特有属性,不是所有人都具有的特性。

回过头来分析上述关于国有经济的五种解释,我们可以得知:第一、第二、和第四种解释都有一个共同的问题:作为国有经济的定义都不符合"定义项和被定义项外延要相等"的定义规则,都是定义项的外延比被定义项的外延要小,犯了定义过狭的错误。就"国有经济即全民所有制经济"来说,其错误在于,国有经济有资本主义国有经济和社会主义国有经济的区别,资本主义国有经济并不是全民所有制经济,只有社会主义国有经济才是全民所有制经济,说"国有经济即全民所有制经济"显然是犯了定义过于狭窄的错误。拿第二种解释来说,其错误同样在于,将国有经济不做任何区分,认为国有经济只有社会主义国有经济一种,当然也是错误的。就第四种解释而言,认为国有经济只是国有企业一种,同时认为只有属于政府负责管理的国有经济才是国有经济,同样是犯了定义过狭的错误。第五种解释虽然承认国有经济有社会主义和资本主义之分,从而纠正前述第一、第二、第四种解释共有的定义过狭的错误,但又将"以国有企业为基本实体并且体现国家的利益和意志"作为国有经济的定义项的构成,从而使国有经济这一概念的外延受到不正确的限制,仍然犯有定义过狭的错误。对此,我们将在后文进一步讨论。

在"国有经济"的上述五种解释中,只有第三种解释即将国有经济定义为"生产资料为国家所有的经济形式",才是正确的。所以正确,不仅在于作为被定义项的"国有经济"与作为定义项的"生产资料为国家所有的经济形式"的外延相等,而且在于这一定义正确地揭露了国有经济的特有属性,即与集体经济、私有经济相比较而存在的特有属性。

当我们将国有经济定义为"生产资料归国家所有的经济形式"后,就可进而推知:国有经济依国家性质不同而可以区分为多种,在当代就至少可区分为两种:社会主义国有经济和资本主义国有经济。它们的共同点是什么,区别点是什么,则又可以成为进一步研究的问题。

由于资源包含生产资料,且资源可以形成、转变为资产,因而可以将上述国有经济的定义(指第三种关于国有经济的解释,即国有经济是指生产资料为国家所有的经济形式)修改为:国有经济是资源属于国家所有的经济形式。换句话说,国有经济就是国家运用属于国家所有的资源,通过多种经济办法求得一国国民经济发展的各种经济形式。

国有经济与国有资源的关系是:国有经济以国有资源为前提,没有国有资源当然就不会有国有经济,有国有经济就必有属于国家所有的资源。国有经济本质上是运用属于国家所有的资源所形成的经济。发展国有经济势必要发展国家所有的资源。资源在什么条件下应当属于国家所有,属于国家所有的资源应当如何运用(包括利用和保护),都是国有经济题中应有之义。

2. 国有经济的形式

国有经济的字面意义在于:其一,这种经济所利用或所运用的资源属于国家所有;其二,这种经济所产生的利益(从经营的角度看,就是经营成果,也就表现为利润或亏损)属于国家所有。至于国有经济如何实现其利益,则是另外的问题,即属于经营方式的问题。因此可以说,国有经济,不论是何国,也不论是何时的国有经济,作为一种经济形式,都应有多种多样的具体经济形式。而国有经济的具体形式又取决于国有资源、国有资产的经营方式。

国有经济与国有资源、国有资产的经营方式,是两个既相互联系又相互区别的概念。就其联系而言,国有经济包含国有资源、国有资产的经营方式。国有经济以国有资源、国有资产的经营方式为其实现形式,国有资产经营方式从属于国有经济。就其区别而言,"国有经济"这一概念所表明的是,国有经济的所有者是国家,所强调的问题是:属于国家所有的资源、资产运用于经济应是"为国家而办",应是"为国家实现利益";"国有资源、国有资产经营方式"这一概念所表明和强调的问题则是:属于国家所有的资源(生产资料)、资产,应通过什么方式才能实现保值增值。

从一定意义上可以说,国有经济问题就是国家所有制的具体实现形式问题,也就是国有资源、国有资产的经营方式问题。对社会主义国有经济而言,国有经济问题即全民所有制的实现形式问题,也就是社会主义国有资源、国有资产的经营方式问题。在改革开放前,我们只是认识到社会主义全民所有制经济必须采取国家所有制的形式,而对国有资源、国有资产的经营方式问题,即对国有经济的具体形式问题则存在不正确的认识。这种不正确的认识也就是认为,国有经济只有国营这一种实现形式。经过改革的实践,我们已经认识到:第一、国有资源、国有资产的经营方式可以多种多样也应该多种多样;第二、改革前国有经济的弊端可以归结为国有资源、国有资产的经营方式单一化,即只有"国营"这一种经营方式;第三、我国国有经济改革中出现的误区之一就是，追求国有资源、国有资产经营方式单一化，其表现是承包经营制的全面推行，股份制改造运动，建立现代企业制度，"抓大放小"政策下的卖国有小企业等，都明显具有追求国有经济具体形式即国有资源、国有资产经营方式单一化的倾向。直到中共十五大，我们才从这一误区走出，才认识到全民所有制的实现形式可以多种多样应该多种多样。而全民所有制的实现形式可以多种多样应该多种多样，又是以国家所有的资源、资产所有权和经营权可以适当分离的认识为前提的，是以国家所有的资源、资产有偿使用（利用）制度的建立为条件的。没有国有资源、资产所有权和经营使用权的分离制度，没有国有资源、资产有偿利用制度的建立，就不会有国有经济形式的多样化，也就没有全民所有制实现形式的多样化。但是，实践之树是常清的，理论是灰色的，实践往往走在理论的前面。国有资源、资产的有偿利用的实践，也就是国有企业承包经营、租赁经营的实践，既可以说是建立国有资源、资产有偿利用制度的先导，也可以说就是建立这种制度的探索和实践。正因为有了"两权"分离的理论和实践，有了资源有偿利用的理论和实践，所以才有全民所有制实现形式可以多种多样应该多种多样的科学结论。

我们对国有资源、国有资产经营方式可以从经营主体、国有资产所占比重、保值增值途径等角度进行划分和分类。

依经营主体不同而划分为以下几类。

(1) 国有国营

所谓国有国营，是指国有资源、资产的经营主体是国家，也就是政府。国有国营有广义和狭义之分。广义的国有国营即指国有经济整体，包括所有国有资源、国有资产的经营方式。这既包括国家对于属于国家所有的资源进行直接的利用，即国家运用属于国家所有的资源进行经济建设，也包括国家将属于国家所有的资源交给其他经济主体运用或利用。狭义的国有国营，是指国家对其所有的资源、资产、生产资料进行自营，也就是以政府部门或政府性公司机构作为经营主体来直接进行国有资源和国有资产的经营和管理，是多种国有资产经营方式中的一种。

(2) 国有企业法人经营

这种国有资产经营方式的特点在于：其经营主体即所谓经营者是企业法人。法人是与自然人相对称，同时又有别于政府机构的社会组织。法人有企业法人、事业单位法人和社团法人之分。国有企业法人经营，作为国有资源、国有资产经营方式的一种,是指国家将一部分国有的资源或资产或生产资料交给企业法人去经营。反过来说,不论企业法人是何种性质的法人,也不论法人是怎样的组织形式和规模的大小,只要它运用了属于国家所有的资源并且是属于经济的而不是非经济的运用,就可以称为国有企业法人经营。

(3)国有民营

国有民营是指政府将国家所有的资源、资产、生产资料直接交给自然人或家庭进行经营的国有资产经营方式。这种经济形式的特点在于:经营主体是"民";"民"所经营的资产是属于国家所有的资产。应当指出,这个"民"不是民法上的民事主体,而是"老百姓",而且这"老百姓"不是集合概念,而是单个的自然人或家庭。有的学者将这个"民"理解为民法上的民事主体,进而将国有民营的理解泛化。这样理解是不正确的。所以错误,是因为民法上的民事主体是包括自然人和法人的。自然人是"民",这没有错。法人则不然,法人的性质是个别的,而且,法人不论大小总是由不同数量的人组成的,即是由一群人组成的。

依国有资产所占比重划分为以下几类。

(1)国有独资

国有独资是指企业的资产全部属于国家所有。我国改革前的国有经济只有一种经济形式,那就是国有国营,而国有国营这种国有资产经营方式所造成的企业当然只能是国有独资企业。从一定意义上可以说,国有经济改革的实质就是要减少国有独资企业的数量。

(2)国家控股

国家控股是指企业全部资产中国家出资部分占较大比重而处于控股地位。

(3)国家参股

国家参股是指企业投资主体多元化,国家出资较少或放弃控股地位,而使非国家投资主体处于控股地位。处于控股地位的投资主体可以是集体经济组织,即可以是企业法人,也可以是自然人或家庭,还可以是外国投资主体。

依国有资产保值增值途径可划分为以下几类。

(1)国家自营

国家自营,是指由政府直接运用属于国家所有的资源、资产、生产资料进行生产经营活动以求实现国有资产保值增值的国有经济形式。这种国有资产经营方式,也就是狭义的国有国营。在这种国有资产的经营方式中,国有资产的保值增值体现为利润。

(2)租赁(承包)经营

指国家将属于国家所有的资源、资产、生产资料通过市场机制交给承租人或承包人经营,以求实现国有资产保值增值。其承租人、承包人可以是法人,也可以是自然人或家庭。在这种国有资产经营方式中,国有资产保值增值体现为国家获得租金。

(3)出卖国有资产

指国家将一部分属于国家所有的资产出卖给除国家之外的其他经济主体,如企业法人、自然人或家庭,以求实现国有资产的保值增值。

国家控股、国家参股作为实现国有资产保值增值的具体形式,介于国家自营和国有资产出租经营之间。国家控股近似于国家自营。国家参股则与国有资产租赁、承包经营有些类似,但二者又有所不同。如国家参股使国家处于股东地位,所获股红具有不确定性,而国有资源出租所获租金却具有稳定性。

(三)关于国有企业的概念

自党的十一届三中全会以来,国有企业改革就一直是一个重要课题,也是一个热门的话题,然而,学界对国有企业并没有给出正确的定义,"人们往往把国有经济和国有企业当作同义语来使用",[①]这使人们看到二者的联系却无视二者的区别,将改革国有经济与改革国有企业等同起来,将发展国有经济等同于发展国有企业。改革国有经济势必要改革国有企业,但改革国有企业毕竟不能等同于改革国有经济。因此给国有企业一个正确的定义,不仅必要,而且对于继续研究国有经济和国有企业改革有重要意义。

1. 关于国有企业的三个判断

人们常说,"国有企业是自主经营、自负盈亏、自我发展、自我约束的经济实体";又说,"国有企业是独立的法人";还说,"国有企业是市场主体和竞争主体"。实际上,这三句话各自作为一个判断都是正确的,而各自作为一个定义却是错误的。这是因为被定义项"国有企业",与定义项"自主经营、自负盈亏、自我发展、自我约束的经济实体","独立的法人","市场主体和竞争主体"的

---

① 刘解龙、唐未兵:《国有经济论》,长沙:湖南人民出版社,1998,3.

外延不相等。"自主经营、自负盈亏、自我发展、自我约束的经济实体"远比"国有企业"多得多,非国有企业也是这样的经济实体;"独立的法人",也远比"国有企业"多得多,非国有企业也可以是独立的法人;"市场主体和竞争主体"更比"国有企业"多得多,一切进入市场的经济主体都是市场主体和竞争主体。总的说来,上述三个判断都没有指出国有企业与非国有企业的本质区别,没有揭示国有企业这一概念的内涵,倒是强调了国有企业与非国有企业的共同特点,对于改革初期指明国有企业改革方向,推动国有企业进入市场具有重要意义,起了重要作用,但毕竟不是关于国有企业的正确定义。从逻辑学的角度看问题,上述关于国有企业的三个判断作为定义,都明显犯了定义过宽的错误。

2. 重新给出国有企业的三个定义

为求得国有企业的准确定义,这里试对国有企业给出如下三个定义。

A 定义:国有企业是指企业法人完全运用国家所有的资源、资产、生产资料自主进行生产经营活动的经济实体。

B 定义:国有企业是指经济主体完全运用国家所有的资源、资产、生产资料自主进行生产经营活动的经济实体。

C 定义:国有企业是指经济主体运用国家所有的资源、资产、生产资料自主进行生产经营活动的经济实体。

下面,我们对这三个定义作以下分析。

这三个定义的共同点在于,都强调了国有企业与非国有企业的本质区别,并把这种本质区别即国有企业的特有属性归结为:运用国家所有的资源、资产自主进行生产经营活动。其不同点在于以下几方面。

第一,经济主体不同。按照 A 定义,国有企业的经营主体只能是法人,不能是政府部门或自然人,即是说,政府部门或自然人直接经营国有资产不是国有企业。而按照 B、C 两定义,国有企业的经营主体可以是任何经济主体,即是说,国有企业的经营主体可以是法人,也可以是自然人或政府部门。

第二,资产构成不同。按照 B、C 两定义,只有完全运用国家所有的资源、资产的企业才是国有企业,也就是说,只有当企业的资产全部属于国家所有时,才是国有企业。而 A 定义则认为,只要经济主体运用了属于国家所有的资源、资产进行生产经营活动,就是国有企业。

第三,企业是否是法人。按照 A 定义,国有企业必是法人。而按照 B、C 两定义,则可以是法人,也可以不是法人。如自然人租赁国有资产进行经营所形成的企业,按照 C 定义也是国有企业(在现实的社会里,特别是在目前,按照我国现行制度、法律,仍然称为国有企业,而且被称为法人,或者说,这样的企业仍然在享受法律、政策所赋予的权利和义务)就不一定是法人。

第四,企业的经营主体是否是法人。按照 A 定义,国有企业的经营主体必是法人。而按照 B、C 两定义,国有企业的经营主体可以是法人,也可以不是法人。

显然,C 定义犯了定义过宽的错误。因为其定义项"经济主体运用国家所有的资源、资产自主进行生产经营活动的经济主体"比被定义项"国有企业"的外延要大。在社会主义市场经济条件下,运用国有资源、资产进行生产经营活动的经济主体具有无限多样性,由此形成的经济实体也具有无限多样性。如果所有运用国有资源、资产进行生产经营活动的企业都是国有企业,则一切企业都要称之为国有企业。例如,任何企业都要利用属于国家所有的土地资源进行生产经营活动(因为任何企业都只取得土地的使用权而非所有权),如果都称为国有企业,则必定荒谬。因此,C 定义应当排除。排除 C 定义的直接结果是:以个人或少数人为主体通过租赁、承包原国有企业资产所形成的新企业不能再称为国有企业。相应地,这类企业应该进行重新登记注册,而不能让承租人或承包人继续打原企业的招牌。

3. 对 A、B 两个定义的比较分析

再将 A 定义与 B 定义相比较则可以发现以下三个问题。

(1) 两定义的外延不相等。B 定义的外延要比 A 定义的外延大。这可以推知:要么是 A 定义犯了定义过狭错误,要么是 B 定义犯了定义过宽的错误。这是因为,我们根据 AB 两定义可以得出不同的结论。如根据 A 定义,可推知国有国营、国有民营、国家控股、国家参股等国有资产经营方式所形成的企业都不是国有企业,都要排除在"国有企业"的圈子之外。而根据 B 定义,则除国家控股、国家参股外,其他如国有国营(政府部门直接经营国有资产)、国有民营、国有企业法人经营等国有资产经营方式所形成的企业,都是国有企业的类型。

(2) 两定义所揭露的国有企业特有属性是有区别的。B 定义将国有企业的特有属性规定为:"经济主体完全运用国家所有的资源、资产自主进行生产经营活动的经济主体"。这一规定表明,国有企业必是市场竞争主体,但其本身及经营主体却可以是法人,也可以不是法人。而 A 定义则将国有企业的特

有属性规定为:"法人完全运用国家所有的资源、资产、生产资料自主进行生产经营活动的经济实体"。这一规定表明:国有企业不仅本身必是法人,而且其经营主体也必是法人。国有企业及经营主体是不是法人,是 A、B 两定义的一个本质区别。而对于国有企业及经营主体是否应是法人的问题,其答案只能是:是或不是。含糊是不行的。如认定国有企业及经营主体应是法人,则 A 定义是正确的,反之,则 B 定义是正确的。

"国有企业是法人"与"国有企业经营主体是法人",是两个含义不同的命题。前者的真实含义在于指明国有企业与非国有企业有其共同特征,即都是企业,都应是法人,都应是市场竞争主体,都应该在市场经济的海洋中自主经营、自负盈亏、自我发展、自我约束。要求国有企业是法人,这对于处于竞争性领域的国有企业无疑是正确的,因而对国有企业面对市场竞争的严峻考验无疑是指明了改革方向。而"国有企业经营主体是法人"这一命题的真实含义在于指明同是法人的国有企业与非国有企业存在本质的区别:国有企业的经营管理权是由法人掌握而不是由政府机构或自然人掌握。换言之,作为企业有法人和非法人的区别,作为法人企业的企业,由于资产所有权即投资主体的不同,也会使法人这种社会组织存在区别。这就是说,符合 A 定义的国有企业与符合 B 定义的国有企业,如同是法人,也有其区别,而这种区别必然要通过资产构成以及经营管理权由谁掌握体现出来,而经营权由谁掌握又有法人和非法人的区别。如果国有企业经营主体是法人,则国有企业不仅对外是民法上的民事主体,而且其内部也应有与"法人"相一致的自治性运行机制,与此相一致,国有企业的法人代表就应由法人自己任免。这符合 A 定义的内在逻辑。而根据 B 定义,则国有企业的经营主体可以不是法人,此时,国有企业对外虽是民法上的民事主体,但从内部看却不是法人,因而其法定代表人也就可以不由法人自己任免,而不由法人任命的法定代表人又何以能代表法人,对这法定代表人又如何制约,则必然成为问题。显然,"国有企业是法人"的命题只是解决了国有企业作为市场主体的"身份"问题,却不能解决作为一种社会组织的组织问题,而"国有企业经营主体是法人"的命题则为解决国有企业内部如何组织的问题指明了方向。这使 A 定义具有优越性。

(3)两定义有不同的功用。A 定义正确反映了国有企业改革的始点,同时又正确反映了改革的终点,即使人们认识到改革前国有企业存在的问题(如政企不分,不是市场主体,是扩大了的生产车间等)的同时,又认识到国有企业目前存在的问题和进一步改革的目标(怎样使国有企业成为自主经营、自负盈亏、自我发展、自我约束的自治性社会组织)。B定义则与国有资产经营方式多样化相吻合,是对经过20多年改革的国有经济类型多样化的真实描述,对于消除因国有资产经营方式多样化而产生的误解,尤其是"私有化"的误解有积极效应,但本身却含有囿于"姓资姓社"争论的色彩,且仍然存在将国有经济与国有企业当作同义语使用的错误包含其中。

4. 国有企业是指企业法人完全运用国家所有的资源、资产、生产资料进行生产经营活动的经济实体

事实上,国有经济、国有资产经营方式、国有企业,是三个既有联系又有本质区别的概念。国有经济是与集体经济、私有经济(在社会主义国家应称民有经济)相对应、相区别的概念,它在外延上包括所有不同的国有资产经营方式。国有资产经营方式是国有经济的实现形式,它要回答的问题是,国有资产通过什么方式获得经济效益,实现保值增值。国有资产经营方式包括企业形式和非企业形式。其企业形式又包括国有企业和非国有企业(如国家控股、参股企业,国有资产租赁经营、承包经营所形成的企业)的形式。根据以上分析,我们可以得出国有经济具体形式类型关系如下。

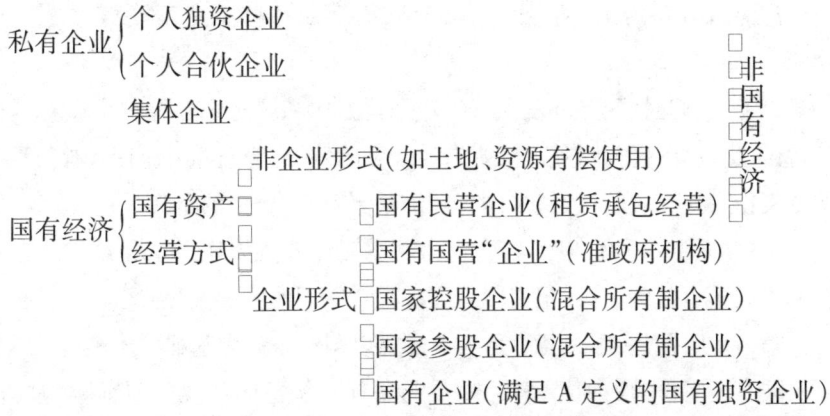

```
          ┌ 私有企业 ┌ 个人独资企业
          │         └ 个人合伙企业                                    ┐
          │ 集体企业                                                  │
          │         ┌ 非企业形式(如土地、资源有偿使用)                │ 非
国有经济 ─┤         │                                                │ 国
          │ 国有资产│  ┌ 国有民营企业(租赁承包经营)                  │ 有
          │ 经营方式│  │ 国有国营"企业"(准政府机构)                  │ 经
          │         └ 企业形式 ┤ 国家控股企业(混合所有制企业)        │ 济
          │            │ 国家参股企业(混合所有制企业)                │
          │            └ 国有企业(满足A定义的国有独资企业)           ┘
```

国有企业是与非国有企业相对应的概念,其内涵应是国有企业的特有属性:第一,企业资产全部归国家所有;第二,企业的经营主体是法人,而不是政府机构或自然人。国有企业所以具有这两个规定性,是因为企业资产全部属于国家所有只能使它与非国有企业相区别,而不能使它与政府直接经营国有资产的经营方式(如国家所有的资源的有偿使用的各种形式,都是国有经济的形式)相区别。而国有企业的正确定义应该能使它既与非国有企业相区别,同

时又使它与政府直接经营国有资产这一经济形式相区别。所以,国有企业准确定义应当是:国有企业是指企业法人完全运用国家所有的资源、资产进行生产经营活动的经济实体。

将国有企业定义为企业法人完全运用国有资源、资产进行经营活动的经济实体。其意义在于:其一,指明国有经济、国有资产经营方式、国有企业三个概念的区别。其二,指明国有经济改革与国有企业改革虽有内在联系,但毕竟又有区别:国有经济改革的出发点和归宿点是发展国有经济;国有企业改革的出发点和归宿点则是成为市场竞争主体,成为具有独特的内部和外部治理机制的法人实体。国有经济改革要通过国有资源、国有资产经营方式多样化实现,而国有企业改革则要通过内部改革即建设新型社会主义法人组织才能实现。其三,指明国有经济改革表现为国有资源、国有资产经营方式多样化时,必然要使一部分原国有企业演变为非国有企业或混合所有制企业(如国家控股、国家参股企业),这也就是人们前一段时间所讲的国有经济的战略调整和国有企业改组改制。通过国有企业改组改制所形成的非国有企业虽然是由国有企业改革而来的,虽然仍是属于国有经济的范畴,即仍然是国有经济的具体形式,但作为法人,作为市场竞争主体毕竟与法人完全运用国有资源、资产进行生产经营活动的国有企业存在区别,因而对这些企业不能再称之为国有企业。

以上,我们对国有经济、国有资产经营方式和国有企业等三个概念进行了一番讨论。以下,再就刘解龙、唐未兵合著的《国有经济论》一书给国有经济下的定义作一些深入的讨论。《国有经济论》给国有经济的定义是:"国有经济是生产资料归国家所有,以国有企业为基本实体并且体现国家利益和意志的经济形式。"笔者认为,这样定义国有经济是存在问题的。

第一个问题是:国有经济是否一定要以国有企业为基本实体?

国有经济作为一种经济形式,是与集体经济、私有经济(目前称为民营经济、私营经济和个体经济,实际上,在社会主义社会应称为"民有经济",对此,将有文作专门论述)相对称的。不同所有制经济都会因其资产的经营方式不同而有不同的具体形式。如私有经济也可有自营、租赁经营、承包经营等具体形式。出租车司机将自己所有的车租给其他的司机经营,自己收取租金;城市、农村都存在的房屋出租,都是一种私有经济的具体经营方式。集体所有的资源、集体所有的资产,都有自己经营、租赁经营、承包经营等多种具体的经营方式。我国改革开放前,国有资产经营方式只有一种,那就是国有国营。正是这种单一化的国有资产经营方式存在许多弊端,束缚生产力发展,所以才要改革。而改革实践又使国有经济的具体形式多样化。党的十五大指出,全民所有制的实现形式应该多样可以多样。这不仅是对以前改革的肯定,而且是对国有经济改革的理论总结,是进一步的解放思想,必然推动国有经济改革朝着正确的方向发展。这是因为全民所有制实现形式多样化,必以国有资产经营方式多样化为前提,前者要以后者为表现形式。既然国有资产经营方式应该多样可以多样,既然全民所有制实现形式应该多样可以多样,也就不一定要以国有企业为基本形式或基本实体。

事实正是:国有资产经营方式可以从不同角度进行区分。如从经营主体角度进行区分,就有国有国营、国有企业法人经营、国有民营等三种形式。国有国营即国有政府经营,其经营主体是政府部门。即使我们将这样的经营主体称之为"公司"或"集团公司",实质上仍然是政府性经营机构。例如,我们可将铁路局、分局改称为公司,但其政府机构、政府部门的性质并未发生多大变化。国有企业法人经营,其经营主体是企业法人,企业法人是法人的一种,是一种社会组织。国有民营,其经营主体是"民"。这"民"是老百姓,但这里的"老百姓"不是集合概念,而是指单个的自然人。如果国有民营中的"民"是一个集合概念,即是一群老百姓,即应是一种社会组织。也许有人会说,"企业都应是法人,国有民营的企业当然也应是法人"。这话有一定道理。确实,企业都应是法人,但不应是同样的法人。这就是说,国有企业法人与集体企业法人、私人企业法人还是有区别的。因而,企业是法人与企业经营主体是法人,二者是有本质区别的。"企业是法人"讲的是企业与政府、企业与企业、企业与职工、企业经营者与企业的关系。"企业经营主体是法人",讲的则是企业资产由谁负责经营管理的问题,即企业资产作为国家所有的资产是由政府部门或企业或自然人负责经营管理实现保值增值的问题。理论上不明确,实践上就必然出问题。比如,以往改革中就出现了:企业家到底是应该向谁负责的问题,是对政府部门负责,还是对企业职工负责的问题。

对国有资产经营方式还可以从国有资产在企业资产中所占比重,保值增值实现途径,经营主体、投资主体、劳动主体三者关系等角度进行区分,这就有国有独资、国家控股、国家参股、租赁经营、承包经营等多种国有资产经营方式。这就是说,为了实现国家所有的资产保值增值,国有资产经营方式即全民所有制的实现形式可以多种多样:国有国营的形式可以,国有民营的形式也可以;国有企业的形式可以,非国有企业的形式也可以。就企业形式来说,又可以从资产所有权归属和经营主体不同而区分为:国有国营企业、国有企业法人经营的企业和国有民(个人)经营的企业。

国有资产经营方式多样化的改革思路使任一具体国有企业的改革有多种选择。这多种选择一是排除国有国营为唯一选择,二是排除以国有企业为唯一选择。那么,国有资产经营方式是否一定要以国有企业为基本实体或基本形式呢?笔者认为,回答这个问题需明确:第一,有无此必要?第二,改革的实践结果会怎样?

就有无必要而言,笔者认为,国有企业作为国有经济的基本形式或基本实体所以必要首先在于它能实现国有资产暴值增值,否则便无此必要。显然,实现国有资产保值增值并不必以国有企业为基本实体,以非国有企业为基本实体同样可以实现国有资产保值增值。其次,国有企业作为国有经济的基本形式或基本实体并不能与坚持公有制为主体划等号,这就是说,坚持公有制为主体并不必定要求国有经济以国有企业为基本形式。

就实践结果而言,国有资产经营方式多样化、全民所有制实现形式应该多样的命题得以提出,本身就与国有经济要以国有企业为基本实体的观点相悖。而且,从经济形式的发展变化的角度分析问题,国有民营即国有企业租赁经营、承包经营后还是不是严格意义上的国有企业都成问题;国有国营单位是不是企业也成问题,国家参股公司在实践中会占多大比重,也是悬而未决的问题。因此,国有经济并非一定要以国有企业为基本形式或基本实体,而是必以企业为基本形式或基本实体。

国有资产经营方式多样化,国有经济以企业为基本实体,意味国有企业的改革模式多样,这既符合国有经济布局战略调整的要求,也符合国有企业战略性改组的要求。而国有经济改革的一个误区就是改革模式单一化。

第二个问题是:国有经济要不要体现国家利益和意志?

首先,"国有经济"一词本身就体现了国家的利益和意志。认为国有经济有社会主义和资本主义之分并没有错。但是,无论资本主义国有经济还是社会主义国有经济,都必须以对国有资产的实际经营为存在的前提,没有对国有资产的经营就不可能实现国有经济的经济利益。国有经济的具体形式多种多样,国有资产经营方式多种多样,其本质的核心的追求就是实现国有资产保值增值。因此,国有资产的经营方式可以多种多样,只要能实现国家的利益就行。至于国有资产具体采取何种经营方式,这本身就体现了国家的意志。因此,用下定义的办法来规定国有经济必须体现国家的利益和意志,实在是画蛇添足。

其次,《国有经济论》给国有经济下的定义并没有指明国有经济应该在何种意义上体现国家的利益和意志。也就是说,国家意志是所有权意义上的,或是所有制实现意义上的,还是国家宏观调控意义上的,该定义并没有讲清楚。如果是所有权意义上的,则"生产资料归国家所有"或"资产归国家所有"或"由国家出资"就已讲清楚了,用不着再强调国家利益和意志了;如果是所有制实现形式意义上的,则全民所有制实现形式虽然可以多样应该多样,但其决定权当然在国家,也用不着再强调国家利益和意志的体现;如果是宏观调控意义上的,则不仅国有经济,就是非国有经济,也要服从国家的利益和意志。

再次,市场经济条件下,所有具体的经济形式即所有的企业都应当是自主经营的,国有经济的各种具体形式包括国有企业也不例外。国有经济、国有企业自主经营与国家意志是什么关系呢?是国有企业同其他企业一样依法自主经营,还是国有企业另外还要按国家意志行事呢?道理很明显,国有企业依法自主经营本身就体现了国家的意志用不着再强调还要体现什么国家意志。

第三个问题是:何谓国有民营?

《国有经济论》从国有企业产权制度的不同安排的角度,将国有企业划分为国有国营、国有企业法人经营、国有民营等三种类型。《国有经济论》认为,"国有国营,是指国有企业的所有者即国家同时拥有企业的所有权和经营权。"国有企业法人经营,是指国家只拥有企业的所有权,企业则拥有法人财产权和经营权。什么是国有民营呢?《国有经济论》认为,"国有企业的财产所有权混合所有,即国家拥有国有企业的部分所有权,其他经济主体拥有部分所有权。这些企业一般采取公司制形式。这种类型的国有企业制度又分为两种情况:一是国家处于控股地位,拥有决策权,此时的国有企业为国家控股企业;二是国家只处于参股地位,不再拥有决策权,此时的国有企业为国家参股企业。我们把这两种类型的国有企业制度叫做国有民营企业制度。"虽然这里论述的是企业制度,虽然"国有企业""国有民营企业"之后加上了"制度"一词,但逻辑矛盾仍然存在,掩盖不了。

其一,企业的财产所有权混合所有,还能不能叫"国有"或"国有企业"?

让非国有经济主体投资加入现在的国有企业,使之变成国家控股公司或参股公司,是从实际出发改革国有企业的一种现实选择,也是国有资产经营方式的一种现实选择。但是,由这种国有资产经营方式选择所导致的混合所有制企业还应不应称为国有企业则是有待研究的问题。称国家控股公司为国有企业,是有充分理由的。其理由就是:"事物的性质是由事物内部矛盾的主要方面决定的",国家控股使国家不仅是这类企业的主要投资者,而且还拥有充分的决策权。所以,称国家控股企业为国有企业,虽然与前述国有企业的严格定义存在逻辑上的矛盾,但还是说得过去的。对国家参股公司则不然,由于国家已经不是这类企业的主要投资者,国家已不具有决策权,此类企业在性质上已是非国有企业,仍然说这类企业是国有企业是说不通的。正如个人业主制企业吸纳其他私人投资主体进入企业后,就不是个人业主制企业了,而是个人合伙企业或私人有限责任公司了。所以,将国家与其他投资主体共同出资合作举办的混合所有制企业不作具体分析,统统称为国有企业,在逻辑上是不通的,与国有经济和国有企业的定义是相悖的,在实践上则是有害的。

其二,由国家和其他投资主体混合所有的企业,是不是都是"民营"?

投资主体或资产所有者与经营主体不是同一主体,是早已产生的经济形式,更是现代经济的一个重要特点。换句话说,所有权和经营权相分离是一种求得经济效益最大化的经济方式。"国有民营"的语词含义就是,国家拥有企业资产的所有权,而资产的经营权则由民掌握。这个"民"是什么含义呢?可以有两种理解:一是将"民"理解为民法上的民事主体,但这样一来,"民"就包括了法人和自然人。而法人作为国有企业的经营主体又叫"国有企业法人经营"。因此,这个"民"只能是第二种理解:单个自然人或家庭。

就国家控股企业而言,由于国家仍然是这类企业的主要投资者,国家仍然处于控股地位,仍然拥有企业重大问题的决策权,仍然有选择企业经营管理人员的权利,因而说这类企业是国有民营是说不通的。"民营"体现在哪里呢?如果说其他投资主体参与企业重大问题的决策体现了"民营",这也是很勉强的。"参与决策"与"拥有决策权"和"掌握决策权"是有本质区别的。对此,概念要清楚,认识要清醒。

就国家参股公司而言,情况更为复杂,因为国家参股企业的主要投资主体可以是法人,也可以是自然人;可以是集体企业,也可以是私人企业;可以是中国企业,也可以是外国企业;可以是中国人,也可以是外国人。国家已不是这类企业的主要投资者,国家只处于参股的地位,企业决策权和选择经营管理人员的权利属于其他的投资主体,这些都是确定无疑的。因此,说这类企业是"民营"虽然还勉强可以说得通,但也存在将法人和自然人混为一谈的问题。符合逻辑同时又符合事实的说法应当是:国家参股企业中包含国有民营的经济形式,但不全部是国有民营企业。

所谓国有民营,是指国家完全拥有物质资源的所有权,而将经营权连同亏损责任交给以企业家身份出现的自然人的制度。换句话说,任何公民都可依法取得国家所有的资源的经营权的制度,才是严格意义上的国有民营。

《国有经济论》为什么会在国有民营问题上出现上述逻辑矛盾呢?其原因在于该书作者将国有经济、国有资产经营方式和国有企业等三个概念混为一谈,在于将国有企业是法人与国有企业的经营主体是法人这两个命题混为一谈。国有资产的存在形式之一是国有企业,但国有企业不是国有资产的唯一存在形式,因此,国有资产的经营方式多种多样,国有经济的具体形式也就必然是多种多样。国有经济"有进有退,有所为有所不为",不仅要求国有资产经营方式灵活多样,而且要求灵活多变。而国有企业的企业制度,则必须以企业国有为前提,否则不能讨论其制度。在企业国有的前提下,国有国营、国有企业法人经营、国有民营才能存在,也才能讨论其企业制度的区别。至于混合所有制企业的企业制度,尤其是国家参股企业的企业制度,更是不能称为国有企业的企业制度。正是由于国有资产经营方式多种多样,才使国有企业的企业制度呈现多种色彩。而现代企业与传统企业的区别,一是在于责任有限,二是在于是不是法人。私人有限责任公司和股份有限责任公司都是法人,但不会都是法人经营。私人有限责任公司与个人合伙企业的根本区别在于责任有限,在于前者是法人,后者不是法人。私人有限责任公司虽然是法人,但其经营主体却不一定是法人。国有企业通过改革后,作为市场主体不论是属于何种国有资产经营方式,都是法人,但其经营主体却同样不一定是法人。如改革为国有民营时,其经营主体就不是法人,而以国有企业法人的形式存在时,则不仅企业本身是法人而且其经营主体也是法人。由此可见,企业是法人与企业经营主体是法人,是两个不同的概念。企业是法人所表明的是,企业是一种社会组织,至于企业的经营主体是谁,由谁掌握经营权,由谁承担风险责任则是另一问题。在企业是法人的前提下,企业的经营主体可以是法人,也可以不是法人而是自然人,这才符合逻辑。而《国有经济论》对此却没有进行必要的分析,因而才有前述逻辑矛盾。

理论思维是出智慧出办法的,但概念混乱、逻辑混乱又会使人在真理面前止步不前。

二、我国国有经济和国有企业改革回顾

(一)改革前,我国国有经济和国有企业的状况

在改革前,我国的经济体制是政府高度集权管理的计划经济体制。在这种体制下,以国有资源为经营管理对象的国有经济,只有一种形式,那就是国有企业。正因此,那时的国有企业和国有经济确实是同义语。而且,当时的国有企业,既是一种经济组织,又是一种政治组织,具有政治、经济、文化教育等多方面的功能。这是我们讨论问题时,首先要注意到的。在此前提下,我们还要注意到以下问题。

在改革前,国有经济作为国有资产经营方式只有一种形式,那就是国有国营。所以,当时的国有经济又称"国营经济"。与此相一致,当时的国有企业也就是"国营企业"。所谓"国营",就是政府经营。政府既是资源、资产的所有者,同时又是经营者,政府既是企业的所有者,同时又是企业的经营者。在改革前,国有资源、国有资产的所有权和经营权没有分离的情况。改革前的国有企业具有以下特点。

国有企业作为经济组织,其经济功能被局限于产品生产的组织和管理。企业的生产经营活动作为一个整体被人为地分割分散为企业活动和政府活动。企业生产什么,生产多少,不是由企业决定,而是由政府部门的计划决定;企业生产所需原材料由政府部门分配,组织供应;企业的产品是"皇帝的女儿不愁嫁",有政府的物质部门或商业部门统一收购;产品价格由政府严格控制,企业对所生产的产品没有定价权、调价权;企业职工的工资由国家计划控制;进口技术、设备、原材料要批文,出口有配额,外汇有指标;企业赢利全上交政府,亏损则由政府财政予以补贴。企业录用职工,任免干部,都有具体的政策规定,都有政府部门管着。企业领导班子是政府部门的派出机构,其成员都是由政府任命,都是"吃皇粮"的国家干部。总之,一切都有政府,一切都靠政府。那时的所谓国有企业,其实已经不具有一般企业的特征,而是政府部门的附属

物,是扩大了的车间。那时的国有企业,没有生产经营自主权,没有自负盈亏的压力,没有自我发展的动力,更没有也无需自我约束的机制。如果说,计划经济体制作为一种经济体制也有其压力、动力和活力,那么,这所谓的压力、动力、活力,就都集中表现为完成、超额完成国家下达的生产计划指标。在那时的国有企业里,企业的全体职工,不是国家干部,就是国家职工,从事管理工作的,称为"国家干部",坐的是"铁交椅",普通工人称为"国家职工",端的是"铁饭碗"。他们都没有后顾之忧,生病有公费医疗,退休有退休工资。工资水平与企业是否完成国家任务无关,也与职工的工作岗位、工作数量、工作质量、工作业绩无关,被称为"铁工资"。职工没有失业之忧,没有下岗之虑,企业则既不要忧资金,又不要忧市场。

改革前的国有企业,特别是大中型国有企业作为经济组织是不完全的,而作为社会政治组织则是完全的,它具有多方面的社会政治功能。如维护社会治安,维护社会政治稳定的功能等。由于国有企业担负多方面的社会政治功能,国有企业在内部治理机构方面也就表现出具有政府机构的特征,国有企业内部党政机关,如党委、纪委、武装保卫、共青团、工会、妇联、组织部、统战部、宣传部等一应俱全。这些机关一方面在社会政治方面发挥了重要的作用,另一方面则又使企业的管理机关显得非常臃肿而不精干,人浮于事,管理成本居高不下。

(二)我国国有经济和国有企业改革回顾

自1978年开始的国有经济和国有企业改革已历经五个阶段:放权让利,利改税和拨改贷,推行承包经营,股份制改造运动,建立现代企业制度。

1. 放权让利(1978—1983)

放权让利既是改革我国国有经济的第一步,同时也是改革我国国有企业的第一步,实践已经证明这一步是完全正确的。所谓放权让利,就是给国有企业一些原来没有的权利的同时让一些利益给企业。这一步作为一个历史过程,可以分为两个阶段,1983年以前是试点阶段,1984年进入全面推行阶段。

1978年下半年,四川省经中央批准率先选择重庆钢铁公司、成都无缝钢管厂、宁江机床厂、四川化工厂、新都县氮肥厂、南充织绸厂等6家企业进行扩大企业自主权的试点。当时的办法很简单,就是给企业规定增产增收指标,允许企业完成任务后提留少量利润,可以给职工一定的奖金。这办法其实就是"文化大革命"期间被批判的"利润挂帅""物质刺激",但这仅用三个月就收到了很好的效果。正因为效果好,1979年的试点企业就增加到100个,1980年又增加到417个。这417个企业的产值占四川全省工业产值的60%,实现利润占70%,上交利润占到80%。

党的十一届三中全会,总结新中国建立以来经济建设的经验教训以及四川试点的经验,明确指出:"现在我国经济管理体制的一个严重缺点是权力过于集中,应该有领导地大胆下放,让地方和工农业企业在国家统一计划下有更多的经营管理的自主权。"

1979年5月,国家经委等6个部门在北京、天津选择8家企业进行扩大企业自主权的试点。1979年6月,国务院财经委员会成立经济体制改革研究小组;7月国务院下发《关于扩大国营工业企业经营管理自主权的若干规定》《关于国营企业实行利润留成的规定》《关于开征国营工业企业固定资产税的暂行规定》《关于提高国营工业企业固定资产折旧率和改进折旧使用办法的规定》《关于国营工业企业实行流动资金全额信贷的暂行规定》等5个文件。这5个文件的主要内容是:对有盈利的实行利润留成,以鼓励企业增加利润;企业在增加利润的基础上可以提高折旧率且可以用折旧费进行扩大再生产;对企业实行固定资产有偿使用制度和流动资金全额信贷制度。为了鼓励企业开发新产品,文件还规定企业可从实现利润中留成一部分用于开发新产品。文件还规定,企业在完成国家计划的前提下,可以补充计划,按补充计划生产的产品可以自行销售;企业有权向政府主管部门申请出口自己的产品,并按规定取得外汇分成;企业有权按国家劳动计划指标择优录用职工,有权决定自己的机构设置,任免中层干部;企业有权对多余、闲置的固定资产实行有偿转让或出租。此外,文件还规定,任何单位和个人都不得向企业摊派各种费用,不准随便抽调人员、设备、材料和资金。到1979年10月,全国已有1500多个国有企业进行扩大企业自主权的试点。到1980年6月底,全国已有6600多家企业成为试点企业,约占当时全国预算内工业企业总数的16%,产值的60%,利润的70%。

1980年9月,国务院批转国家经委《关于扩大企业自主权试点工作情况和今后意见的报告》。该报告对前段放权让利改革给予了充分肯定,对以后的进一步改革提出了6个方面的意见:(1)要改进现行的利润留成办法;(2)要积极进行企业独立核算、国家征税、企业自负盈亏的试点;(3)试点企业在执行国家计划的过程中,发现计划与实际情况不符,有权进行调整;(4)企业有权销售超产的产品和自己组织原材料生产的产品及新产品,即使是国家短缺的实行统购统销统配的产品,也应让企业按一定比例自销;(5)企业可以对一些供过于求的产品实行向下浮动价格,对没有统一价格的自销产品,可以由企业自行定价,实行浮动价格;(6)企业对留成资金的使用,应有充分的权利。

1981年5月,国家计委等10部委联合发出《贯彻国务院有关扩权文件,巩固提高扩权工作的具体实施办法》。该文件从计划、利润留成和留成资金使用、产品销售、新产品、扩大出口和外汇分成、价格、以税代利试点以及税收、银行贷款、企业机构设置、人事劳动等12个方面,进一步明确了企业的自主权。

1984年5月10日,国务院发布《于进一步扩大国营工业企业自主权的崭行规定》。这文件的意义在于第一次以行政法规的形式从10个方面明确了企业的自主权。这10个方面的自主权是:(1)企业在确保完成国家计划和国家订货合同的前提下,可以自行安排增产国家建设和市场需要的产品;(2)除国家特殊规定不准自销的外,企业分成的产品,超额完成国家计划的产品,试制的新产品,都可以自销;(3)工业生产资料属于企业自销的和完成国家计划后的超产部分的产品,一般在不高于20%或低于20%的幅度内,企业有权自订价格;(4)对于国家统一分配的物资,在订货时企业有权选择供货单位,可以与供货单位签订合同,直达供应;(5)企业可按规定自主支配留成资金,有权安排技术改造项目;(6)企业有权把多余、闲置的固定资产出租或有偿转让;(7)企业有权按生产特点和实际需要,自行确定机构设置和人员配备;(8)厂长(经理)、党委书记分别由上级主管部门任命,厂级行政副职由厂子提名,报上级主管部门批准,厂内中层行政干部由厂长任免,企业可以招牌技术、管理人员,有权在政府劳动部门指导下公开招工,厂有权对职工进行奖惩(包括给予晋级和开除处分);(9)企业可以根据自己的特点自选工资形式,厂长有权给有特殊贡献的职工晋级,每年的晋级面可以增加到3%;(10)企业有权参与或组织跨地区跨行业跨部门的联合经营。自此,扩大企业自主权的改革由试点转为全面推行。而这一行政法规也已基本上把企业应有的权利赋予了企业。

1985年2月,国务院批转国家经委、财政部、中国人民银行《关于推进国营企业技术进步若干政策的规定》,提出企业应有技术进步的自主权,企业有权决定自己的技术进步的发展方向,拟制自己的技术进步规划。1985年9月,国务院批转国家经委、国家体改委《关于增加大中型国营工业企业活力若干问题的规定》。在这个文件中,国家授予企业在确保完成国家计划的前提下,可以根据市场需要和自己的优势,发展多种产品,进行多种经营。允许以大企业为主体,打破所有制界限,搞跨地区跨行业跨城乡的经济联合和协作。还提出给予部分大型企业直接对外的经营权。

1986年12月,国务院发出《关于深化企业改革,增强企业活力的若干规定》。在这个文件中规定,要继续减对企业下达指令性计划,要限期清理、撤销行政性公司,企业可以在国家规定的工资总额和政策范围内,自主决定职工工资和奖金分配的具体形式和办法。

1988年4月,全国人大通过并颁布《中华人民共和国全民所有制工业企业法》。至此,可以认为扩大企业自主权的改革已基本完成。这部法律将企业的权利以法律的形式固定下来,从而实现了国营企业不是企业而是扩大的生产车间向是企业的转化。

改革(试点)的过程中,各地的做法有所不同,但比较普遍地实行了利润留成、厂长基金及各种奖金制度。有的企业的问题不是其产品没有市场而是完不成国家计划规定的生产任务,当国家授予一定权利时,即企业完成国家任务之后,多生产的产品就是企业自己的利益,这犹如国有企业有了一小块"自留地"。国有企业完成国家计划任务之后,就可以经营这一小块自留地,国有企业也就有了自己的利益和自主权,这对于调动国有企业作为利益主体的生产经营积极性无疑是有积极作用的。但是,这对于整个计划经济体制则是犹如长江大堤有了一个缺口。因此,这一步作为中国改革的第一步,是有极大意义的。放权让利的过程,是逐步扩大企业的自主权的过程,同时也是国有企业逐步走进市场成为市场主体的过程,对于解决当时严重存在的工业品短缺问题起了极重要的作用。

在这一时期,政府对企业供、产、销的控制一步一步地减少,其表现是指令性计划减少,指导性计划增加,"价格双轨制"等,这些措施使企业经营自主权扩大,对于企业走向市场成为市场主体起了积极作用。在这一时期,工业产品短缺的问题一步一步缓解,手表、自行车、电视机、冰箱等都已开始由供不应求变为可以买到,农产品的供应也已非常丰富,市场繁荣的程度从未有过,与此同时,盲目投资、重复建设、产业结构失衡等市场经济必有的问题也已开始出现。

2. 利改税和拨改贷(1983—1987)

利改税的想法,早在1978年就已产生。当年,财政部在研究改革工商税制问题时,就已经提出了一些初步的设想。从1979年开始,利改税就在18个省、市、自治区456家工交企业试行。利改税的必然性在于,改革前的国有企业不仅是没有动力和活力,它还没有压力。要使国有企业成为名副其实的企业,成为市场竞争主体,就不仅要使国有企业有活力、有动力,而且要有压力。放权让利,扩大企业自主权的改革,使国有企业获得了动力和活力。为使国有企业有压力,国家在放权让利改革的基础上及时进行了利改税、拨改贷的改革。

改革前的国有企业,有利润要全部交给国家财政,这使企业没有动力,如果没有利润,企业不仅能生存,甚至还能发展,这使企业没有压力。当时的国有企业,流动资金是国家拨款,企业用完了用没了,银行不会追究企业的责任,这也使国有企业没有压力。利改税,拨改贷的实质是:固定国有企业与国家之间的利益关系,使国有企业获得未曾有过的压力。利改税,使国有企业创造的剩余劳动分为两部分,一部分是交给国家的税收,另一部分是企业的利润。税收是具有强制性的,企业不完成税负的上交任务,就谈不上利润。这一步棋的意义在于,使国有企业获得从未有过的压力。拨改贷,使国有企业的流动资金在构成上发生了变化,由原来的国家财政拨款变成为企业自有资金和银行贷款,而银行贷款是要还的。这一步棋也同样起到了增加企业压力的作用。

利改税的想法,早在1978年就已产生。当年,财政部在研究工商税制改革问题时,就已经提出了利改税的一些初步的设想。从1979年开始,利改税就在18个省、市、自治区456家工交企业试行。利改税作为全国性的改革,是从1983年全面铺开的,分两步走完成的。1982年11月召开的全国人大五届五次会议决定实施第一步利改税。这次会议通过的《关于第六个五年计划的报告》指出:"把上交利润改为上缴税金这个方向,应该肯定下来。这项改革需要分别不同情况,有步骤地进行。对国营大中型企业,需分两步走。第一步,实行税利并存,即在企业实现的利润中,先征收一定比例的所得税和地方税,对税后利润采取多种形式在国家和企业之间合理分配,这一步在六五计划期间就开始实施。第二步,在价格体系基本趋于合理的基础上,再根据盈利多少征收累进所得税。"之后,国务院于1983年4月24日批转财政部《关于国营企业利改税试行办法》,决定于1983年1月1日起实行利改税,征税工作从1983年6月1日开始办理。

第一步利改税的主要内容,是将有盈利的国有大中所实现的利润,按55%的税率征收所得税,税后利润分为两部分,一部分上交国家,另一部分是企业留利。税后上交国家利润的确定办法又有四种:固定比例上交,定额包干,递增包干,调节税的形式。对有盈利的国有小型企业(当时指固定资产原植不超过 150 万元,年利润额不超过 20 万元),则根据其所实现的利润,按 8 级累进税率征收所得税,税后利润一般留给企业,国家只对一部分盈利较多的企业收取一定的承包费。对于亏损企业,则实行亏损包干。属国家政策允许的亏损,就实行超亏不补,减亏分成;属经营管理不善造成的亏损,则由企业主管部门责成企业限期进行整顿,在整顿期间给予适当财政补贴,过期一律不再给予补贴。

第一步利改税对于推动国有企业进入市场,使之成为市场主体起了积极作用,但还有一些问题需要解决。一是"税利并存",这不仅表明国家与企业的利益分配关系还没有完全理顺,而且表明企业还没有成为自负盈亏的市场主体。二是由于价格体系不合理,行业之间,企业之间都存在苦乐不均的情况,税利并存起了"鞭打快牛"的作用。

第二步利改税的基本内容是:将国有企业原来上交的利润和税款,划分为产品税、增值税、营业税、盐税、资源税、城市维护建设税、土地使用税、房产税、车船使用税、所得税和调节税等 11 个税种,让企业依法纳税。

在走这两步棋的历史过程中,国有企业也一步一步地由不是企业向成为企业的方向发展,而社会物质财富也出现从未有过的丰富,中国开始走上了告别工业品短缺、真正进行现代化建设的时代。

3. 推行承包经营(1987—1992)

国有经济和国有企业改革的历史过程,是一个探索过程,作为实践则是开拓型实践,也就是所谓"摸着石头过河"的过程。这个过程虽然有马列主义、毛泽东思想为指导,但盲目性是客观存在的。这也就是说,理论准备不足是客观存在的。而农村改革的成功又从另一方面使人们把眼光投向农村,这就使"包字进城"成为必然。

所谓"包字进城",就是将农村实行的"承包经营责任制"搬进城来,在国有企业的改革过程中予以运用,也就是将国有企业作为国有资产实行租赁式的经营管理,以求解决原有国有企业与政府之间以及企业内部的一些问题。

国有企业"承包经营责任制"是在 1987 年开始大面积推广的。1987 年 3

月,六届人大五次会议通过的《政府工作报告》中提出,1987年的改革重点是完善企业经营机制,要根据所有权与经营权适当分离的原则,认真实行多种形式的承包经营责任制。4月,国家经委受国务院委托召开会议具体部署全面推行承包经营责任制。到1987年年底,全国预算内工业企业的承包面已达78%,大中型企业达到80%。

国有企业承包经营责任制的形式主要有以下几种。

(1)上交利润基数包干。即企业上交产品税(或增值税)后,在核定上交利润基数的基础上,逐年按规定的递增率向财政上交利润。

(2)上交利润基数包干,超收分成。即确定企业上交利润基数,对超收部分按合同规定进行比例分成或分档分成。

(3)微利、亏损企业的定额包干和亏损包干。即根据不同企业的情况确定包干基数,超收或减亏部分,或全部留给企业或按比例分成。

国有企业实行承包经营开初还是取得了明显的经济效益。1987年年初,我国面临连续20个月企业利润下降的局面。但到5月份就因全面推行承包经营责任制而开始迅速扭转局面,当年全国利税比上年增加118亿元,财政收入增加60多亿元。

根据国有资源、资产所有权和经营使用权相分离的理论和国有资源、资产有偿利用的理论来分析国有企业承包经营责任制,可以认为,国有企业承包经营是国有经济的一种经济形式,当然也是改革国有企业的一种可行办法,因而在理论上无可非议。但是,国有企业实行承包经营制后不久就告失败了。其原因何在?其一,经营主体不明确。从理论上说,国有企业作为国家所有的资源、资产,交给谁经营都是可以的,这也就是说,不仅企业法人可以,政府机构可以,公民个人经营也可以。但在当时的历史条件下,却难以明确。其二,正由于经营者到底是谁不明确,也就产生企业内部关系理不清:一方面我们认为企业的经营者是企业家,也就是厂长、经理,另一方面我们又认为企业职工是企业的主人,而这个"主人"的含义又是不明确的。其三,企业与政府的关系也不明确。政府作为国有资源、资产的所有者是明确的,但其经营权到底是交给了企业这个组织还是交给了企业家个人则是不明确的。如果是交给了企业这个社会组织,则谁为企业的负责人则应该是属于企业内部的事情。如果是交给了企业家个人,则有一个如何交权的问题。正由于这些问题不明确,企业与政府的关系就难理顺。其表现就是政企分开不能实现。其四,承包费用、租赁费用,也就是国家所有的资源、资产有偿利用的费用应该为多少难确定。这首先就是一个确定方式问题,是由市场来确定还是由政府来确定。在当时的历史条件下,由市场来确定也是困难的,因为市场经济的概念还没有提出,当市场经济的概念提出后,国有资源有偿利用的市场也还没有形成。

我们的国有企业是历史的产物,它本身并不是企业,而是一种社会制度。作为社会制度的国有企业,它不仅意味着资源、资产是国家所有的,而且意味企业的领导者和企业的普通员工都是国家的雇员。这使国有企业包含着很多复杂的矛盾和问题。

4. 公司制改造运动

1992年以后,国有企业改革的主要内容在于两个方面,一是在原有国有企业推行建立现代企业制度,国家为此还制定、颁布了《公司法》;二是把国有企业改革纳入整个所有制结构调整中,按照公有制为主体,多种所有制经济同时并存共同发展的思路进行资产重组。在这一阶段,发生了"公司制改造运动"。所谓"公司制改造运动",就是将一些国有工厂的名称做些修改,即将"工厂"二字去掉,换为"有限责任公司";企业的领导体制仍然是党委领导下的厂长(经理)负责制,或改称:"董事会领导下的总经理负责制"。这种情况,被一些人批评为"翻牌公司"。显然,这样的批评有一定的道理。但是,这个改革也还是具有实质性的意义:使人们认识到,现代企业制度的一项基本制度就是责任有限。

(三)国有经济和国有企业现状

1. 国有经济的现状

经过20多年的改革,中国的国有经济和原来的国有企业发生了深刻的变化。国有经济的变化在于,一方面是国有经济发展了,另一方面是国有资源、国有资产的经营方式变化了,由原来只有国有国营一种形式变为形式多种多样,不仅有国有国营,而且还有国有民营,国有企业法人经营;不仅有国有独资,而且还有国家控股、国家参股;不仅有国有资源、国有资产租赁经营,而且还有国有资源、国有资产的出卖;不仅国家自已经营国有资源、国有资产,而且还有国有资源、国有资产的有偿使用的经济形式。国有经济的现状说明,中国国有经济改革的路子是走对了。

2. 国有企业的现状

国有经济的改革过程同时也就是国有企业的改革过程。经过改革,原有的国有企业也发生了根本性的变化:有的仍然是国有企业,有的则已变成了非国有企业(如国家参股)。所有企业不论仍然还是国有企业或已改革为非国有企业,都已被推入市场。原来那种国有企业不是企业的状况已经彻底改变,国有企业已是企业,国有企业已经基本取得了企业应有的基本属性。这是我们对国有企业现状的一个基本估计。而支持这一基本估计的事实如下。

首先,从宏观上看,除石油、铁路、电力、煤炭等为数不多的行业还保留部分指令性计划外,绝大多数行业都已经取消指令性计划,市场,市场价格已成为调节整个社会经济运行的主要信号和手段。

其次,原来的国有企业本身已不再是扩大了的生产车间,而是已成为具有一般企业特征的企业,已经拥有生产经营自主权。企业生产所需资源(生产要素)要从市场取得,要用人民币或外汇从国内外市场买进;企业生产什么,生产多少由企业根据市场决定,"以销定产"已是国有企业经营管理的重要原则;企业所生产的产品要靠企业自己推销出去,实现其价值。产品是否适销对路,产品的市场占有率已成为企业家关注的重要指标。企业已有权自行决定内部机构设置及中层干部任免,有权决定职工进出,有权自行决定工资形式和水平及分配办法。就资金而言,企业已有多种融资渠道,但都要还本付息。

其三,企业盈亏与其生存发展,与职工的物质利益密切相联。一部分国有企业经营得好,职工工资奖金等收入水平比较高。一部分国有企业亏损,发不出工资,甚至资不抵债,濒临破产,是摆在人们面前的现实。同时,国有企业之间,国有企业与其他企业之间的关系,都已经是纯粹的经济关系,由经济合同及相应的法律调整。合同的履行率虽然不高,但"合同就是法律"已是人们的常识。而且,人们业已认识到,市场经济犹如海洋,国有企业犹如航行在大海上的航船,国家的法律政策和市场经济的规律犹如海图,厂长经理犹如船长,企业的职工群众犹如水手船员。国有企业在大海上的命运必须由自己掌握。

其四,如把国有企业比喻为船,则大多数都是年久失修的旧船。许多国有企业技术落后,设备陈旧,需要进行技术改造。就负担而言,由于历史原因,国有企业的税负、费负,一般都比民有企业(即私有企业)、中外合资企业要重。离退休人员工资、职工福利、医疗费用等,都是其他企业所没有的,是国有企业必须负担的沉重负担。同时,几乎所有国有企业都存在冗员问题,一个人的活,三个人干,是普遍存在的现象。减员下岗,虽然是个办法,但谈何容易。另外,国有企业作为一条船,船上的船员包括船长,都是可以弃船而去的,这也就是人们常讲的"人才流动"现象。人才流动,在市场经济条件下,是必然的现象,对企业也有许多好处,有多方面的积极作用,但也有消极的作用。企业竞争表面上是产品的竞争,实质上则是人才的竞争。这已经是人们的常识。挖人才,已是企业间竞争的重要手段。"走了一个业务员,走了一批客户,丧失一片市场;走了一个老总,客户几乎走光,市场几乎全部丧失"。

总之,改革之前的国有企业已被推入市场,已经成为市场主体,虽然它不是自觉走进市场的。国有企业已经成为市场主体,已经身在市场经济的海洋之中,但它又不适应这种角色转换,这是国有企业的现实情况,也是国有企业必须面对的现实。这就好像一个不会游泳的孩子掉进了海里。因此,国有企业在一定时期内生存环境险恶,是具有必然性的。

在认识国有企业现状的问题上,我们除开应当看到前述国有企业已是企业这一点之外,我们还必须从国有企业经营主体的角度也就是从厂长(经理)负责制的角度来认识问题。

而从经营主体的角度或者说从企业经营权掌握在谁手里的角度考察经改革的国有企业,可将现实的国有企业划为以下几类。

(1)国有国营型

国有国营的基本特点是:资源、资产属于国家所有,由政府或政府部门负责经营,经营风险由国家承担。改革前,国有国营的一个特点是经营权分散。改革前,国有企业的经营权分散在政府各个部门。比如,企业的原材料供应,就既有计委管又有物资部门管,产品销售,也是既有计委管又有物资、商业部门管。现在,国有企业国营的情况仍然存在,主要是存在于非竞争性领域,即存在于垄断行业。不过,现在的国有国营比过去已有很大不同,比如,现在企业生产所需要的生产要素就已经不是全由国家计划供应,而是主要由企业直接从市场获取,而且,这些企业在完成国家下达的指令性计划任务外,都可以运用属于国家所有的资源、资产参与竞争性领域的经济活动。又如,经过改革的国有国营,其经营权是比较集中的,集中在一个政府部门,甚至下放到政府部门所属企业。从今后的发展来看,国有企业由政府部门负责经营或组织政府性公司负责经营的情况还是会发生,但总的趋势是减少。

除开垄断行业存在国有国营外,在竞争性经济领域也仍然存在国有企业国营的情况,其存在的原因和表现在于:第一,在实行厂长(经理)负责制后,特别是由于1989年那场政治风波之后强调企业党委的政治核心作用,强调党管干部的原则,强调"两心变一心"("两心"指厂长、经理在企业的中心地位,企业党委的政治核心作用;"一心"指一心一意搞经济建设),再加上党委成员、企业领导班子由党和政府任命,使得企业的厂部机关成为事实上的一级政府机关。第二,企业的负责人"唯上",不担责任,不担风险,遇事向上级请示汇报多,决策由上级拍板多;而政府部门以及政府官员也以种种理由对企业干预多。第三,企业没有做到自负盈亏,赢利仍然要上交,亏损则由政府负担的情况没有根本性的改变。

(2)国有政府官员负责经营型

所谓国有政府官员负责经营,就是政府保留对企业资产的所有权,而将企业的经营管理权赋予政府官员。这是按两权分离的思路对国有企业进行改革的必然产物。国有企业改革以来所体现的改革,实际上是这个办法。现在的国有企业实际上大多是这种类型。

改革前,国有企业的经营管理人员是有行政级别的国家干部,所有国有企业的厂长、经理都有行政级别,如省军级、地师级、县团级。现在,国有企业的厂长经理实际上仍然是政府官员,或称"准公务员",这在国家颁布的法律、法规及红头文件中都可以找到证据和根据。比如,我国刑法就规定国有企业的干部与国家公务员一样可以构成贪污罪的主体,而集体所有制企业、私人企业里的管理人员则不可能是贪污罪的主体。这种区别还通过政治待遇上的区别反映出来。

改革前,国有企业的厂长、经理由政府部门任命,其权力来自政府;现在,绝大多数国有企业的厂长(经理)仍然是由政府部门任免,其权力仍然是来自政府。这是决定国有企业负责人是政府官员或准政府官员的主要原因。同时也是决定国有企业政府官员负责经营得以存在的主要原因。

国有政府官员负责经营的特点在于:企业的资产是属于国家所有的,或者说,企业所占有的资源是属于国家所有的;而对这些资源的支配权却事实上落在了具有企业家和政府官员双重身份的人手中。也就是说,资源、资产的所有权是属于国家的,而经营权则由政府任命的企业负责人掌握。改革前,国有企业的经营权是分散的,分散在政府的各个部门,企业却没有多少经营权。经过改革以后,国有企业的经营权,不再是分散的,而是集中的;不再是残缺的,而是比较完全的。国有企业改革被称为放权让利,是有一定道理的。其道理就在于,改革前国有企业的经营权是在上面的,现在下移了;过去国有企业的经营权是分散的,现在集中了。一个权利下放,一个权利集中,这两条都为国有企业走向市场成为市场主体提供了非常重要的条件。

政府官员经营作为现实国有企业的一种形式,并不是一种稳定的制度,它具有过渡性和可变性,一定条件下,它会滑为国有国营,另一定条件下,它可以变为国有民营。

(3)国有民营型

所谓"民",就是老百姓,政府官员不能称为"民"。严格意义的国有民营,是指国家将属于国家所有的资源、资产交给只具有公民身份的自然人或家庭经营。现实的国有民营,有多种情况:

第一种情况是国有企业的厂长(经理)在身份上虽仍然是政府官员,实质上则是普通公民;他们往往以政府官员的身份获得对企业的经营权,而以普通公民的身份运用企业的经营权。这不是严格意义的国有民营,而是国有政府官员经营。

第二种情况是,政府部门通过经理市场找到国有企业的经营者,将企业的经营管理权和风险责任通过承包、租赁的形式交给他们。这类企业还保有"国有企业"的牌子,因而在法律上还是国有企业,但企业的经营管理权则在叫"企业家"的手中,是名不副实的国有民营。

第三种情况是,一个企业的国有资产通过承包、租赁的方式承包或租赁给多个自然人,这些自然人,有的租赁一个车间,有的租赁另一个车间,有的则租赁某些资产,一个企业内实际上存在多个企业,他们有的是在原企业名称下进行生产经营活动,有的则是登记注册了新的企业进行生产经营活动。这没有登记注册新企业即仍然是以原企业民义进行生产经营的情况,与上述第二种情况相同。而登记注册了新企业的则是典型的严格意义上的国有民营。

第四种情况是,国有企业由多个自然人共同负责经营,有的成为"集团经营",有的是在原企业的民义下进行经营,有的则是通过登记注册新企业进行经营。

在上述情形中,以原国有企业名义进行生产经营活动的比较多的,通过成立新企业进行生产经营活动的是比较少的。以原国有企业名义进行生产经营的情况,往往使原国有企业被掏空,使原企业领导班子演变为行政机构,企业内部有几本帐。有的企业负债累累,本应破产,而破产又被政府控制,这使承包人感到难办才转向设立新的企业。

(4)国有企业法人经营型

国有企业法人经营有两种情况,一种是企业被其他法人实体租赁经营,另一种情况则是我们这里所讨论企业法人经营。所谓国有企业法人经营,是指企业资产是属于国家所有的,经营者则不是人们经常讲的企业家,而是企业法人。这里的企业法人不是工商登记意义上的,而是企业经营主体意义上的,也就是企业法人治理机制意义上的。这类企业的特点是:

第一,作为企业领导人的厂长(总经理)具有"以人为本"的治厂观;个人素质好,能吃苦,能吃亏。

第二,作为企业家的厂长(总经理)能够正确处理自己与企业党委的关系,重大决策主要是由企业领导集体作出,个人就重大问题"拍板"少,也就是真正贯彻了集体领导的原则,真正执行了民主集中制的原则。

第三,企业民主管理的原则贯彻得好,企业党委、企业家与职工代表会议的关系处理得好,职工代表会议的作用不仅能真正发挥,而且能够正确发挥。

显然,这类企业是一种市场经济条件下的"命运共同体"。企业职工是企业的主人,厂长(总经理)、副厂长、党委书记、副书记、中层干部、普通职工之间的关系仍然是"只有分工不同,没有贵贱之别"。这类企业的负责人,不是被人称为"老板",他自己也从不把自己看成"老板";这类企业里的员工,没有将自己视为"老板"的雇员,而是仍然视自己为企业的主人。他们认为,在市场经济条件下,企业就是航行在大海上的一只船,厂长就相当于船长,是把舵的,其他人则相当于大副、二副、龙机长、水手;一个企业只有厂长不行,没有一个好厂长也不行;企业要搞活搞好,要发挥全体员工的智慧和能力,要使全体员工力往一处使。他们认为,市场经济使企业的生存发展道路发生了变化,这种变化归结起来,就是企业要靠自己,要靠自己的产品求生存求发展,资金问题要靠自己解决,原材料要靠自己到市场上购买,产品要靠自己卖出,成本要靠自己控制,利润要由自己创造。在他们看来,市场经济只是改变了过去那种一切靠国家的形势,企业本身虽然也要有所改革和变化,但是,企业内部的关系并不需要根本性实质变化。换句话说,市场经济使企业的生存环境在一定意义上是恶化了,企业的经营风险有了,企业在市场经济的海洋里有了翻船的风险,这种情况更需要企业全体员工同心同德,同心协力,而不是相反。他们认为,在市场经济条件下,企业比计划经济条件下,更需要注意整合内部关系,而这种企业内部关系的整合固然要靠实行按劳分配,要按照物质利益原则来调动职工的劳动的积极性,但也需要讲贡献讲团结讲谦让。在他们看来,人们之间的关系固然是物质利益关系,但同在一个企业就有共同利益。讲物质利益原则有多种讲法,一种是讲得人人眼中只有物质利益,人人心里想的是物质利益,人人都把手伸得很长,这种讲法把人讲得斤斤计较;另一种讲法是把物质利益和精神追求结合起来,一方面通过按劳分配将人们的收入适当拉开,使人们的劳动积极性和创造性发挥出来,从而实现"小河有水大河满";另一方面是通过讲贡献使人们的积极性发挥出来,进而实现"大河水满小河满"。

这类企业还是市场经济条件下的"自治组织"。作为"自治组织",这类企业是依法自治的组织,但不是无法无天独立王国;作为"自治组织",这类企业是经济组织,但仍然具有政治功能;作为"自治组织",这类企业是文化组织,有自己的企业文化。在这类企业,以下的观点得到普遍认同:国家所有的资产是企业以及企业职工生存发展的物质条件,企业资产的增殖既是国家资产的增殖,同时也是企业全体员工生存发展条件的改善;国家将这些国有资产交给企业经营,是交给企业全体员工经营,而不是交给企业负责人经营,因此,企业的经营权不是企业负责人的个人权力,而是企业这个组织的经营权;企业负责人的权力既是国家赋予的,也是企业这个组织赋予的,企业负责人首先要对企业这个组织负责,企业负责人对企业负责与对国家负责是完全一致的;企业作为组织,应当具有自治性,所谓自治就是企业这种组织按照法律和政府的政策解决自身的问题和矛盾,而企业所要解决的自身问题和矛盾归结起来无非是两个方面,一方面是通过生产市场所需要的产品或提供市场所需要的服务来实现价值,实现收入,这要求企业是市场主体;另一方面是通过自身的不断进步,使组织内部关系优化,从而实现组织成员劳动积极性和创造性的充分发挥,其表现之一是企业成本下降,利润增加;企业作为一种特殊的社会组织,其功能主要是经济的功能,即生产产品提供服务的功能,而要实现这种功能,企业这种组织同其他任何组织一样,需要有能够克服自身矛盾和问题的机制,而这种机制也就是组织自身的治理机制;对于国有企业来说,企业内的党团组织、工会妇联组织、职工代表大会制度以及重大问题的民主集中决策机制,都是行之有效的治理机制。当然,这并不是说,这些治理机制没有缺陷,不需要完善,但是,完善是以坚持为前提的。

三、国有企业改革需要解决的问题

(一)怎样实现政企分开?

国家所有的资源、资产、企业,在经营上有两个层次,总是必须交给具体的经济主体去经营管理,全部国有资源都由国家经营管理,既无必要也不经济。但是,国有资源、国有资产、国有企业一旦不由政府直接经营管理,就必然要产生政府与企业的分离问题。改革前,国有企业的问题从一方面看,是企业没有自主经营权,也就是政企不分。正因为认识到这一点,改革中我们曾强调政企分离,认为政企分离是关键。中国共产党第十五次代表大会以后再一次进行了政府机构改革。

改革国有企业本身实现政企分离的办法有两个,其一是改变国有企业的所有权性质,使之变成非国有企业;其二是实行两权分离,政府享有国有企业的资产所有权,而将企业的经营管理权和风险责任交出来。

改变国有企业所有权性质的具体办法有三,一是"股份制改造",其结果是国家控股公司和国家参股公司;二是卖国有企业;三是将国有企业改造为集体企业。两权分离的办法也有很多,除股份制外,还有承包、租赁经营、创建新型社会主义企业法人等。改变国有企业所有权性质的办法,实质上是国有经济从竞争性经济领域退出。一方面看,这符合"有进有退,有所为有所不为"的原则;另一方面看,这只是属于广义的国有企业改革,而不是狭义的国有企业改革,即不属于创建新型社会主义企业法人制度的改革。换句话说,国有资产从竞争性经济领域退出,是属于选择国有资产经营方式问题,是一种正常的经济行为,而不是属于"姓资姓社"的问题。而且,竞争性经济领域是随着生产力进步,科学技术普及而逐渐扩大的,今天是非竞争性领域,明天便是竞争性领域。因此,国有企业退出竞争性经济领域虽有必要,但不可能一下子全部退出,严格说也不可能完全退出。所以不能完全退出是因为:一个国家,特别是现代国家总是必须担负发展经济的职能,总是必须由国家担负开发新经济领域的职能,或者说,总是有一些关系国计民生的事情要由国家来做。比如,开发太空资源的事情在目前就还只能由国家来做。又如,像三峡、南水北调、西气东送这样的工程在目前还是必须由国家来担负。资源国有并不决定国有国营必然存在,但资源国有是国有国营存在的前提。资源国有虽然不是国有国营这种国有经济的经济形式必然存在的充分理由,但是资源国营却为国有国营提供了条件,而某些经济领域必须由国家来开发则使国有经济采取国营的形式成为必然。这就一方面使国有国营必然存在,另一方面则使国有企业退出竞争性经济领域,或者说改变国有企业的所有权性质,只是改革国有企业的办法之一,两权分离的办法是不能放弃的。

而两权分离的办法的实质在于,国有资源、国有资产的经营权交给谁。

(二)国有资产经营权交给谁?

国有资源、国有资产、国有企业,都有一个交给谁经营的问题。单纯从经济上看问题,不论交给谁经营都行,只要能实现国有资产保值增值。但是,为要实现国有资源被有效保护,为要实现国有资产保值增值,为要实现国有企业给它的投资者即国家带来投资效益(利润),国有资源的所有者即国有资产的所有者也即国有企业的所有者,还得考虑将其交给谁经营的问题,亦即必须考虑选择经营者的问题。

在改革开放前,国有企业叫国营企业,这是名副其实的,"国营"意味国有企业的经营者是国家,也即意味国有企业的经营者是政府。国有企业改革,一是可以改国有企业为非国有企业,这是国有资产所有权的改变;二是可以改国有企业的国营为非国营,这是为国有企业选择经营者。在国有企业改革的历史过程中,这两种情况都存在,这两种办法都采用过。在股份制推行前,国有企业改革主要是用后一种办法,即是在改革中寻求由谁来掌握国有企业的经营管理权。而推行股份制后,国有企业则发生了以下变化:一部分国有企业变成国家控股企业,一部分国有企业变成国家参股企业,还有一部分国有企业仍然是国有独资企业。

一般地说,政府可以将国有企业的经营管理权交给两类主体,一类是自然人(公民),另一类是法人。

1. 交给自然人(公民)

将国有企业经营管理权交给自然人(公民),也就是厂长、经理以普通公民的身份成为国有企业的承包人或承租人,执掌国有企业的经营管理权,承担经营国有企业过程中发生的风险责任。换句话说,就是普通公民依法取得国有企业的经营管理权,担负因经营管理发生的亏损责任。经营企业的重大问题决策,决策后的组织实施都是由承包人或承租人全权负责。除开企业资产的所有权归国家外,这种国有企业与农村改革中形成的农户承包经营责任制相类似。这个办法的优越性不仅在于比较简单地实现了所有权与经营权的分离,实现了政企分离,而且将企业的经营风险责任直接落实到自然人头上,因而是社会主义全民所有制的一种实现形式。

国有企业改革的历史过程中的"包字进城"实行的就是这个办法。总结历史经验教训,实行这一办法需要注意和解决的问题有以下两方面。

（1）政府在选择承包人或承租人的时候,必须引进市场机制,公开、公平、公正地选择经营者,以此保证经营管理权交付给懂经营的自然人(公民)。

（2）政府不能将国有企业的资产处分权全部交给承包人或承租人,如厂房、土地使用权、无形资产的出卖权就不能授予承包人或承租人,甚至这些资产的抵押权都不能授予,这样才能保证杜绝国有资产的流失。

2. 交给法人

所谓将国有企业经营管理权交给法人,其本意是由企业法人这种社会组织执掌企业的经营管理权并承担风险责任。至于国有企业法人内部如何组织,其重大问题的决策、日常经营决策、决策的实施等方面的权、责、利以及组织内部如何分权或集权,则是法人内部的事情。当然,国家可以通过立法以保证法人内部依法分权。将国有企业经营管理权交给法人,可以有多种多样的具体办法:其一是,由依法设立的法人企业承包或承租国有企业,这实质上是属于企业兼并性质的办法。用此办法同样要引进市场机制,应该公开、公平地竞争,不可由政府"拉郎配"。其二是,按现行《公司法》的规定,将国有企业改革为股份有限公司。其三是,借鉴"农户承包"和"村民自治"的办法,创建新型社会主义企业法人,使之依法自治。

现行法律、法规中的逻辑矛盾如下。

就政府将国有企业经营管理权交给谁而言,《全民所有制工业企业法》本身就是自相矛盾的,这反映理论认识上的不明确导致法律内容上的互相冲突。该法第二条第二款规定:"企业的财产属于全民所有,国家依照所有权和经营权分离的原则授予企业经营管理。企业对国家授予其经营管理的财产享有占用、使用和依法处分的权利。"显然,这一规定的含义是将企业的经营管理权交给企业。这里的"企业"是法人,是一种社会经济组织,而不是自然人。而该法的第二条第四款却又规定:"企业根据政府主管部门的决定,可以采取承包、租赁等经营责任制形式。"显然,这两条法律规定就产生了逻辑矛盾:一方面政府要将企业的经营管理权交给企业法人,另一方面政府主管部门又可"决定"将企业承包、租赁给自然人经营,即将企业的经营管理权交给自然人。符合逻辑的规定应当是,当政府将企业的经营管理权交给企业法人后,企业法人是否企业的资产(从所有权角度讲是国家所有的资产)通过承包或租赁的方式交给自然人经营是属于企业的经营权;如何交法,是通过公开招标还是别的什么方式交权,是属于企业的权利,政府不应干预,政府部门无权决定。可是,我国现行法律却违背这一逻辑,在将企业经营管理权交给企业的同时,却又将企业的经营管理权交给作为企业负责人的自然人。这个问题,在《公司法》里也未解决,因而同样存在于国有企业改制后的国家控股公司和国有独资公司里。

所以会产生这种逻辑矛盾,是因为人们在认识上即在理论上混淆了两个不同主体、两个不同层次的经营权。对于国有资源、国有资产、国有企业而言,国家或者政府固然有其第一个层次的经营权,这个层次的经营权也就是政府选择国有资产经营方式、选择经营者的权利,也就是说,选择经营方式,选择经营者,把国有资产交给谁经营(是交给自然人还是交给法人,是交给政府性公司机构还是交给企业法人组织),采取何种具体经营方式(是承包经营还是租赁经营,是组织政府性的公司机构负责经营还是创建新型社会主义法人组织负责经营),是属于第一层次的经营。当政府作出上述两个选择后,则有第二个层次的经营,这个层次的经营是具体地经营企业,却不是经营国有资产。这个经营企业的权应当属于企业,也就是属于经营者。不过,这里的所谓经营者却不是人们平常所理解的经营者。人们平常所理解的经营者,是指企业负责人。而这"企业负责人"在不同的国有资产经营方式和管理体制下则有不同的含义和权责。例如,企业负责人作为承包人或承租人与作为政府性公司机构的负责人,就应当有不同的权利和责任。当国有企业交给承包人或承租人经营时,国家作为企业的所有者失去了经营企业的全部权利,其好处就是依据剩余索取权获取固定或稳定的承包费或租金,以求实现国有资产保值增值。当国有企业是由政府性公司机构或政府官员负责经营时,这种企业的企业负责人的权利和义务当然也就不同于前面那种情况。由于以往没有注意区分这种情况,也就必定要产生如下问题。

其一,所有企业(指国有企业)都要求拥有《全民所有制工业企业法》里所规定的权利。以政府性公司机构为经营主体的企业和以自然人为经营主体的企业要求拥有相同的权利,显然是不合理的要求。

其二,所有企业负责人都要求甚至都将《全民所有制工业企业法》赋予企业经营管理企业的权利视为自己的权利。相当多的企业家不知法人和法人代表的联系和区别,自称自己是法人(这在一些影视作品里也有反映,一些影视作品里的企业家都说"我是法人"),将企业法人的权利和法人代表的权利混为一谈。

现行法律关于国有企业法定代表人产生的方式的规定也存在逻辑矛盾。《全民所有制工业企业法》规定了法定代表人产生的三种方式,即由政府主管部门委任、招聘和企业职工大会或职工代表大会选举。除选举产生法人代表外,政府委任和招牌都不是由法人自己任命法人代表,而选举产生法人代表在实践中又为数甚少。企业的法定代表人不是由法人任命,而是由政府任命,这是一个不合形式逻辑的逻辑矛盾。

不是由法人任命的法定代表人,却能以法人的名义从事经营活动,而且作出的行为,如发生民事的或刑事的法律责任,还要由法人承担,这更是一个有悖法理的逻辑矛盾。据《中华人民共和国民法通则》第三章的规定可知,国有企业亦是企业法人。企业法定代表人或企业其他人员,以企业法人名义作出的民事行为,由法人承担民事责任。从法理上说,国有企业作为法人所应享有的权利和所应承担的义务,与作为法定代表人的厂长(经理)所应享有的权利和所应承担的责任不应是一码事。法人代表的权力、权利和所应承担的义务和责任理应由法人依法赋予,其权力的运用理应受到法人的制约和监督。因为法律规定,法人代表以法人名义作出的民事行为要由法人承担民事责任,所以法人对法人代表运用权力进行制约是理所当然。又据《中华人民共和国刑法》可知,单位可以成为犯罪主体。国有企业也是单位,有成为犯罪主体承担刑事责任的现实可能性。一旦国有企业犯罪,则不仅直接责任人,法人代表要承担刑事责任,而且国有企业也要承担刑事责任。单位承担刑事责任的方式主要是接受罚金处罚,这对国有企业而言,直接关系国家利益和企业以及企业职工的切身利益。单位犯罪有两种情况,一种情况是,法人代表的行为、直接责任人的行为,是法人的行为,即是由构成单位的成员上下结合而产生的故意或过失行为,这理应由法人代表、直接责任人、单位承担刑事责任;另一种情况是,法人代表的行为、直接责任人的行为,是私自的行为,甚至是违背法人的意志的行为,则不论是故意或是过失,单位都是不应承担刑事责任的。可是,我国刑法并没有区分上述两种不同情况,这就必使逻辑矛盾产生。

上述现行法律法规的逻辑矛盾,导致以下两个问题客观存在。

第一,国有企业的厂长(经理)、董事长处于两难境地,成为两面人,既要对政府负责又要对企业全体职工负责。当他认为需要对上级负责时,他就绝对服从上级,"不是经营企业,而是经营领导";当他觉得需要对企业全体职工负责时,他就实行"上有政策,下有对策",不惜违法乱纪为职工谋利益。有一则故事很能说明问题。1997年2月15日(除夕),某国有企业的一个副厂长在澡堂洗澡,工人问:"现在,某某集团公司还管我们什么吗?"那位副厂长回答说:"什么都不管,没有流动资金,他们不管;发不出工资,他们不管;交不起电费,电力局拉闸,他们不管;债务收不回,他们不管。"职工:"既然都不管,那你们为什么还要那么孝敬他们呢?"厂长回答说:"他们就管我们几个人的帽子!""就管帽子",这深刻反映了问题,揭露了矛盾。

第二,国有企业厂长(经理)、董事长权实责虚、权大责小。"企业搞垮了,厂长(经理)拍拍屁股调走了",就是对厂长、经理权大责小、权实责虚的真实写照。

(三)国有资产经营风险责任由谁承担?

我们在思考国有企业改革时有一个现实前提,那就是国有企业已被推入市场,已是市场主体。而在市场经济条件下,任何企业都有经营亏损、失败乃至破产的风险,国有企业也不例外。那么,如何减少风险? 出了风险责任该由谁承担呢? 笔者认为,解决问题的办法就是实行国有企业依法自治。

按照谁投资谁受益,谁投资谁担风险的原则,国有企业的经营亏损、失败乃至破产的风险责任应由政府承担。但是,由政府承担这种风险责任又是与两权分离、政企分开的国有企业改革的市场取向相悖的。如果企业经营亏损、失败的风险责任由政府承担,则无论将这种责任落实到哪一级政府或政府部门,政府都必然要管企业的生产经营,这又回到国有企业国营的老路上去了。因此,国有企业经营亏损责任肯定是不能由政府来承担的。

如果由自然人即公民个人来承担国有企业的经营亏损、失败乃至破产的风险责任,也就是企业家以普通公民的身份通过承包、租赁经营的形式承担责任。这个办法不仅符合两权分离、政企分开的原则,而且是将经营管理企业的责任直接落实到自然人身上。而将管理责任落实到自然人头上,是一切管理成功、有效的要害和先决条件。因此,这个办法具有可行性。

但是,这一办法只适宜用于小型国有工业、商业、服务性企业,却不适合国有大、中型企业。所以不适合,在于"看牛伢子担不起丢牛赔牛的责任"。以往国有企业改革中的承包经营、租赁经营不成功,其主要原因在于实施过程不规范,如承包人、承租人的选择就没有引进规范的市场机制,所应承担的责任和责任形式也不够明确。这些具体措施不到位,是这个办法不灵的根本原因。至于国有大中型企业不宜实行承包经营制度的原因则是:第一,国有大中型企业本身内外经济关系复杂,不适合搞承包经营,在这些企业推行承包经营违背了从实际出发、实事求是的原则。第二,国有大中型企业推行的承包经营责任制并没有做到将企业的经营管理责任真正落实到自然人头上。厂长负责制并没有改变厂长的"准政府官员"身份,且内含权实责虚、权大责小的矛盾。第三,企业内部层层承包,使分厂、车间以至班组都成为拥有一定经营自主权的经济实体,企业内部小金库、小钱柜林立,车间、分厂、总厂争抢客户,互相竞争,互挖墙角,企业内部关系经济化,企业的整合功能和整合能力下降。表现在观念上便是厂长的"老板"意识抬头,"公仆"意识淡化,职工的"雇工"意识抬头,"主人翁"意识淡化。第四,对于实行承包、租赁经营的国有企业仍然是法人,企业的资产却是国有资产,法人的权利和义务与法人代表的权利和义务不是一码事,在许多人的意识里还没有。

法人是与自然人相对称的社会组织。企业法人能不能担负企业经营风险责任,不在于企业仅仅被法律规定为法人,而是在于法人是怎样组织起来的。由法人承担企业经营亏损、失败的风险责任,其实质是由组成法人的自然人共同承担责任。国有企业改革的真正目的就是要使企业成为社会主义的法人,实现企业法人承担风险责任与将管理责任落实到自然人头上的统一。国家所以要实行所有权与经营权相分离的政策,所以要实行政企分开,所以要赋予企业自主经营的权利,其目的就是要将企业的经营风险责任让渡给企业,使之自负盈亏、自我发展。企业要自负盈亏、自我发展,又以自主经营为前提。不赋予企业自主经营的权利,就不能要求企业自负盈亏,就不可能实现企业的自我发展。但是,另一方面看,企业不能仅要权利,企业还必须承担责任。从一定意义上可以说,国有企业改革的实质就在于,企业作为法人将如何组织?从法理上说,当国家将国有资产的经营管理权连同风险责任交给企业后,企业如何组织起来是企业的权利,是企业自己的"责任田"。

那么企业法人应如何组织起来呢?依我国现行《公司法》规定,企业法人的组织形式主要有两种:股份公司和有限责任公司。这两种企业法人的组织形式能不能实现企业法人承担经营风险责任与将管理责任落实到自然人头上的统一呢?是不是社会主义全民所有制与市场经济相结合的适当形式呢?我们先不忙于作结论,而是先分析一下它在资本主义社会的情况。

公司制企业是伴随着资本主义经济的发展而出现的经济形式,是资本主义私有制的实现形式之一。早期资本主义经济中,其企业形式主要是两种,一种是个人业主制企业,另一种是个人合伙制企业。公司制企业与个人业主指企业和个人合伙制企业的本质区别在于责任有限。投资主体只以出资额为限对企业所负债务承担责任,这大大降低了资本所有者的投资风险。有限责任公司实质上个人合伙企业的变种,所改变的一点就是,原来作为个人合伙企业其责任是无限责任,而现在作为有限公司其责任却是有限。个人合伙企业的投资人,对企业所负债务要承担无限责任,企业资产用来还债不够,投资人还得用家庭财产偿债。股份有限责任公司实质上则是个人合伙制企业的发展或者说无限放大,其重要特点在于可以通过发行股票广泛吸纳民间闲散资金而使资本迅速扩大,这使投资主体可以无限制地增加,不仅进一步降低了资本家的投资风险,甚至还为资本家将经营风险乃至企业的危机转嫁到人民群众头上提供了方便的途径。

在资本主义社会,公司制企业仍然遵从谁投资谁受益,谁投资谁担风险,谁投资谁拥有重大问题决策和选择管理者权利的原则。就资本主义私人性有限责任公司而言,其投资主体的投资目的是获得利润,为了实现利润,他们必须拥有企业经营中重大问题的决策权,必须拥有选择企业经营管理人员的权利,由他们承担企业亏损、失败乃至破产的风险也就理所当然。在这些投资人中,出资多者理所当然出任公司董事长,甚至兼任总经理也是理所当然,因为出资多者风险也最大。就资本主义股份公司而言,公司股东成千上万,但其大股东都是资本家,由他们担任董事组成董事会并选择总经理等高层管理人员,由他们承担主要的经营风险责任,都是理所当然。总之,不论资本主义有限责任公司还是股份有限责任公司,都可以实现企业法人承担经营风险责任与管理责任落实到自然人头上的统一。

资本主义国有企业则不然。《光明日报》1999年3月12日第4版有一组介绍外国国有企业改革的文章,读过以后,我们可以知道,资本主义国有企业是普遍实行公司制的。开始是有限责任公司,后来才进行改革,其改革办法就是"开放资本",也就是将有限责任公司改革为股份有限公司。为什么要改革?其浅层次原因,一是企业"普遍连年亏损";二是"由1/3国家代表、1/3职工代表、1/3的议员与专家代表组成"的董事会,"讨论往往流于形式,很少涉及投资项目,发展战略等重要的问题";三是企业领导层腐败,如意大利1992年"净手运动"查出埃尼公司卷入多起贿赂案,公司领导层几乎全部更换。其深层次原因,一是国有企业的资产终究是国有资产,即使在资本主义社会也是姓"公"不姓"私";二是资本主义国有企业即使实行公司制也不能实现法人承担风险责任与管理责任落实到自然人头上的统一,也存在企业管理者权大责小、权实责虚的矛盾。

在资本主义条件下,将资本主义国有企业改革为股份公司后情形会怎样呢?前述《光明日报》马述强的文章说,意大利埃尼公司改革后扭转了亏损局面。丁一凡的文章说,法国国有企业改革后董事会因私人投资者进入而改变了构成,进而使流于形式的讨论结束,"真正成为企业经营决策的中心"。还有一点是可以肯定的,那就是因连年亏损而造成的企业资金短缺问题会因发行股票广泛吸纳资金而解决。总之,从近期情况看,改革的效果是很好的。但是,对于这种改革,我们最好是不要据短期实践的效果作结论,而应根据长期的实践作回答。从长期看,资本主义国有企业改革为股份公司后,其董事会演变为国家股代表(政府官员)与私人投资者进行某些合作的机构的可能性是现实存在的。因此,对资本主义国有企业改革成的股份公司,今后还应当注意研究。即应关注资本主义国有企业今后的走向和他们的实践。因为只有实践特别是只有比较长时间的实践才是检验真理的唯一标准。

股份制作为一种资本组织形式,具有以下特点:第一,股份制贯彻资产所有权与经营权相分离的原则,股东作为所有者通过股东大会来行使重大问题决策和选择管理人员的权利,企业的经营权主要由总经理执掌。第二,"当股东不信任董事会和企业经营者时,既可以依法罢免董事,又可以通过股票市场卖出股票,不当企业的老板。"第三,"企业经营者既要受股东的约束,又要受证券市场的约束;既要受经理市场的约束,又要受产品市场的约束。"正由于股份制具有以上特点,因而可以说,"股份制是一种非常有效率的制度,是现代企业制度的典型形式",应当"拿来","为我们服务",用来改革社会主义国有企业。

显然,上述想法和说法都是有道理的,运用股份制的办法来改革国有企业在实践中也取得了很大的成绩,而这"成绩"应该说有两方面的内容:一是改革国有企业的成功经验和失败教训。二是企业从亏损走向了赢利,走出了困境。推行股份制改革过程中,出现一系列问题。

(四)国有资源、国有资产经营的监管

国有资源、国有资产的经营管理有两个层次,第一个层次是政府对国有资源或国有资产行使经营管理权,第二个层次是政府将部分国有资源或部分国有资产交给经济主体负责经营管理之后,这些经济主体依法并依据经济的规律对所有权属于国家的资源或资产进行经营管理。由于这两个经营管理存在不同的情况,因而其监管也有不同的情况,应分为两个层次进行,第一个层次是国家对政府部门经营国有资产的监管,第二个层次则是对企业经营的监管。显然,这两个层次的监管都是需要的,仅有一个层次的监管是不够的。

国有企业作为国有资产的重要部分,同样有两个层次的经营,第一个层次的经营也同样是由政府选择经营方式和经营主体;当第一层次的经营活动完成之后,承担国有企业经营管理责任的经济主体才能开始第二个层次的经营活动,这一层次的经营管理活动同样具有多种多样的具体形式,包括转包、转租等形式。政府部门在进行第一个层次的经营活动中,存在以何种方式选择谁做经营主体的问题,政府做这样的决策和决定不仅直接影响国家的经济利益,而且对整个社会的政治、经济、文化等都有不可忽视的影响,这使对其监管完全必要。国有企业不论谁为经营主体,只要它本身是市场主体,也就像其他市场主体一样应当受到监管,但这种监管是同其他市场主体所受到的监管完全相同的。将上述两个层次的监管合起来,就是对国有企业的改革过程要进行监管,对国有企业的经营活动要进行监管。这两个层次的监管虽然互相关联,但毕竟存在区别,不可混为一谈。

1. 国有企业改革也有"设计"和"施工"

国有企业改革作为一复杂的系统工程,有一个如何"设计"与如何"施工"的问题。所谓国有企业改革的"设计",一是指指导国有企业改革的一些具体理论和思路,如承包经营、租赁经营、股份制改造等,又如委托代理、债权变股权、股权变债权等;二是指指导国有企业改革的一些具体政策,具体办法,具体方案等。所谓国有企业改革的"施工",是指国有企业改革的实际操作和具体

过程。国有企业改革的成败,首先取决于"设计",然后取决于"施工"。"设计"不好,"施工"再精,会失败;"设计"再好,"施工"质量不行,同样也会失败。以往的国有企业改革实践表明:我们的"设计"有问题,我们的"施工"更有问题。

2.应建立国有企业改革"设计"的选择、监审制度

国有企业改革是前无古人的伟大事业,事关社会主义事业的成败。人们的实践可以划分为探索型实践和应用型实践。国有企业改革属于探索型实践,理论准备不足是明显的。探索也就是"摸着石头过河"。

正由于国有企业改革是探索型实践,因而要求最先的国有企业改革的"设计"完全科学,是苛求,是不切实际的要求。但是,有20多年国有企业改革的历史经验和教训之后,要求我们的"设计"科学合理则是不为过分的要求。

怎样保证我们的"设计"科学合理呢?办法只有一个,那就是建立国有企业改革的"设计"选择、监审制度,而这一制度的实质就是百家争鸣。只有形成百家争鸣的局面,优秀的"设计"才能脱颖而出。

3.要注重选择"施工队伍"和"包工头"

国有企业改革成败与"施工质量"关系密切,而"施工质量"又首先取决于"施工队伍"。"经是好经,和尚把经念歪了",是常有之事。组成国有企业改革的"施工队伍"的人员,从过去的情况看,有政府部门、政府官员、企业家和职工群众,其中也有"包工头"。"包工头"在国有企业改革中有决定性的作用。搞好国有企业改革不仅要根据企业的实际情况选择好的"设计",还要选择好的"施工队伍",尤其是要选择好的"包工头"。用人的风险是最大的风险。用人要选人。既然是选择,办法就是把竞争机制引进来,公开、公平、公正的竞争可以选到优秀的"包工头"。

4.要建立国有企业改革的"施工监管"制度

国有企业改革过程本质上是一个利益关系调整,利益重新分配的过程。国有资产是"唐僧肉",所有的"妖怪"都想吃,党和政府、人民则是护卫这"唐僧肉"的"孙悟空"。人是可以变成"妖怪"的,"包工头"更有可能。"包工头"是国有企业改革过程中利益分配的实际主持者,一旦变成了"妖怪",吃"唐僧肉"是握有优先权的。国有企业改革过程中普遍存在的"小金库""小钱柜"问题,"两本账""多本账"及做假账的问题;过去发生过的"社会主义免费午餐"问题,"系统贪污"问题,都与"包工头"有关。因此,对国有企业改革过程进行

监管不仅必要,而且主要应是对"包工头"的监管。

总之,国有企业改革要取得成功,要把好"设计"关和"施工"关。为把好这两个关,必须建立"设计"选择机制和审核制度,必须建立"包工头"选择和"施工监管"制度。回顾以往国有企业改革,我们不能说国有企业改革的"设计"毫无问题,十全十美,但是,问题主要不在"设计"而是在"施工",特别是主要在于缺乏"施工监管"的说法,恐怕是能够成立的。

国有企业改革过程是一个复杂的系统工程,不仅涉及国家、社会的利益,而且涉及企业的发展和广大职工群众的利益;不仅涉及改革的方案,而且涉及具体的操作,需要监管是明显的,怎样监管则是值得认真研究、总结经验教训的问题。

四、国有企业改革的走向评析

根据笔者前面所做的分析,可以认为,国有企业改制的方向基本上有三个:一个是私有化,一个是仍然维持国有,再一个是改革为混合所有制企业。国有企业改制的方向,应该是一分为三:一部分私有化;一部分仍然是国有独资企业;一部分则是改革为混合所有制企业。国有企业一分为三,也就是前面分析过的国有资产经营方式问题,其理由也就不应该再谈了。这里主要讨论应该怎样一分为三的问题。

(一)走向之一:国企私有化

有一种意见认为,自 20 世纪 90 年代下半期以来,我国国有企业改革的现实方向基本上已经转上了私有化的方向。如左大培所言:"这种对现有的公有制企业所实行的私有化,首先开始于东南沿海一些乡镇企业的'改制'。这股'改制'之风逐渐吹向各地,以至今日已经形成了一些地方政府在改制速度上互相攀比的热潮。而这种国有企业和集体企业的'改制',几乎百分之百是将企业私有化。事态发展到这一步,我们已经不能不严肃地思索:国有企业的改革要走向何方?国有企业的改革方向究竟是什么?"(引自《新华文摘》2003 年第 10 期第 44 页)

所谓国有企业私有化,是指将国有企业普遍地改革为私人所有企业。

"化"的含义，就是普遍如此。显然，国有企业普遍改革为私人所有的企业，不仅是不可能的，而且是不可取的（因而不应是国有企业改革的大方向）。所以不可能，是因为：占国有企业大头的国有大企业全部改革为私人所有的企业是不现实的，这些国有大企业改革为混合所有制企业的可能性是比较大的，从这个角度看问题，可以认为，国有企业改革的大方向，是国有企业改革为混合所有制企业。所谓混合所有制企业，就是公司制企业，也就是企业的投资主体是多元的，既有国家，也有公民个人，甚至还有外国资本进入。在有国家出资的混合所有制企业中，国家既可以绝对控股，也可以相对控股，甚至也可以不控股。党的十六届三中全会的精神就是这个精神。当然，"经是好经，就是和尚把经念歪了"的情况还会发生，因而，国有企业全部私有化的可能性，也并非完全不存在。但是，混合所有制企业毕竟不是私有制企业。

国有企业私有化所以不可取，是因为：

第一，苏联和东欧各国的改革实践提供了深刻的教训。"把私有化作为社会主义国家国有企业改革的方向，这并不是近来中国一些地方的独创。苏联和东欧各国在转向资本主义市场经济中，走的都是全般私有化的道路。"而苏联和东欧各国的国有企业改革并不是成功的，无论是从政治的角度看还是从经济的角度看，结论都是如此。前车之鉴，应该记取。

第二，将国有企业私有化的具体办法无非是两条，一是"平分"公有制企业，如捷克的"投资券"办法；二是"出售"公有制企业的办法，也就是卖国有企业的办法。捷克的办法，是在全体公民之间平均分配公有制企业的资本金。实行这个办法，一是要求市场是高度一体化，特别是要求资本市场高度发达并一体化，这个条件对于从计划经济转为市场经济的国家来说，是不可能具备的；二是操作过于复杂。用"出售"国有企业资产的办法来实行私有化，也是有很多问题难以解决。比如，如何使国家所有的企业卖一个好价钱就很困难，国有企业不仅有形资产还有无形资产，要准确评估资产的价值就很困难，容易导致国有资产流失；买国有企业的买主如何确定也很难实现公平，因为市场没有发育到高度一体化的程度。

第三，中国改革实践已提供了不少教训。可以说，已经私有的原国有企业或集体所有制企业都或多或少存在国有资产、集体资产流失的问题。国有企业、集体企业出售的对象有四：本企业职工、原企业经营负责人、外国资本、私人企业主。现在，出售给外国资本的情况还不多，出售给本企业职工、原企业经营负责人、私人企业主的情况不少。这从理论上说,也存在问题,因为国有企业是全民所有的资产,对此全民所有的资产,本企业职工、原企业经营负责人有优先购买权是不公平的。特别是原企业经营负责人,正是他或他们把企业搞垮了(当然这样说,也不公平),而现在他或他们又摇身一变变为企业的买主,这是很不合适的,是很不公平的。从出售的具体操作来看,企业资产的评估是以企业提供账册等资料为前提的,而原企业经营负责人在这个过程中是可以大有作为的,因为现在的企业都有几本账,隐瞒企业资产是轻易可以做到的事情,如果再加上原企业经营负责人与政府部门的官员互相勾结,国有资产流失也就不可避免。

从理论上说,出售国有企业或集体企业的办法,是属于国有资产经营方式的问题,是一个可行的办法,但是,在具体的实践中则要考虑许多经济的政治的问题。从经济战略上说,出售公有制企业特别是国有企业,是实现国有资产退出竞争性领域的一条具体措施,因而无可非议。但是,出售总要考虑资本所有者即国家收回资本金的问题,总要考虑原有企业职工多年所创造的剩余问题,总要考虑资本增值问题。可是,现在的事实则是:大批出售国有企业的政府却不仅没有收回资本金,而且往往还要赖掉银行的贷款,至于原企业职工多年创造的剩余则是以两三万元予以买断,原企业的资产往往在评估过程中大大缩水,国有资产大量流失,流到了改制后的控股经营者的腰包里。当然,这些情况还可望通过加强改制工作的领导等予以避免或减少,但完全杜绝是不可能。

结论:国有企业私有化不是国有企业改革的正确的大方向。严格地说,国有企业在现在的社会条件下是不宜改革为私有企业的。正确的提出问题方式应当是:一部分国家所有的资产是可以通过出售的方式私有化的。那么,哪些国有资产可以私有化呢?笔者认为:

第一,资产用途单一,资产评估简单,不易发生资产评估缩水的国有资产可以私有化。比如,政府部门的小车是可以私有化的。将政府部门的公车卖给司机或其他人,即使价格评估低一点,国有资产有流失也不多。这样做,一是可以实现交通更加社会化,减少公车私用、公车修理等方面的腐败现象;二是可以节约政府开支。这样做的社会条件也已具备。

第二,综合考虑多种因素(如一定时期的城市建设规划、资产所处地理位置等)后可以判定资产增值空间非常有限的资产,可以私有化。比如,独处一地的粮店是属于国家所有的资产,而现在已经处于竞争性领域,仍然维持国有企业下属单位性质既不利于资源充分利用,又不利于人的积极性和创造性发挥,而且还有经营性亏损。这样的国有企业分支机构,就适宜于出售。出售这样的国有资产,即使有国有资产流失也不是很大。

第三,资产增值空间虽然存在,但暂时无法判定,且经营它的成本过高的资产可以出卖。这类资产(可以以企业形式存在),规模比较小,比较适宜于个人经营而不适宜公家经营,私有制在经营效率上有确定无疑的优势,公有制在经营效率上难以提升;私有制下经营成本低,公有制下则经营成本高;改革为私有制企业不仅可以收回资本金,而且可以从此不再增加国家的亏损。

现实的情况是:国有企业私有化不仅大量造成了国有资产流失,而且造成了很大的不公平,从而使人们对社会主义产生怀疑,对党的信用产生动摇。人们主张国有企业私有化的一个理由就是认为私有制企业效率高,国有企业的效率低。提高资源利用的效率,当然是必须考虑的问题。但是,资源利用效率却有一个如何判断的问题。私有制企业的效率高,利润高,是一个事实,但是,这个事实的背后往往隐藏着以下问题:一是牺牲环境、破坏资源;二是牺牲劳动者的健康;三是无代价或低成本地从国有企业获得技术和高素质人力资源。如果考虑这些因素,如果把这些因素计算进来,私有制企业的效率就大成问题。相反,国有企业的资源利用效率固然有不能令人满意的情况,但如果更好地解决委托—代理人关系,则可以实现资源利用效率提高,从而经营得很好。对于此,我们将在后文再来讨论。

(二)走向之二:混合所有制企业

国有企业改革为混合所有制企业,是国有资源、国有资产退出竞争性领域的一个可行办法。从国有资源、国有资产主要应当用于开发新资源的角度看问题,从国有资源经营管理存在实际困难的角度看问题,国有资源、国有资产退出竞争性领域也有必要性。国有企业改革为混合所有制企业的意义是多方面的。

其一,将国有企业改革为混合所有制企业可以实现不再增加国家投资于该企业的目的。

其二,将国有企业改革为混合所有制企业可以实现国家不增加投资的情况下的资金增加,从而使企业拥有扩大经营或进行正常经营所需要的资源。

其三,将国有企业改革为混合所有制企业可以实现国有资产保值增值的目的。

其四,将国有企业改革为混合所有制企业可以实现政企分开等。

但是,将国有企业改革为混合所有制企业也有以下问题。

第一,将国有企业改革为混合所有制企业后仍然存在委托—代理人关系的问题。不论这类企业是国家控股企业还是国家不控股企业,也不论国家是绝对控股还是相对控股,国家股都得有人代理。而存在委托—代理人关系,就需要处理这种关系。因此,委托—代理人关系所产生的问题就仍然存在。换句话说,由委托—代理人关系所导致的权力寻租问题就势难杜绝。

第二,将国有企业改革为混合所有制企业在本质上是为企业经营者运用社会资源、国有资产增加了途径,这和资本主义的股份制企业存在相似之处。资本主义股份制企业的特点是,企业经营风险降低,即所谓责任有限,同时却可以大量运用社会资金,使资本在短时间内大大增大,而控股资本家却只需要占企业8%左右的股份就可以实现对企业的主导和控制。国有企业改革为混合所有制企业后,如果企业是国家控股企业,则仍然与改革前没有多大区别,即仍然是委托—代理人关系主导企业;如果是国家不控股企业,则委托—代理人关系虽然存在但不占主导地位,但由外资或私人资本主导企业则必成定局,而这种情况又与资本主义股份制企业没有什么区别。

对于国家控股企业,特别是上市企业而言,由于国有资产即国家出资占大头,企业的经营权握在企业负责人手中,企业负责人是国家委托的经营者,他们对企业所拥有的资源具有绝对的支配权。这种情况使人们可以有这样的认识,没有改制前他们是"玩"(这个词既是老百姓的用词,也是一些企业家的用词)银行的钱,现在他们是"玩"股民的钱。为什么那么多国有企业热衷于上市,为什么那么多上市公司热衷于配股扩股,其根本原因都在于此。

对于非国家控股企业而言,国家出资只占小头,股民的投资如果占大头,则企业家"玩"股民的情况仍然存在。因为,众多的小股东就犹于鱼虾,他们即使集中起来通过股东会议能够主导企业,但他们不太可能参加股东大会,因而事实上他们不能通过股东会议主导企业,他们事实上是处于被"玩"的境地,股东会议既不能起公司最高权力机关的作用,也不能对经营者进行监督和制约。企业分红,企业经营者的收入还是由他们自己说了算。

显然,对这些混合所有制企业的经营权的监督就只有股市了。而股市又是受多种因素制约的。股票价格的涨落固然有反映企业经营业绩的一面,但也有不反映企业经营状况的另一面。当会计账册失真的情况存在时,更是如此。

所以,混合所有制企业作为上市公司存在时,企业家"玩"企业,"玩"股民的情况是难以杜绝的。

第三,由于以上的原因,将国有企业改革为混合所有制企业后,企业职工与企业、职工与原企业经营负责人的关系则发生了根本性的变化:企业经营者变成了企业的主人,企业职工表面上获得了双重身份,一方面是企业的主人(股东),另一方面则是企业的雇佣者。从职工会议或职工代表会议与股东会议或股东代表会议所起作用的情况来看,改制与不改制也没有根本性的本质不同。现在,在许多地方,中小国有企业改革都在向所谓"经营者控股"的方向发展或深入,这意味什么?这意味所谓股东、股东会议的作用更加缩小,因为原企业经营者占大股,股东会议决定重大问题时是按股权进行投票的,经营者做出了决策,众多小股东(大多就原是本企业职工)是无可奈何的,是不可能左右决策的,这使股东会议仍然是起"橡皮图章"的作用,对于所谓企业民主管理仍然是起同职工会议或职工代表会议的作用。

第四,对于中等规模或国有小企业或集体所有制企业改革为有限责任公司而言,则存在这样的情况:某些企业的改制过程中,企业普通职工出资是实的(因为你不交钱你就下岗),而企业原经营负责人的出资则是虚的(因为这些原企业经营负责人有权,他或他们有很多办法,如先记账待一年或半年分红后再将其作为出资补上等办法,他们增加在企业资本中所占比重即达到控股的办法也大多是此办法)。这种情况被一些群众评为:"玩空手套"。现在的情况是,这些企业在"经营者控股"的改革思路指导下,正在通过企业内部配股扩股的办法逐渐演变为私有制企业。比如,有的企业已通过第一轮改革改革为有限责任公司,所形成的股份结构是:企业经营者在股东中是大股东,企业的原有职工和新进职工都是小股东,他们出资只有几千元,但他们的出资是以工会持股的形式登记注册的,他们人数多,其共同出资开始占企业注册资本的30%以上,甚至占70%以上,但随着企业的配股扩股,比重日益下降。而企业经营者所占股份比重增大的办法则是:经营者的年薪制,股份分红等。通过这样的办法,经营者往往不需要注入新的投资就需要增加所占企业股份,而企业普通员工在企业配股扩股分红中虽然也可以实现比银行利息更高的收益,但那是具有虚性的,因为他们往往要以事实上增加投入为前提。所以,这种混合所有制企业,一方面是国有资产或集体所有资产在企业中所占比重越来越小,从而在逐渐地滑向私人性有限责任公司;另一方面则存在企业经营者"玩空手套"的情况。当然,这些企业家的"玩"并不是娱乐性的玩,而是有目的有目标地玩,而其目的和目标就是不断扩大自己在企业中所占股份的份额,从而不断地满足自己财富增长的欲望。

第五,国有企业改革为混合所有制企业同样存在国有资产缩水,国有资产流失的问题。

(三)走向之三:国企自治

所谓国有企业自治,是指国有企业在改革中通过对企业管理制度进行改革,使企业全体职工真正成为企业的主人,由他们民主选举企业经营负责人,建立企业内部自治机构,实现法人负责经营的组织机制。其"自治"具有以下的特点和要求。

第一,企业内部机构的设置由企业自己决定,即由企业全体职工决定。职工会议或职工代表大会是真正的企业最高权力机关。职工会议或职工代表大会作出自己的决定时不受政府以及任何个人干预。政府机关只是派员出席会议,监督职工会议或职工代表大会是否按会议程序进行。

第二,企业经营负责人由企业全体职工选举产生,即由企业职工会议或职工代表大会任命,而不是由政府部门任命,他或他们只对企业全体职工负责而不对政府部门负责。如果他或他们不称职,企业职工会议或职工代表大会可以撤换或罢免。这使企业领导人头上的帽子完全由职工掌握,而不是拿在政府官员的手中。想当企业领导人的人,不会再去政府官员办公室或家中跑官要官,也不会去买官,政府官员那里也无官(指企业领导人的官帽)可卖。想当企业领导人的人,一定是真正想干一番事业的人,是真正想把企业搞好的人,他或他们也一定是全体职工信得过的人,是企业职工中最有威信的人,是真正品德高尚、才能卓越即真正德才兼备的人。他或他们被选举出来担任重任,是众望所归,会真正从内心感到无上光荣和自豪,同时也会感到责任重大。他或他们会真正体会到,他或他们手中的权力是全体职工授予的,因此,他们必然会更加注意密切联系群众,会更加注意听取群众的意见和呼声,从而从根本上解决群众路线问题,他或他们的决策才会真正是"从群众中来",因而也就能够

"到群众中去"。

第三,企业的党组织仍然存在,而且是企业真正的"政治核心"。但是,企业党组织的负责人不是由政府部门任命,即不是所谓民主集中的结果,而是由党内真正的民主选举产生。由企业党组织内部民主选举出来的党组织负责人,与政府部门即上级党组织之间存在政治上的领导与被领导的关系,即企业党组织的负责人有义务将党和国家的政治路线、各项政策、决定等在企业党组织内传达贯彻,同时也将企业职工、党员的思想动态向政府部门予以反映。企业党组织负责人与企业经营负责人的关系,一方面是在党内的领导与被领导的关系,即企业经营负责人属于企业党组织领导和管理,但这种领导和管理是政治上的,是党内的。另一方面,企业党组织负责人作为企业普通职工又是在企业经营负责人的指挥和管理下完成工作职责和劳动任务的。在这样的企业中没有专职的党组织负责人,即没有职业政治家,但可以有很少的党务工作者。这类企业如果是中小企业,甚至专职党务工作者都是没有的,党务工作完全是可以兼做的。

第四,企业内的共产党员比较好的发挥先锋模范作用,他们不仅是劳动、工作的模范,而且是内部利益关系处理方面的模范;不仅是对工作负责的模范,而且是学习先进技术的模范;不仅是遵守企业规章制度的模范,而且是推动企业文化建设的模范。他们在企业内是正派的人,是吃亏的人,是使企业团结的人。同时,他们又是企业中最敢于与邪恶作斗争的人。而企业经营负责人,则是共产党员中的优秀代表。

第五,企业内部的决策机制是逐步完善的,决策监督机制和决策执行监督机制也是逐步完善的。

国有企业自治的可行性在于以下几方面。

首先,国有企业自治与西方式职工民主管理企业模式存在相似之处,西方式职工民主管理企业模式为国有企业自治提供了先驱性经验。左大培先生说,西方式职工民主管理企业模式,"在理论上被看作'劳动雇佣资本'而非'资本雇佣劳动'的企业。在西方的发达市场经济国家,绝大多数的企业都在法律上归出资人所有,由出资人自己或其代理人直接管理,因而'资本雇佣劳动'是常态,而'劳动雇佣资本'的企业只是罕见的例外。"(左大培:《国企改革的方向何在》,《新华文摘》2003年第10期第45页)

但是,"在现代的工业化经济中,由劳动者集体管理企业的尝试一直没有间断过。英国在19世纪就出现了许多合作性质的生产企业,20世纪下半期南斯拉夫曾长期实行'社会所有制'和'工人自治'的企业制度。就是在最近几十年的美国,也一直存在着一些职工管理的企业。合作性质的流通企业(消费合作社)在西方国家更是具有很强的势力。"(左大培:《国企改革的方向何在》,《新华文摘》2003年第10期第45页)

其次,农村改革中出现的村民自治体,如河南的刘庄、南街村为国有企业自治命运体的建设提供了成功的范例。刘庄、南街村的特点是:大多数村民的文化水平比一般国有企业职工的文化水平不会高,而且村民更有小农意识、散漫等弱点;但他们都有一个一心为公的领路人,在这个卓越的领导人的领导下,村民们对村庄以及他们集体出资举办的企业进行民主管理,取得了很好的经济效益;村民们在发展集体经济的基础上物质生活和文化生活不断改善,而这个生活不断改善的过程往往能够使"内需"扩大,如刘庄村的住房就在20年内改善了两次,一次是由小瓦房改为二层小楼房(一家一栋),第二次是由二层小楼房改为别墅(每户一栋,都是一样大小)。刘庄、南街村的存在和发展,都以市场经济的存在和发展为条件。如果没有这一条件,刘庄、南街村的存在和发展将是另外一种状态。这说明,刘庄、南街村的集体经济发展是需要市场经济这个外部条件的。但是,仅有市场经济这个外部条件,没有刘庄、南街村本身成为自治性的命运共同体这个条件,刘庄、南街村就不会有今天这样的成就。改革开放后,中国农村大部分村庄都有了市场经济的外部条件,国有企业也有了市场经济的外部条件,但大部分没有发展为自治性的命运共同体,为什么?这答案只能到村庄内部或国有企业内部去寻找,这原因存在于村庄和国有企业内部,而不是外部。这里应特别强调的一点就是,既然刘庄、南街村能够成为自治性的命运共同体,则国有企业也应当能够建设为自治性命运共同体。因为:国有企业的职工大部分文化水平都比村民高;国有企业的职工有共同的利益。

其三,国有企业中存在一批经营得好的企业,在这些国有企业中有一部分企业所以经营得好,是因为其存在形式就是国有企业法人经营,也就是以自治性命运共同体存在。这类企业的特点前文已有分析。这里要强调的一点就是,此类企业比较好的解决了委托——代理人的关系。所谓比较好地解决了委托——代理人关系,就是企业的负责人不是只对政府负责,不是只以政府官员的身份行事,而是把自己看作企业的普通一员,认为自己应当向企业全体职工负责,因而能够真正地实现民主管理企业。这说明,国有企业只要能够比较好地解决企业的委托——代理人关系,就可以经营得很好。

其四,任何企业,无论是私有制企业还是公有制企业,要实现经营得好,要长寿,都必须处理好内部关系,特别是内部人与人的关系,都必须处理好企业管理人员与生产人员的关系,都必须充分发挥企业内部人力资源的作用。为使企业内部关系整合好,所有企业都想了许多办法,这些办法包括企业管理上的泰罗制,日本的终身雇员制等。"无论多么聪明的人都会犯错误。"而减少错误的办法就是发挥集体的智慧。"让共同工作的人一起来决策是防止出大错的一个重要方法。特别是在企业的资金不属于领导者一个人时,共同决策还是防止领导人侵吞他人财产的措施之一。在西方的大企业中,包括美国式的大公司中,都有某种程度的共同决策机制,这特别表现在股份公司的董事会制度上。而且西方人对合作社和职工管理性企业的研究也都表明,职工管理的企业的失败主要并不是因为经营决策的错误。"(左大培:《国企改革的方向何在》,《新华文摘》2003年第10期第45页)私有制企业在内部人与人的关系处理上,在内部整合上,存在先天的缺陷,这就是,企业是老板的,职工只是雇员,利益以及利益基础上的观念都必使私有制企业的内部关系整合难以达到理想的境地。公有制企业因其资产是国家的或集体的,而企业的经营负责人和员工是因共同利益而组织在一起的,这种利益上的一致性使他们在人格上具有平等性,因而相对于私有制企业具有内部关系整合的优势。

现在,国有企业内部关系整合也有存在困难的一面。这困难来自哪里?来自国家法律和政策上不明确,来自制度,是制度造成的。所以这样认为,是因为:国家对国有企业的改革方向是不明确的,也就是说,国家在相当长的一个时期并没有认识到,私有化、混合所有制和国有企业自治性命运共同体,都是国有企业改革的正确方向,特别是没有认识到自治性命运共同体是国有企业改革的正确方向之一。这种认识上的问题反映到改革理论指导上就是,没有区分不同的情况对企业的具体改革方向予以明确,从而出现追求改革方向单一化的倾向,如买国有企业的一阵风,"公司制改造运动"。在过去的改革国有企业的历史过程中,基本上没有自治性国有企业命运共同体建设的试点。这种局面的形成,与完全否定前南斯拉夫的企业制度有关。虽然我们认为,要充分发挥企业负责人的作用的同时,也要发挥企业职工的民主管理作用。这表现在有关企业制度的法律和政策上,就是一方面将国有企业的经营权交给企业这个法人,另一方面又通过规定企业负责人的权力将企业经营权授予企业负责人;一方面承认企业是法人,另一方面却又坚持企业的法定代表人由政府任免;一方面规定企业有自主决定内设机构和工资奖金的分配权,另一方面又通过政策规定企业的机构设置和物质利益分配(如企业经营负责人的年薪制等);一方面通过法律明确企业负责人的权力从而确立他的权威,另一方面又要求发挥企业职工民主管理企业的作用,即职工会议或职工代表大会的作用。这说明人们对现代企业制度的理解存在局限性,即没有将资本主义现代企业制度与社会主义现代企业制度没有进行严格的区分,仅将现代企业制度理解为混合所有制基础上企业制度,而将公有制为基础的自治性命运共同体排除在社会主义现代企业制度的概念之外。

第六章

资源集体所有与集体经济

一、资源集体所有及必然性

资源集体所有,是资源公有制的一种类型。资源集体所有,是指资源属于一定范围内的人群所有。集体所有制,是指规定一定资源属于一定群体所有的社会制度。集体所有是与国家所有、公民所有相对称的。

资源集体所有的必然性,由以下原因决定。

第一,资源本身的特点决定,部分资源属于集体所有具有必然性。资源本身的特点,一是无限多样性和有限、稀缺性并存;二是可占有性和不可占有性并存;三是可垄断性和不可垄断性并存;四是有用性和有害性并存。

第二,经济活动的实际过程必然造成某些资源属于集体所有的现实。经济活动的实际过程有两个特点十分突出。一是某些经济活动过程正常进行以某些资源集体所有为前提条件。如农民耕作要以山塘、小河的蓄水公有为重要条件。二是某些经济活动过程必然形成公共所有的资源。如许多农民出动劳力修建的水库、山塘、共同出资修建的学校校舍等,就是属于集体所有的资源。现在城市居民小区存在属于小区业主共同所有的资源,如电梯、楼梯间、停车位、楼顶屋面等,是由业主共同投资形成的。还有其他文化资源应当属于集体所有的情况,如文明小区建设所形成的特定文化资源,如历史形成的特定地名、人文景观等。

第三,某些资源属于集体所有更能使资源得到充分利用,更有利于资源的保护和开发。影响资源利用、开发、保护的因素主要有两个方面:一是自然规律,二是人们的利益关系。利用资源、开发资源、保护资源,都要从这两个方面考虑问题。就自然规律方面来说,就连农民修建山塘也必须服从自然规律,必须考虑自然规律的作用。《愚公移山》的主题是强调自力更生,别开这个主题后,我们可以提出疑问:愚公为什么不发动除自家以外的群众呢?移山固然可以连续数年,修建山塘却必须年内完成,如不赶在雨季到来之前完成,后果是可想而知的,为在雨季到来之前完成任务,就必须依靠群众的力量而不能像愚公那样仅仅依靠一家一户的力量,这就是服从自然规律。就人们的利益关系而言,人们的利益关系也就是经济规律。利用资源、开发资源、保护资源,既需要以一定的利益关系为基础,所形成的收益又必须按照一定的利益关系来分配,而这都需要从所有制上解决问题。没有一定资源的集体所有制为基础,资源的利用、开发和保护,就无从谈起,即使能够进行,结果也必是纠纷四起。近年来强调产权明晰的道理也在此。

我国宪法第九条规定:"矿藏、水源、山岭、草原、荒地、滩涂等自然资源,都属于国家所有,即全民所有;由法律规定属于集体所有的森林和山岭、草原、荒地、滩涂除外。根据此规定可知:在我国存在属于集体所有的自然资源。宪法第十条规定:"农村和城市郊区的土地,除法律规定属于国家所有的以外,属于集体所有,宅基地、自留地、自留山,也属于集体所有。"根据此规定可知:在我国,土地这种资源中有很大一部分属于集体所有。2004年3月14日第十届全国人民代表大会第二次会议通过的"宪法修正案"第二十条规定:"国家为了公共利益的需要,可以依照法律规定对土地实行征收或者征用并给予补偿。"这一规定中的被征收或者被征用的土地是指农民集体所有的土地,反映国家对集体所有制的尊重,反映国家对农民利益的保护。

我国宪法的上述规定,科学反映了资源集体所有的必然性。

二、集体经济及形式

所谓集体经济就是一定人群运用属于该群体公共所有的资源、资产进行经济活动获得经济收益的经济形式。

任何一种所有制经济都有多种多样的具体经济形式。集体经济也不例外。集体经济以集体拥有某些资源、资产为前提。而集体所有的资源(资产),同样有多种多样的经营方式,同样有多种多样的具体经济形式,"自己经营"可以,承包、租赁、合作经营也可以。将集体所有的资源、资产交给集体组织内部成员承包经营可以,将集体所有的资源、资产交给集体组织之外的中国公民或外国公民经营也可以;拿集体所有的资源、资产到国有控股企业、国有参股企业去投资可以,拿集体所有的资源、资产到私有制企业、外国资本在华企业去投资也可以;拿集体所有的资源、资产在国内办工厂可以,到国外去投资也可以;集体经济组织与个人合作可以,与其他集体经济组织合作可以,与国有企业合作可以,与外资企业合作也可以;等等。

集体所有制经济采取有限责任公司或股份公司的形式,是集体所有制经济的重要形式,但不是唯一的形式。我国农业社会主义改造运动形成的初级社、高级社,是农村集体经济的历史形式。这种集体经济历史形式的历史作用且不论,其失败的原因也有许多,根本原因之一就在于只有一种经营方式——集体经营,而这种经营方式的特点是:经营权表面上是集体执掌,实际上是由初级社、高级社的负责人执掌,而他们又是听命于政权组织负责人的。人民公社、三级所有队为基础,也是集体经济的形式,其特点是进一步发展了高级社的缺陷,其原因就是"政社合一":基层政权组织负责人同时又是集体经济组织的当家人。我们不能因为上述集体经济的具体形式已经成为历史,就否认它是集体经济的历史形式。改革开放后形成的"农户承包责任制",也是集体经济的一种新的资源、资产经营方式。这种经济形式也不是完美无缺,弊端之一就是阻碍农业规模经济的发展。但是,我们不能因为它有缺陷,就否认其历史作用,也不能因为它有缺陷就要急于采用行政命令的办法予以改变,更不能因为它有缺陷日后同样会进历史博物馆就不承认它是集体经济的形式。至于人民公社时期和改革开放后形成的乡镇、村办企业则比较复杂,大概有三种情况:一是人民公社时期办的工业企业,这无疑是属于集体经济;二是改革后由农民集资开办的企业,这也属于集体经济;三是打"村办"招牌的,即"戴红帽子"的企业,这应该叫"民有企业"。我们研究农村集体经济问题时,不能不注意这一情况。上述集体经济的形式中,有的已经被历史淘汰,有的还具有生命力,都表明集体经济的形式是可以多种多样的,而我们对它们进行分析研究时都不能不运用集体所有制的概念。

在社会主义市场经济条件下,国家所有的资源、资产,集体所有的资源、资产,公民个人所有的资源、资产,其经营方式都可以进一步向多样性的方向发展。正是各种所有制经济都有多种多样的资产经营方式,就使混合所有制经济产生出来。混合所有制经济的特点就是股份制经济的特点。在股份公司里,可以有国家股和个人股,也可以有集体股。这使属于国家所有和集体所有以及公民个人所有的资源在企业里实现组合和融合,而所有者的区别则表现为股份多少的区别,即股权大小的区别。这种混合所有制经济是属于什么性质的经济呢?是属于公有制经济还是私有制经济呢?从不同的角度看问题,从不同的逻辑前提出发可以得出不同的结论。从一方面看,我们可以认为混合所有制经济是公有制经济的存在形式,从另一方面看,我们也可以说混合所有制经济是非公有制经济的实现形式。这种表面上逻辑不一、自相矛盾的认识,真实反映了现实的经济运动,体现了经济生活中的客观辩证法。至于集体所有的股权当然是可以转化为个人股权的。但是,这与国有股权转化为个人股权没有区别,只要这种转化符合等价交换的游戏规则,是所有者意志所决定的权利行使,就是经济运动必然性的展现。只要这种由经济规律决定的资源配置不被政治权力变成单一化的经济模式,则国有经济、集体经济就仍然是存在的、发展的。

三、目前集体经济存在的问题,需要通过强调集体所有来解决

目前,我国集体所有制经济存在的许多问题可以归结为产权主体不明确。产权主体不明确的表现:一是某些资源特别是土地资源的所有权属于谁(乡、村、村民小组)不明确。这突出表现在土地被征用为建设用地时,往往是村民委员会、乡政府官员说了算。二是城市街道的一些资源,如土地、企业以及其他可进行产业经营的旅游资源、文化资源等,属于谁不明确。三是某些事业单位、国家机关在长期的社会活动中积累起来的某些文化性、技术性资源属于谁所有不明确,即是应属于国家所有还是可以属于组织成员集体所有不明确。这后一个不明确产生的问题是:国家不管,集体也不管;国家不要,集体也不要;资源被某些个人利用起来进行经济活动。因这些资源所有权而引起的纠纷到了法院,也没有判决的法律依据。

产权主体不明确的原因:在农村主要是由历史原因造成的,即是由"三级所有,队为基础","政社合一"造成的。现在,"政社合一"名义上是取消了,实

际上仍然存在,其表现就是村民委员会、村主任、村支书有权处置集体所有的资源、资产,有权决定集体所有的资源、资产的经营方式。其突出表现存在于建设用地的征收上,如开发区问题上。开发区过多过热带来的恶果有目共睹。20世纪90年代初有过一次开发区热,为什么21世纪初还会来一次。其原因是什么?没有科学发展观固然是一重要原因,没有制度保障更是重要原因。如果不从制度上解决问题,开发区热可能还会来一次。而这里所说的制度原因,就是农村土地的所有权主体不明。

农村土地制度是属于基本经济制度的重要内容。公有制为主体,多种所有制经济共同发展,内含农村土地集体所有必须长期坚持。现在,农村土地集体所有的制度遇到两个问题:一是城市建设用地需要不断增加,二是农村规模经济发展需要土地流转。解决这两个问题的办法有二:一是新办法,即宣布所有土地都属于国家所有或农民私有;二是老办法。农村土地国有的结果是:农民与国家形成土地租佃(承包)关系,农业规模经济所需土地和城市建设用地都由国家供给,但政府担当的责任将更大,一方面所有农民的社会保障要由国家包下来,另一方面,对政府官吏的监督成本将更大。农村土地私有并不会使土地流转所产生的问题和矛盾减少。因此,农村土地集体所有的制度不可轻易变动。

从目前我国的情况来看,农村土地的功能主要是两个方面:一是生产功能,二是社会保障功能。为发挥其生产功能,自然需要土地流转,但现在土地流转并没有受到多少阻碍,愿意投资农业成规模地经营土地人,还是可以从进城打工农民那里获得土地,并没有什么不方便;就城市建设用地而言,也没有什么根本性的阻碍。现在存在的问题主要是两个,一是政府特别是基层政府交土地给开发商具有随意性;二是农民的社会保障问题即长远利益问题没有解决好,甚至其目前利益也没有解决好。对前者,可望通过加强政府依法行政以及土地挂牌经营(拍卖)等办法解决;对后者,则需要强调集体所有制经济来解决,这也就是说,农村土地交给开发商,一是要由农民集体做主,而不能由村干部说了算;二是可在坚持土地所有权仍然属于农民集体所有的前提下,让开发商取得土地的使用权,通过农民获得一定安置费用的同时取得企业股份的办法,将失地农民的目前利益与长远利益统一起来,将农民的社会保障问题与土地资源的高效利用统一起来。显然,这需要明确并强调农村土地集体所有权的主体。

至于集体所有制企业改革中出现的集体资产流失问题,也需要通过强调"集体所有"才能防止。所谓强调集体所有,就是集体经济组织的重大经营决策必须真正是该集体做出的,而不能是代理人做出的,更不能是政府或政府官员做出的。

　　目前,有的地方在搞"村组合并",目的是要减少村干部人数以减轻农民负担。这是一件好事。需要注意的问题是:将行政村与经济村分开,不能让经济村跟着行政村走。这无疑需要强调集体所有的概念。

　　总之,在社会主义条件下,集体所有制经济是不太稳定的经济形式,但只要存在资源属于集体所有的情况,就必有集体所有制的概念。所以,集体所有制的概念是不能随意取消的。

第七章

资源民有与民有经济

一、资源民有的必然性和社会意义

（一）资源民有的必然性

所谓资源民有,是指某些资源属于公民个人或家庭所有。换句话说,资源民有是指某些资源的所有权属于公民个人或家庭。资源民有的主体是"公民"。"公民"可以是人民的一员,也可以不是人民的一员。"人民"是个政治概念,不同历史时期,人民有不同的内涵和外延。公民则不是政治概念,而是一个法律概念。资源民有,是说某些资源可以通过法律规定授予公民享有所有权,但并不要求法律授予公民相同的资源所有权。这也就是说,资源民有的客体是无限制的。资源民有的客体虽然是不受限制的,但其途径基本上则是两条,一是通过接受教育而拥有属于自己所有的人力资源,二是通过劳动或合法经济活动而取得其他资源的所有权。由于在社会主义社会,公民的劳动和经济活动都是以市场经济为条件的,这使公民可以取得多种多样的资源。

在社会主义社会这个历史阶段,资源民有的必然性决定于三个方面的因素：一是资源的属性,二是资源利用、开发、保护的需要和客观规律,三是人的全面发展的需要。换句话说,社会所以要安排资源国有和集体所有的同时安排资源民有的制度,是基于三个方面的原因：一是资源整体的性质和某些资源的性质,决定必须有某些资源属于公民个人或家庭所有；二是为使某些资源得到充分的利用,为使某些资源得到更好的保护,为使某些资源更快地开发出来,必须安排其属于公民所有,这是按客观规律办事的一个重要方面；三是为使每个人的全面发展具有自己的经济基础,而必须安排一部分社会资源属于公民个人或家庭所有。

从资源属性方面来说,由于资源在整体上具有无限多样性,而所有资源并不能全部由一个主体占有,这使资源主体必然是多元化的,同时也使公民个人作为资源所有者而具有存在的理由。就具体资源而言,某些具体资源本身的性质也决定其必须属于公民个人所有,而不能令其属于国家所有或集体所有。比如,每个人身体内蕴藏的体力和智力资源,就原则上只能属于每个人自己所有。奴隶社会的重要特征,就是人力资源属于奴隶主所有,这使人失去自由,沦为奴隶。资本主义雇佣劳动制,一方面看就是人力资源的所有者将自己所有的人力资源(劳动力)让渡给拥有物质资源(生产资料)的资本家,但这种让渡具有时间上的限制。不论12小时工作制还是8小时工作制,都使资本家使用属于工人所有的人力资源受到一定的时间限制。这一方面表明雇佣工人的劳动力在本质上还是属于工人所有的人力资源,另一方面也表明人力资源本质上具有可占有性的同时具有不可占有性。人力资源的不可占有性,其实不论在何种社会经济制度下都是存在的,而且是有表现的。例如,奴隶制下的奴隶逃亡和怠工,资本主义制度下的自愿失业、工人怠工等,都是人力资源不可占有性的表现。除开一般人力资源即劳动力外,某些技术性强的人力资源更是具有不可占有性。这种人力资源的不可占有性往往与技术不易掌握是联系在一起的,而且也是与人所具有的人格尊严相联系的。如果人不具有人格尊严,那就与动物无别。正由于人具有人格尊严,其所蕴藏的人力资源就具有不可占有性。

从资源有效充分利用的角度看问题,许多资源只有属于公民个人所有或家庭所有,才能得到有效而充分地利用。相反,许多资源如果属于国家所有或一定人群公共所有,就不能得到有效而充分地利用,其资源利用率就会相当低,资源浪费就会必定出现,或者说,资源管理的成本就会相当的高。这方面的事例很多,比如,中国20世纪人民公社化时期,农民的农具归集体所有之后,其毁坏的速度就惊人的快;山林归集体所有之后,其破坏之快也是令人瞠目。正如一美国当代法学家所指出的那样,"假设所有的资源都归大家公有,每个人都是万物之主,那么,实际上人们将陷于一无所有的境地。人人都可以利用他所需要的任何东西,……就如同众所周知的'大锅饭悲剧'那样,可能会导致效率的丧失。如果每个农民都可在公共草地和放牧,那么他们都会尽可能地放牧。这将造成毁掉草地的过度放牧,从而对大家都不利。如果将其放牧限定在特定的区域内,他人不得进入其中,则每个人都会避免过度放牧。"

从资源保护的角度看问题,许多资源也是只有在属于公民个人所有的情况下,才能得到有效有力的保护。相反,有些资源在属于国家所有或集体所有的情况下,就不可能得到真正有效的保护,即使能够得到有效的保护,其保护成本也是很高的。比如,一口井在属于某个公民所有时,就能得到比较好的保护,且保护这口井的费用也是很低的,相反,这口井如果是属于大家公共所有,则必定不能得到很好的保护,而且保护这口井的成本一定是比较高的。又如,一定面积的山林属于公民个人或家庭所有,就可以使该山林上的树木等资源得到很好的保护。

从资源开发的角度看问题,我们固然承认某些资源的开发利用没有公共资源作为条件是不成的,但是,也有许多新资源的开发是不必以公共资源为条件的。换句话说,某些资源开发出来后让其属于公民个人所有,是更有利于社会经济发展和社会进步的。这方面的典型例证是专利技术制度。专利制度虽然本质上是一种技术资源开发利用的激励制度,但这种激励制度是以所开发的新技术资源属于开发者个人所有基础的。

从人的全面发展的实现条件来看,资源民有也是客观的要求。人的全面发展是人的自主自由发展,也就是人的个性自由发展。人的发展是一个历史过程。不同历史阶段,人的发展具有不同的内涵和特点。共产主义社会是人的自主自由发展的理想社会。在共产主义社会没有到来之前,人必须有发展。没有人的发展就不会有共产主义社会到来。那么,在共产主义社会没有到来之前,人将如何发展呢?其条件是什么呢?条件当然是多方面的,但基本的条件则是:每个人的发展都有自己的经济基础。没有经济基础,任何人的自主自由发展在现在的历史条件下,都是不可能实现的。民有经济在社会主义社会就是为人的自主自由发展提供经济条件的形式。而民有经济的存在和发展又必以资源民有为条件。所以,资源民有是人的发展的客观要求。

(二)资源民有的意义

资源民有作为一项社会制度,其社会意义是多方面的。首先,资源民有与资源国家所有和资源公共所有(含资源集体所有)一起使一切具有可占有性的资源都成为了有主资源,这对于资源的充分利用,提高资源的利用效率,对于资源得到有效保护,对于资源开发等,都是有利的。其次,资源民有对于人的发展或者说人的全面发展,也是有利的。人的全面发展,其意当然是所有人都得到发展,而不是一部分人发展,另一部分人不发展,但是,人的全面发展又不可能是齐头并进的,而必定是不平衡的。正如共同富裕不可能是所有人平均富裕一样,人的全面发展也不可能是平均发展。富裕有先富后富之分,人的发展也有方面不同、快慢之别。有的人在这方面得到比别人更好的发展,而在另一方面却没有发展甚至萎缩;相反,有的人在这方面没有发展,而在其他方面得到发展,这同样是人的全面发展。而与资源民有相联系的民有经济则为人的全面发展提供了经济条件。总之,资源民有必然导致民有经济存在。

二、民有经济的概念

民有经济,是指公民运用属于自己所拥有的资源进行经济活动所形成的经济形式。

民有经济并不以资源完全属于公民自己所有为前提,而是仅以公民拥有资源为前提。"拥有"不同于"所有",但可包含"所有"。"所有"是与所有权相联系的法律术语,其含义不是指人对资源(财产)的占有状态或占有形式,而是指人对资源(财产)的占有、利用状态的不可侵犯性。"不可侵犯",是对与占有资源(财产)的主人相对的或之外的其他人的限制规定,即其他人不可改变资源(财产)的主人对资源(财产)的占有、利用状态。因此,所有权的根本属性是其排他性。"拥有"则不同,拥有不一定与所有权相联系。拥有既可以是基于所有权的占有和利用,也可以是不以所有权为依据的占有和利用。民法上的自物权和他物权就体现了"所有"与"拥有"的区别。自物权,也就是所有权,是权利人对于自己所有的资源或财产所享有的权利,包括占有、使用、收益和处分等四项权利。他物权,是指非所有者依法享有的对他人所有的资源或财产的占有、使用、收益和处分的权利。

事实上,"占有"也不同于所有和拥有。占有存在多种形式,在有法律存在的前提下,占有可以区分为合法的占有和非法的占有。"所有"必以合法的占有为前提。如果一切资源(财产)都是有主的,则非法的占有是对合法占有即所有权的侵犯。然而,合法的占有又不止"所有"这一种。因为合法的占有可以区分为:表现为所有权的合法占有和没有所有权而只有使用权的合法占有。

"拥有"指的就是合法的占有,包括有所有权的合法占有和无所有权的合法占有。例如,农户承包经营集体或国家所有的耕地、山林、水域,就是一种以合法占有为基础的民有经济。在这种经济形式中,农民对所使用的资源(指耕地、山林、水域)并没有所有权,却有使用权,因此,我们说他们拥有自己的资源。而农民所拥有的资源则来自合法的占有。所以,就民有经济而言,公民所拥有的资源,可以是属于自己所有的资源,也可以是不属于自己所有的资源;可以是所拥有的全部资源属于自己所有,也可以是所拥有的资源中一部分属于自己所有,而其他资源则属于他人(国家、集体或个人)所有。

三、民有经济与民营经济

民有经济的主体是公民个人或其家庭。换句话说,民有经济的主体是"民",这"民"是老百姓,但不是指"老百姓"全体,而是指个体,即指公民。民有经济的所有者和经营者,都是"民"。这使民有经济与民营经济相联结。但是,民有经济不等同于民营经济。民有经济与民营经济的区别在于:第一,民有经济必是民营经济,但民营经济不全是民有经济。因为:民营经济概念强调的是"民"经营,而民有经济概念所强调的是"民"所有。第二,在存在国有民营、集体所有民经营的情况下,民营经济不仅包括民有经济,还包括国有民营、集体所有民营等经济形式。第三,民营经济概念的外延比民有经济概念的外延要大。第四,现时人们通常所讲的民营经济,要解释为民有经济。

人们已经有了"民营经济"的术语,所以还要"民有经济"这个术语,原因有以下几方面。

1. 正如著名经济学家厉以宁先生所说,"民营经济是一个模糊的概念,各种不同所有制的企业都包括在内。根据现有的资料,可以看到民营经济中至少包括了以下六类企业:一是个体工商户;二是个人、家庭或家族所有的企业;三是个人、家庭或家族所有制的企业通过改制而形成的股份制企业;四是通过国有资产重组而形成的,既有国家投资,又有个人、家庭或家族投资的企业;五是合伙制企业;六是由公众集资而建立的企业。"(厉以宁:《论新公有制企业》,《新华文摘》2003年第12期第39页)其实,民营经济这个概念不仅具有模糊性,而且是避免"姓资姓社"争论的产物。现在虽然是不搞"姓资姓社"的争论,但"姓公姓私"以及"公比私好"与"私比公好"的争论还是存在的。

2. 集体经济的字面含义就是集体所有的经济，国有经济的字面含义是国家所有的经济，而民营经济则要解释为属于民所有的经济。"民有"的本质是，民有经济的主体即"民"享有对自己劳动的劳动产品和所开发的资源的所有权。"民"的劳动产品和所开发的资源构成他们的财产，其财产所有权权应受法律保护。而现在的问题恰恰是，属于公民所有的财产不能得到国家的有力保护，从而阻碍了民有经济的发展。这种阻碍不仅来自制度层面，而且来自"公比私好"的观念，用民有经济这个词代替民营经济这个词有利于消除"公比私好"的观念，进而有利于推动民有经济发展。

3. 民有经济并不是完全独立的，它总是与国有经济、集体经济存在联系，甚至必然存在相互供给资源的情况。如公民合法利用国家所有的资源就是一方面看是国有民营经济，从另一方面看则是民有经济；相反，国有企业则是一方面要以国有资源为基础，另一方面也必定要利用公民个人所有的资源，如公民个人所有的人力资源、技术资源等。这就产生一个问题：对国有民营这种经济形式到底是应称国有经济还是应称民营经济？笔者认为，我们既然不能将利用了属于公民所有的人力资源的国有经济(企业)称为民有经济，当然也就只能将利用了国有资源的"民有经济"称为民有经济。现在的问题是：一方面，我们要将国有民营这种经济形式解释为国有经济；另一方面，又要将完全运用属于公民个人所有的资源的经济形式解释为"民营经济"，这就把国有经济的一种经济形式(指国有民营)与民有经济混为一谈了。正确的解释应当是，国有民营从一个方面看，是属于国有经济，从另一方面看，则是属于民有经济。所以如此，是因为：国有民营这种经济形式既要运用属于国家所有的资源，同时也要运用属于公民个人所有的资源。

4. 语词虽然是约定成俗的，但一定条件下予以规范也是必要的。况且，规范语词含义和用法，本身就是约定成俗的一个环节。"民营经济"作为语词，首先表达的就是这样一种意思：经济实体(企业)是由"民"在经营，而不是由"官"在经营；由官负责经营的经济不称为民营经济。"民有经济"作为语词，是与公有经济(国有经济和集体经济)相对称的，其表达的意思是：该种经济的所有权主体是"民"。厉以宁先生认为，将民营经济"正名"为私有经济不妥，一律称为非公有经济也不妥，而是应该保留民营经济或民营企业的概念。厉先生的这个主张是正确的。但是，保留民营经济这个概念的同时，也是可以有民有经济这个概念的。这些年来,我们一直讲要产权明晰,"民营经济"这个含义不明确的语词,是不利于产权明晰的。要做到明晰产权,当然需要许多条件,语词规范是其中的一个条件。

民有经济的形式是多种多样的。民有经济的形式从不同的角度按不同的标准可以划分多种类型。如按经济规模划分,可以划分为大、中、小三种类型;按经营形式划分,可以分为企业形式和非企业形式;按是否法人的标准划分,可以分为法人和非法人;按资源所有情况划分,可以分为资源完全自有和资源部分自有,等等。民有经济的形式不是取决于生产资料属于谁所有,而是决定于公民所拥有的资源的性质。比如,公民可以因拥有自然资源而从事利用自然资源的经济活动,也可以因拥有知识资源或技术资源或信息资源而从事以知识、技术、信息资源的开发和利用为目的的经济活动。公民拥有资源的方式也是多种多样的,这也就是说,公民既可以依法取得某些资源的所有权,也可以依法取得某些资源的使用权而不取得所有权。比如,公民可以依法取得海域的使用权而从事海产品养殖的经济活动,可以依法取得矿藏的开采权而从事开发矿藏的经济活动,也可以依法取得房屋的所有权而从事工业或第三产业的经济活动,还可以依法从事教育活动进行人力资源的开发等。

民有经济是社会主义条件下,以资源(财产)民有制度为基础的新型经济形式,与私有经济、公有经济存在本质区别。公有经济与私有经济是一传统观念。这一传统观念包含两层意思:一是认为公有经济是以生产资料公有制为基础的经济,私有经济则是以生产资料私有制为基础的经济;二是认为,"公有"比"私有"好,"私有"是个贬义词,"公有"则是褒义词。现在的情况是,在社会主义社会,虽然仍然存在公有经济,但却不存在原来意义的私有经济。因为:第一,民有经济并不必然要求以生产资料私有制为基础,也不必定要以个人占有生产资料为前提。从这个意义上说,民有经济不是"私有经济"。第二,社会主义条件下的资源属于公民个人所有是以社会主义公有制和按劳分配以及社会主义市场经济为基础的。从这个意义上说,民有经济也不是传统的私有经济。

四、资源民有制就是"劳动者的个人所有制"

马克思在《资本论》里提出,推翻资本主义私有制后要重建"劳动者的个人所有制",他说:"从资本主义生产方式产生的资本主义占有方式,从而资本主义的私有制,是对个人的、以自己劳动为基础的私有制的第一个否定。但资本主义生产由于自然过程的必然性,造成了对自身的否定。这是否定的否定。这种否定不是重新建立私有制,而是在资本主义时代的成就的基础上,也就是说,在协作和对土地及靠劳动本身生产的生产资料的共同占有的基础上,重新建立个人所有制。"1875年,马克思在亲自修订的法文版《资本论》(第一卷)中又补充说:历史上存在过的劳动者的私有制,被资本主义私有制否定了;社会主义所要重建的,不是"劳动者的私有制",而是"劳动者的个人所有制"。

"劳动者的私有制"与"劳动者的个人所有制"有哪些区别呢?要正确认识这个问题,我们的方法首先还是回到马克思。从马克思的上述论述中,我们可以体会到:第一,二者的区别首先是历史的区别。因为"劳动者的私有制"是存在于资本主义社会之前的,是被资本主义私有制所否定的;而"劳动者的个人所有制"是存在于资本主义社会之后的,是否定资本主义私有制后的一种所有制。第二,二者是性质不同的所有制,即"劳动者的私有制"是私有制的一种,而"劳动者的个人所有制"则不是私有制的一种,而是与一定的生产资料公有制相联系的。用马克思的话来说,"劳动者的私有制"是以个人的劳动也即以劳动者"自己劳动为基础的私有制",而"劳动者的个人所有制"则不是以劳动者自己的劳动为基础的私有制,而是"在资本主义时代的成就的基础上","在协作和对土地及劳动本身生产的生产资料的共同占有的基础上"的一种新型所有制。

这种新型所有制究竟是一种什么所有制,历来就是有争论的。改革开放以来,我国经济学理论界对此问题也展开了热烈的争论,基本上形成了两种不同理解。一种理解认为,马克思所讲的"劳动者的个人所有制"是以生产资料公有制为基础的,劳动者所有的对象物以生活资料为限。如有的学者就十分肯定地说:"很明白,马克思在这里所说的'个人所有制',并不是生产资料的个人所有制,而是指消费资料的个人占有制。"(许涤新:《中国社会主义经济的几个问题——访美讲稿》,中国社会科学出版社1980年版,第4页。)还有学者认为,所谓"劳动者的个人所有制"是"在生产资料公有制的基础上,建立消费资料的个人所有制"。或者说"是将土地和其他生产资料归全体劳动人民共同占有,实现生产资料归全体劳动人民共同占有,实现生产资料的公有制,但在这个基础上还存在着消费资料的个人所有制"。(北京大学编《〈资本论〉释义》)相反,另一种理解则认为,马克思所设想的"劳动者的个人所有制"并不是以空洞的"公共所有"为基础的,而是以生产资料个人所有为实际内容的,因此,代替资本主义私有制的"劳动者的个人所有制"就是"每个人都在事实上占有一份生产资料"。因此,所谓重建个人所有制就是重新建立生产资料的个人所有制。

每一种理解都有自己的理由。认为所谓重建个人所有制就是重新建立生产资料个人所有制的理由有:第一,所有制就是生产资料所有制,是马克思的一贯思想,马克思一讲所有制,就是讲生产资料所有制,至于生活资料,那只是分配的对象,对生活资料的占有不同于对生产资料的占有,对生活资料只需进行分配而没有必要建立所有制。第二,生产资料公有制与"劳动者的个人所有制"的关系,是一般与个别的关系,"一般"是抽象的空洞的,"个别"则是具体的实在的。第三,社会主义经济的实践表明,没有劳动者对生产资料的实际占有,公有制就是没有具体实际内容的法学概念;要使劳动者真正成为劳动的主体,使他们的劳动积极性充分发挥出来,把他们身上的创造性发掘出来,就必须建立生产资料个人所有制。

认为马克思的重新建立个人所有制只是指生活资料所有制的理由则是:第一,马克思讲过,在共产主义社会,"除了个人的消费资料,没有任何东西可以成为个人的财产。"第二,马克思说的重建个人所有制是"在协作和对土地及靠劳动本身生产的生产资料共同占有的基础上"的,既然生产资料都归公有了,又哪来生产资料再归个人所有呢?第三,如果把生产资料的社会公共所有理解为每一个人都在事实上占有一份生产资料,那就是将部分等同于整体,将树木等同于森林。第四,生产资料归个人所有与社会化大生产是不相适应的,社会化大生产要求生产资料公共所有。第五,社会主义建设实践中还没有解决好的劳动者主人翁地位问题,也不是取决于每个劳动者能否占有一份生产资料,而是在于人特别是单个人所享有的权利。

事实上,上述两种理解都是存在缺陷的。所以这样认为,是因为实践告诉我们:社会主义条件下的所谓重建"劳动者的个人所有制"既不是重建生产资料个人所有制,也不会局限在生活资料的范围内,而是一种资源民有制。

首先,社会主义代替资本主义是以否定资本主义私有制为前提的,而从资本家那里"拿来"(即"剥夺剥夺者")的生产资料是绝对不能直接分配给劳动者的,不论这些劳动者在推翻资本主义制度的历史过程中有多么大的功劳,也是不行的。如果那样做,那就不是社会主义革命,更不是建立社会主义制度,而是用资本主义代替资本主义,甚至是用比资本主义更落后的社会制度代替资本主义制度,其结果必然是社会历史车轮的倒退。如果那样做,无产阶级的革命就如同封建社会里的农民革命。封建社会的农民革命者,就是在胜利后将自己直接变成地主、官僚或皇帝。社会主义代替资本主义之后,首先建立的是社会主义的生产资料公有制,这是马克思主义的本意。至于建立社会主义生产资料公有制之后,社会的经济制度还应该怎样发展,发展后又具有什么样的特点,则是另一个问题。关于这后一个问题,马克思没有空想,而是运用历史唯物主义的方法提出了具体的设想,这就是:在共产主义的第一阶段即社会主义社会重建"劳动者的个人所有制",实行按劳分配,而在更高级的阶段实行各尽所能,按需分配的制度。

其次,重新建立的"劳动者的个人所有制"并不是要求每个人都在事实上占有一份生产资料,也不是以生活资料为限。这是因为:生产资料与生活资料是理论分析的工具性概念,在实际生活中是很难将二者分开的,是生产资料的东西有时候是可以转化为生活资料的,反之亦然。马克思虽然在很多时候讲的所有制是指生产资料的所有制,但马克思不可能不知道"财产"概念的外延是大于生产资料的。财产是包括生产资料和生活资料的。而且,马克思既然将共产主义社会的第一阶段设想为社会主义,而社会主义社会又必须实行按劳分配制度,那么,由社会主义按劳分配制度所产生的财产必定仍然是一种财产制度之下的财产,而这种财产制度下的财产就不可能完全排除生产资料。所以,马克思所讲的劳动者的个人所有制在其对象上就不会只局限为生活资料。而且,马克思主义所讲的社会主义制度是以社会化的大生产为前提的,而人类社会的历史告诉我们:即使社会的生产没有达到社会化大生产的程度,社会正常的有序运行,社会的发展也并不需要每个人都占有一份生产资料。对这些问题,马克思是不可能没有考虑的。因此,对马克思提出的重建"劳动者的个人所有制",就不能仅仅理解为消费资料所有制,也不能理解为每个人事实上都占有一份生产资料。

第三,重新建立"劳动者的个人所有制",是生产资料社会主义公有制基础上按劳分配的结果和延续。马克思说得很清楚,所谓"重新建立个人所有制",是在"资本主义时代的成就的基础上"的,同时也是"在协作和对土地及劳动本身生产的生产资料的共同占有的基础上"的。而这个过程则是与按劳分配相联系的。没有生产资料公有制作为基础,按劳分配是不能产生的,也是不能存在的。资本主义私有制是其全部经济制度的基础,而在资本主义私有制的基础上,是不存在按劳分配的。而社会主义代替资本主义之后,要重新建立个人所有制,就必须实行按劳分配。如果不经过按劳分配来建立个人所有制,那就只能是两个办法,一是将从资本家手中夺过来的财产直接地进行分配,二是将业已建立起来的生产资料社会主义公有制予以破坏,即化公有制为私有制。显然,前一个办法不是重建"劳动者的个人所有制",而是重建"劳动者的私有制";后一个办法也不是重建"劳动者的个人所有制",而是对生产资料公有制的"打碎"。相反,在社会主义生产资料公有制业已建立的条件下,通过按劳分配制度而使劳动者从社会获得财产(包括生产资料和生活资料),从而建立起来的财产制度的过程,才是所谓之重建。因此,所谓重建劳动者的个人所有制,其实并不是一个简单的建立制度的问题,而是一个经济按照自己的规律发展的过程。

第四,重新建立起来的"个人所有制"与已经存在的生产资料社会主义公有制的关系,并不是"一般"与"个别"的关系,也不是有你无我或有我无你的不相容关系,而是可以共存共生的相容关系。这也就是说,在社会主义社会,不仅有生产资料归公共所有的情况,而且也有生产资料归社会成员个人所有的情况;这也就是我们今天实行的多种所有制同时并存,共同发展。所谓多种所有制同时并存,首先是公有制和个人所有制并存,其次才是各种个人所有制并存。所有制,是一种财产制度,而财产制度的实质是对财产的所有进行规定。所有的含义是,这财产要么是你的,要么是我的或他的,而不能同时是你我他的;这财产要么是我们的或你们的或他们的,而不能同时是我们、你们、他们的;或者说,这财产要么是个人所有的,要么是公共所有的,而不可是个人所有的同时又是公共所有的。一些财产属于公共所有,另一些财产属于个人所有;或者,一些资源属于公共所有,另一些资源属于个人所有,是可以并行不悖的,这样的资源所有制度安排是可以相容的。所以如此,首先是因为资源在存在形式上是无限多样的,而任何一个主体都不能实际地占有所有的资源。就"一般"与"个别"的关系而言,"一般"是指事物的共性,"个别"是指事物的个性,所谓共性是指研究对象共有的特征、特点或性质,而个性则是指研究对象特有的性质、特点或特征;共性是对共同点的概括,个性则是对特殊点的指认。"所有制"的概念应该是对所有所有制度的共性进行概括,即应对公有制和私有制的共性进行概括。所有制下面的"私有制"和"公有制"又应该分别对不同的私有制和不同的公有制的共同点进行概括。因此,所谓"一般"与"个别"的概念虽然是研究对象的属性的反映,却并不是独立存在的客体。事实上,公有与私有只有指向同一对象时才会是不相容的,而在指向不同资源时却是相容的,因此,二者在根本上就不是"一般"与"个别"的关系。

第五,马克思确实讲过,在未来的共产主义社会里,除了个人消费资料以外再没有什么东西可以作为个人的财产了,但那毕竟是对未来社会的一种预测和估计,而不是对现实社会的真实反映。马克思主义的活的灵魂是,从实际出发,实事求是。马克思和恩格斯在《共产党宣言》德文版序言中就说过,《共产党宣言》中所发挥的基本原理的实际运用,随时随地都要以当时的历史条件为转移。要是马克思、恩格斯还活着,他们也会对他们讲过的一些不符合实际的话进行必要的修正。而且,从现实上看,劳动者个人在社会主义社会里所拥有的财产也不会仅局限于生活资料。

依笔者管见,马克思所主张重新建立的"劳动者的个人所有制"是这样一种制度:在所有的对象上,既可以生产资料为对象,也可以生活资料为对象,即以资源为对象;在所有的主体上,可以是每一个社会成员,也可以是一部分社会成员;在所有的实现方式上,是通过社会的经济运行实现的,也就是通过按劳分配和举办民有经济的途径实现的。

个人所有的对象物所以包括生产资料和生活资料,是因为资源在现实上既可以作为生产资料又可以作为生活资料;而按劳分配总是依不同的历史条件而有不同的形式,在非市场经济条件下,人们通过按劳分配所获取的财产只是生活资料,而在市场经济的条件下,人们从社会取得的财产形式首先是货币,这使个人所有的对象可以是任何的资源,即既可以是生活消费资料也可以是生产资料。

财产所有的主体所以既可以是每一个社会成员也可以是一部分社会成员,则是因为:社会主义社会实行的是按劳分配,不劳动者不得食的制度。在社会主义条件下,虽然每个人都有其人力资源,但这种拥有实际上则是潜在性的拥有,这也就是说,一个不具有劳动能力的人事实上是没有人力资源的,因而也就不是必然地能够从社会取得财产。一个3岁小孩可以根据社会的财产继承制度从社会取得财产,而一个成年人在没有继承权或继承权没有实际内容的情况下如果又不具有实际的劳动能力就无从从社会取得他所需要的财产或资源。这是社会主义不同于共产主义的一个特点。按照马克思的设想,共产主义社会是实行按需分配的社会,而社会一旦在自己的旗帜上真正地写上了"按需分配",则"财产"这个词也就不再具有原来的含义(自财产一词产生以来,财产总是与所有联系在一起的,没有主体所有的资源,或者说不能由任何人所有的资源不是财产,甚至不能成为财产),与财产相联系的所有以及所有制也将不复存在。社会没有在自己的旗帜上写上"按需分配"之前,财产制度必然存在。而财产制度存在也就意味着财产所有者的主体是多个的,如果所有者只有一个,则财产所有制就失去了存在的必要。共产主义不能在一国数国首先实现,只能在全人类一齐实现的道理也在此。改革开放前,也就是毛泽东同志晚年犯错误的那个历史时期,"左"的那一套理论泛滥成灾,"左"的那一套理论所以错误,就在于把根本没有历史条件的事情拿到今天来做。

邓小平指出:"贫穷不是社会主义。"但是,社会主义并不是无条件地保证每个人不贫穷,社会主义也不消灭因懒惰因不劳动而导致的个体的贫穷。社会主义作为一个历史过程,是使所有人养成或真正认识到"劳动是生活的第一需要"的历史过程。而在这个历史过程中,财产制度即所谓所有制将要起到重要的历史杠杆作用:人们通过诚实劳动从社会获取归自己所有的财产,最终认识到"劳动是生活的第一需要"。而且,在这个历史过程中,劳动概念的内涵也会发生着深刻的变化:劳动将不再局限为体力劳动,而是包括体力劳动和脑力劳动并且逐渐以脑力劳动为主。反过来说,在社会主义社会,资源所有制度以及它所包括的财产制度要围绕着实现劳动成为生活第一需要来安排。社会主义的资源所有制度的最重要特点不在于对所有能够为经济主体所占有的资源确定所有权,而是在于承认人本身是一种资源,在于承认每个人拥有自身的人力资源,在于鼓励每个人运用自身所拥有的资源通过参加社会的劳动从社会获取财产,进而拥有属于自己所有的财产。社会主义以前各社会的财产制度的特点则是:社会的统治阶级通过运用国家机器这种名义上的"公共权力"实际上的阶级暴力,将社会所创造的大部分财产据为己有,使自己成为富有者、剥削者、压迫者,而把被统治阶级放在与自己对立的位置上,使他们成为被剥削者、被压迫者、贫穷者。这种财产制度的不合理性是非常明显的。针对这种财产制度的不合理性,生活在春秋战国时代伟大思想家孟子就曾提出了使所有人拥有财产的思想。孟子说:"无恒产",则无恒心,人有恒产,则有恒心。但是,孟子的"人有恒产"的理想,在封建社会却不可能实现。

在社会主义社会,社会成员对生产资料的占有并不是将资本家手中夺取过来的生产资料进行直接的占有,而是通过自己的诚实劳动来实现对社会所生产的物质资料的占有,这种"占有"已经不是历史形成的占有,也不是由旧的社会条件下运用权力所产生的占有,而是在社会主义公有制已经建立的前提下,即社会主义经济制度已经确立的前提下的一种劳动获取。而且,劳动者的劳动积极性和创造性的发挥并不必定需要以生产资料的个人所有制为前提。因此,社会主义条件下的"劳动者的个人所有制"在核心上是这样一种制度:以承认每一社会成员都拥有一定人力资源为前提,为着发挥其人力资源的作用而鼓励人们通过诚实劳动从社会获取一定物质财富。相应地,社会主义的劳动者的个人所有也就不是一种以生产资料占有为基础的所有,而是一种以自身人力资源的所有为前提的对社会物质财富的获取。因此,社会主义的劳动者个人所有在形式上和内容上,虽然仍是一种财产制度,但在实质上则是一种以自身人力资源所有为前提的所有。这也就是说,重建劳动者个人所有制的核心问题或关键问题,并不是如何保证每个社会成员都拥有一定的财产,更不是要使每个社会成员都拥有一定数量的生产资料,而是要保证每一社会成员都能将自身拥有的人力资源发挥出作用。因为只有人的人力资源能够与物质资源实现有机结合,才能实现真正意义上的"人有恒产"。正因此,社会主义的关键问题或核心问题是解决就业问题。一旦所有社会成员都解决了就业问题,则人力资源与其他资源相结合的问题也就相应解决,每一社会成员也就实现了对社会资源的占有。

对于"人有恒产"是存在不同理解的。在有的人看来,所谓人有恒产就是每个人都事实上拥有一份生产资料,从而能够永远地从社会获取消费资料;相应地,社会就必须解决每个人都拥有一份生产资料的问题。"耕者有其田",实际上是这种理论的具体化。在笔者看来,所谓人有恒产实际上是每一社会成员都解决了就业问题,而不论他是否拥有一份生产资料。如果他有一份生产资料,并且其人力资源能够与这份生产资料结合起来,解决自己的就业问题,那当然好;如果他没有占有一份生产资料,但凭其所拥有的人力资源也能在社会上解决就业问题,那也是可以的;如果他有一份生产资料,而使这份生产资料与别人的人力资源相结合,自己则又与别人所有的生产资料相结合以解决自己的就业问题,这也没有什么不好。这也就是说,如果我们的社会能使每个人通过其在社会上的活动,拥有属于自己所有的人力资源进而实现拥有一定数量的财产,则"人有恒产"的目标也就实现了。相反,如果我们的社会制度不能使所有社会成员拥有自己的人力资源,进而不能使其解决就业问题,则"人有恒产"的目标就不能实现。社会主义前社会制度的特点在于:一部分人占有生产资料,大部分人没有生产资料;没有生产资料的人们中,一部分人解决了就业问题,另一部分人则成为失业者。不能解决就业问题的人群没有饭吃,是发生社会革命的根本原因。社会主义所以是社会主义,就在于它能够使所有的人实现就业。因此,所谓社会主义重新建立劳动者个人所有制,其实质也就是:承认所有人都拥有一定的人力资源,从而使所有人实现就业。这既是资源民有制的实质和目的,也就是社会主义条件下重建"劳动者的个人所有制"的真正含义。

资源民有的本真意义是:以承认每个人自身具有人力资源为前提,进而承认每个人都有其生存权、发展权,而人的生存权、发展权又可以归结为劳动权和受教育权以及创造权。人为了生存和发展,应该享有劳动权。劳动是人的本质规定性。但劳动本身是发展的,在一定社会历史条件下,人不接受教育就不会具有劳动能力。因此,人的教育权内在地包含在劳动权之内。创造,虽然不同于普通的劳动,但本质上还是劳动,因此,创造权也内在地包含在劳动权之内。人应该劳动是一个方面,人能不能享有劳动权又是一方面。社会要求人应该劳动却不能保证人享有劳动权,是一个根本性的社会问题。因此,资源民有最后又可以归结为人的劳动权的落实。

落实人的劳动权需要一定的条件,这条件无论对个体如何不同,却可以归结为:每个具有劳动能力且愿意劳动的人,拥有进行劳动所需要的资源,而这种资源是指不包括劳动者自身所有的人力资源在内的其他资源。至于劳动者拥有的除自身人力资源以外的其他资源,是属于他自己所有还是属于他人所有,则是另外的问题。资源民有制度的核心或本质并不要求每个人都拥有某些自然资源或其他资源的所有权,因为这是做不到的。每个人来到人世间的时候,都是赤条条的,都是一无所有的(有些人来到人世间就家财万贯是不合理的,是人类社会制度安排的产物),他既不拥有人力资源,也不具有劳动能力,他也没有力量占有任何社会资源。因此,从这个意义上可以说,所谓资源民有首先就是保证每个人具有接受教育的权利。让每个人享有接受教育的权利,其目的是使每个人都拥有自己特有的人力资源,进而使其具有拥有其他资源的能力。所以,资源民有的真正含义可以归纳为:一是每个人的受教育权得到落实,二是每个人的就业劳动权得到落实。

五、发展民有经济的观念障碍

在社会主义社会,资源属于个人所有即"民有"的情况必然要发生。因此,民有经济必然存在。社会主义的根本特点之一,是大力发展民有经济。所以如此,是因为:第一,只有大力发展民有经济,才能实现"民有恒产",才能实现共同富裕;第二,只有大力发展民有经济,才能实现人的全面发展,即才能为人的全面发展提供个人的经济基础;第三,只有大力发展民有经济,才能充分发挥公有制的优越性和它的基础性作用。

发展民有经济与发展公有经济是既相互联系又相互区别的。就其联系而言,没有公有经济的发展,就没有民有经济的发展,相反,没有民有经济的发展,公有经济就会存在外在动力不足。因此,公有经济和民有经济是互相促进的。从另一方面看,发展公有经济并不等于发展民有经济。

发展民有经济也并不是发展"私有经济"。私有经济是以生产资料私有为基础的经济,而民有经济则是以"民"拥有资源为基础的经济。发展民有经济虽然内含私有经济发展,但发展民有经济并不等同于私有经济的发展。要使民有经济发展不致演变为发展私有经济,关键在于每个公民都享有受教育的权利和就业的权利。

发展民有经济的关键是让公民拥有资源。这能不能实现呢?我们认为,在一定条件下,是可以实现的。这条件就是:第一,多种资源所有制同时并存,共同发展。第二,市场经济体制的建立和完善。第三,国家、社会、家庭共同努力使每个人的受教育权得到落实,使每个人享有的就业权得到落实。资源国家所有能够为落实每个人的受教育权提供物质条件,同时也能为解决一部分社会成员的就业提供就业岗位。资源公共所有也是既能为落实每个人的受教育权提供条件,同时也能为解决一部分人就业提供就业岗位。资源民有一方面可为公民的下一代接受教育提供条件,另一方面则能为下一代解决就业问题提供就业岗位。而单一全民所有制则必然要使教育、就业的责任全部由国家担当。人类社会发展的必然结果之一是:物质财富越来越丰富。这也就是资源特别是以产品为存在形式的资源越来越多。越来越多的物质财富和产品,使资源民有的可能性和现实性增长。在社会稳定、国家稳定的前提下,随着经济的发展,民有的资源必然不断增长,而这又必为公民接受教育权和劳动权的落实提供经济条件。当然,每个历史时期都会有其需要解决的问题,这问题可以归结为一部分社会成员的受教育权或劳动就业权不能落实。这使国家、政府为解决这部分人的问题承担责任成为必要。因此,在长期坚持资源民有、国有和集体所有的前提下,政府更多关注社会弱势群体的教育和就业问题,就是首要的责任和义务。

发展民有经济的阻碍是存在的。制度方面,多种所有制同时并存,市场经济为民有经济发展提供了制度基础。多种所有制同时并存、共同发展,既为发展国有经济、集体经济提供了制度条件,同时也为民有经济发展提供了制度条件。这是因为,不论公有、私有的资源都可以采取资源有偿利用的方式为"民"所利用。市场经济为公民从社会取得所需要的资源提供了便利的条件。那么,是什么在阻碍民有经济发展呢?笔者认为,主要的阻碍是观念,即两种错误的观念,其一是"公"比"私"好,其二是"私"比"公"好。

(一)关于"公"比"私"好

"公"比"私"好,是一种古老的观念。古希腊的柏拉图就是主张单一资源公有制的,其理由也就是"公"比"私"好。他在其《理想国》中以斯巴达城邦制为蓝本构建了他的"理想国":"共产"(取消私有财产)、"公妻"(取消家庭)。"每个人必须在国家里面执行一种最适合他的天性的职务,"每个人只"注意自己的事而不干涉别人的事",所有的人都像士兵一样,吃、住在一起;男女结合不应作为私人问题,而应由国家统一安排,生下来的儿女由国家集中抚养教育,父母不能认自己的孩子,儿女不能认出自己的父母。柏拉图认为,只要取消了私有财产和家庭,人们就会不分你的、我的,就无法为自己及后代谋利益,人们就会互相视为亲人,同悲欢共甘苦,凡是人间因金钱、子女而引起的各种争端就可以消除。柏拉图的"理想国"不仅对后来的莫尔、康帕内拉等空想社会主义有过启发,而且使"公"比"私"好的观念根深蒂固。

"公"比"私"好的另一表达方式是:私有制是万恶之源,消灭剥削就必须消灭私有制。为了实现消灭私有制的理想,人们提出了建立单一全民所有制的制度安排的设想。单一全民所有制的设想,不仅强化了"公"比"私"好的观念,而且使人将资源、财产公有、私有与"姓资姓社"联系起来。邓小平同志提出不搞"姓资姓社"的争论,提出"贫穷不是社会主义","社会主义的本质是解放生产力、发展生产力"等著名论断,使人们头脑中的"公"比"私"好观念发生动摇,但"公有制为主体"的理论原则和写进宪法,又仍然使人们抽象地而不是具体地确认"公"比"私"好。

(二)"私"比"公"好

与公比私好观念相对立的观念是,私比公好。私比公好,也是一种古老的观念。柏拉图的学生亚里士多德就是主张资源、财产私有比公有优越的第一人。他在其《政治学》中针对柏拉图的公有制提出了批评,明确提出资源、财产私有制优于公有制。其主要理由有三:一是认为,资源、财产私有有助于人们各自关心自己的财产,从而有利于充分有效地利用资源,改善自己的财产状况。他说:"各人注意自己范围内的事业,各家的境况也就可以改进了。"二是认为,资源、财产私有有助于减少人们的相互争执。他认为,"划清了各人所有利益的范围,人们相互间争吵的根源就会消除。"三是认为,资源、财产私有适应了人们自爱的本性。亚里士多德认为,公有制是不可取的。他说:"凡是属于最大多数人的公共事物常常是最少受人照顾的事物,人们关怀着自己的所有,而忽视公共的事物。人们要是认为某一事物已有人在执管,他就不再去注意了,在他自己想来,这不是他对那一事物特别疏忽;在家庭中,情况正是这样,成群的婢仆往往不如少数侍从更为得力。"他还说:如果所有成年男子都是所有孩子的父亲,那结果是任何父亲都不管任何儿子。有过"大锅饭"体验的人们,读了上述亚里士多德的话之后,一定都会对他的先见之明表示佩服。

事实上,在目前及今后相当长的历史时期内,资源、财产公有和私有,不仅都是需要的,而且都是必然存在的,单一的私有制不行,单一的公有制也做不到,所谓公有制比私有制好,或者私有制比公有制好,都是具体的,而不是抽象的笼统的。所谓好与坏,作为价值判断也应是具体的,而不能是太抽象的。比如,人们说资源私有制好的时候,往往是看到了私有制与资源有效利用之间的联系,而资源保护、资源开发的问题却没有考虑,社会正义、公平问题也可能被忽略;相反,有些人在说资源公有制好的时候,也往往是只注意到了社会正义和公平,而资源有效利用却被忽略。因此,单纯肯定资源私有制好或者单纯肯定资源公有制好,其实都是片面的,不正确的;相应地,完全私有制或完全公有制的主张,也是错误的,不现实的,只有多种所有制同时并存的选择才是完全正确的。

多种所有制同时并存,首先就是公有制与私有制并存,然后才是多种私有制的形式和多种公有制的形式并存。"并存"不仅有需要,而且有条件。"并存"不只是选择,而且是由资源本身的性质决定的,有的资源(如海洋、江湖、道路等)必须公有,也只能公有;有的资源(如许多具体产品)则是必须私有,也只能私有;有的资源(如新开发的资源——世界上的第一台电子计算机等)开始只能归公所有,后来却可以归私人所有;相反,有的资源(如耕地)在人类社会的早期是为私人所有,而到后来则只能属于公有;在一定历史阶段,有些资源不属于任何个人所有而属于公有无需法律明文规定,到了另一定历史阶段则需要法律予以明确的规定。设定资源公有或私有,既要考虑资源利用的效率,也要考虑资源的保护和开发;既要考虑社会正义和公平的要求,也要考虑资源本身的性质和特点。从资源本身的性质和特点考虑问题,其结论必然是:宜公则公,宜私则私。

所谓宜公则公,宜私则私,是说,资源公有制和私有制作为制度安排,应该视具体资源本身的性质和特点,为着实现资源有效地充分利用,为着实现资源保护和开发,为着实现发展生产力的目的来决定。这使具体资源的所有制度应按照"一切以时间、地点、条件为转移"的原则来安排。比如,洞庭湖水域的渔业资源要实现有效保护,就必须实行国家所有制,而不能实行私有制。而公民在沙漠上的造林所形成的林业资源却可以安排为私有制。

"多种所有制同时并存"表面上不是价值判断,实际内含价值判断,这是因为:"并存"是一种选择,而选择总是以价值判断为前提的。"多种所有制同时并存"作为价值判断,意味公有私有都是社会所需要的,它们没有好坏之分,而只有需要和功用之别。正由于资源公有制是需要的,因而其好处必定是存在的,对其视而不见,见而不认,都是错误的。相反,正因为资源私有制也是需要的,因而其好处也是存在的,对其视而不见,见而不认,也是错误的。"多种所有制同时并存"作为价值判断,是既肯定了资源私有制,也肯定了资源公有制;

既否定了私有制,也否定了公有制;既是对私有制的扬弃,也是对公有制的扬弃;既看到了公有制的短,也看到了私有制的恶;集中体现了人类的智慧——辩证法。

在多种资源所有制同时并存的前提下,以资源公有制为基础的公有制经济对社会主义社会的建设和发展当然是有重大作用的。党的十六大报告指出:"发展壮大国有经济,国有经济控制国民经济命脉,对于发挥社会主义制度的优越性,增强我国的经济实力、国防实力和民族凝聚力,具有关键性作用。集体经济是公有制经济的重要组成部分,对实现共同富裕具有重要作用。"党的十六大报告还指出:"必须毫不动摇地鼓励、支持和引导非公有制经济发展。个体、私营等各种形式的非公有制经济是社会主义市场经济的重要组成部分,对充分调动社会各方面的积极性、加快生产力发展具有重要作用。"这是对资源公有制和资源私有制以及相应的经济制度和经济形式的存在理由、作用的最概括最集中最精辟论述。

但是,如果在"并存"之后再加上一条以何种所有制为主体的尾巴,那就不仅使公有私有有了好坏之分,而且势必导致公比私好的观念重新抬头,而公比私好的观念一旦抬头,则私比公好的观念占上风也就为期不远。所以,我们要同时反对公比私好和私比公好这两种错误观念,不能让其中任何一种观念再占上风,因为这其中任何一种观念占上风,其发展都会给社会带来一场灾难。这是历史的经验和教训。长期以来,存在的问题是:一些人主张一切资源公有,宣扬公比私好的观念;另一些人则主张一切资源私有,宣扬私比公好的观念。这两种人都走了极端,因而存在各自的片面性。

总之,发展民有经济一是要在多种所有制同时并存的框架内建立资源、财产民有制度,完善、发展资源有偿利用制度,二是要注意破除"公比私好"和"私比公好"的错误观念。之所以认为这两种观念都是错误观念,还因为:只要有这两种观念存在就必然要发生争论,而只要争论存在就必然要阻碍民有经济发展。真正的事实和真理是:只要社会正常运行和发展需要资源所有制,则资源所有制必然是公有制和私有制并存。所谓共产主义社会的单一全民所有制,其实是无所有制。正因为无所有制,所以才能按需分配。正因为已经实现按需分配,所以也就无需所有制。

第八章

中国耕地资源所有制的变迁

耕地资源在农业社会里是一种十分重要的经济资源,它在经济中的基础性作用是不言而喻的。中国在历史上是一个农业大国,今天仍然是一个农业有重要地位的国家。因此,考察一下中国耕地资源所有制的演变历史还是很有意义的。

中国耕地资源所有制的历史演变过程大致可以描述为:由原始的公社所有发展为耕地资源私人所有制之后,耕地资源私有制的实现形式又经历了由劳役地租制发展为实物地租制的过程;新中国建立之后,又经历了耕地资源私人所有发展为集体所有的变革;耕地资源集体所有制建立后又发生了实现形式的演变。

中国耕地资源私有制的主要实现形式有井田制和租佃制。井田制和租佃制是中国两千年封建社会的主要资源制度。而新中国成立前后的土地改革运动则是将封建土地所有制度变革为劳动者所有的革命运动,以后的农业合作化运动则是将土地私人所有改变为集体所有制的革命运动,十一届三中全会后的农村改革则是耕地集体所有制实现形式的变革运动。

一、井田制

井田制既是中国历史上的一种耕地资源所有制,同时也是中国历史上的一种资源配置制度,它的存在时间虽然很短,但却是中国耕地资源配置制度的一种历史形态,因而有其研究的价值。

（一）井田制的内容

古文献上说,中国历史上的商周时代实行过井田制。井田制是耕地资源私有制的一种实现形式。在这种制度下,劳动者的人力资源与耕地资源实现结合,推动经济按照较少资源耗费换取较多收益的经济规律发展。《孟子·藤文公》对井田制作过如下描述。

"方里而井,井九百亩,其中为公田,八家皆私百亩,同事公田,公事毕,然后敢治私事,所以别野人也。"

从孟子的这一描述中,我们可以得知井田制的主要内容如下。

1. 耕地资源所有者将耕地划分为方块,中间一块为"公田",周围八块为"私田"。"公田"所获,归耕地资源所有者享用;"私田"所获,归劳动者养家糊口,再生产劳动力资源。

2. 对"公田"而言,耕地资源的所有权与经营权没有分离,都由耕地所有者掌握。对"私田"而言,耕地资源的所有权与经营权发生了分离:耕地的所有权属于土地所有者,经营权则属于劳动者。劳动者取得"私田"经营权的代价是无偿耕种"公田"。所以井田制又称劳役地租制。

3. 劳动者在"公田"里的耕作,是有组织的集体生产劳动,即所谓八家"同养公田"在殷墟王宫旁,曾经发掘出上千把石镰。这些石镰大都有使用的痕迹,不是制镰工场所藏。《诗噫噫》有诗句:"十千维耦",是说两万人同时耕作,由此可见商周时井田制下"公田"上的劳动规模之大。"公田"生产的组织指挥者是耕地所有者。劳动者在"私田"里的劳作,则以一家一户为单位独立进行。

4. 为保证耕地所有者优先获得利益,保证"公田"生产顺利进行,耕地所有者规定了一条纪律:"公事毕,然后敢治私事"。这就是说,农活安排的原则是,先"公田"后"私田"。劳动者只有完成"公田"耕作之后,才允许耕作属于自己占有但不属于自己所有的"私田"。

（二）井田制的缺点

1. "公事毕,然后敢治私事"必使"私田"的耕作受到影响,从而影响劳动者的切身利益。例如,春旱无雨,一旦下雨(春雨贵如油),劳动者却要先忙完"公田"上的农活,然后才能去忙自己那一份"私田"上的农活,有时等到"公田"上的农活忙完了,一场春雨又早已过去了。《诗经·小雅·大田》就记载了农奴们对天发出的愤怒呼喊:"雨我公田,遂及我私。"

2. "公田"上的集体生产劳动不易组织管理。随着时间的推移,井田制的不易维持性越发增强,这导致耕地所有者更加运用暴力对"公田"上的集体生产劳动进行强化管理。"哪里有压迫,哪里就有反抗"。农奴们反抗耕地所有者即农奴主的方式之一便是消极怠工,也就是"不肯尽力于公田",这就要影响"公田"谷物的收获量。《诗经·齐风·莆田》说:"无田甫田,维莠骄骄。"甫田,即公田。公田里长满了野草,这当然是劳动者们消极怠工的结果。

3. "公田"与"私田"以及"私田"之间的收获量会存在差别。"公田"的收成好于"私田",耕地资源的所有者自然高兴。"公田"收成如果不如"私田",耕地所有者便会愤怒。这个愤怒可不会出诗人。

正由于井田制存在以上三个问题,所以到春秋末期,井田制就越来越行不通了。这当然与生产技术进步有关,即体现了生产力进步推动生产关系变革的规律。据历史学家研究的结果可知,春秋末期,即井田制瓦解之时,也正是铁器牛耕大量推广之时。井田制的瓦解,固然与其内在的缺陷有关,更与铁器和牛耕技术的发明和发展有关。井田制的内在弊端为其废除埋下了伏笔,而铁器和牛耕这两样东西则为井田制被废除提供了实现条件。

井田制行不通,就要对它进行改革。齐桓公实行"相地而衰征",就是对"共耕公田"的制度进行改革,他将公田、私田都全部租佃给农民进行耕种,其代价则是农民将耕作收获的一部分谷物作为地租无偿地交给地主。公元前594年,鲁国实行"初税亩"的制度,也是用实物地租制代替劳役地租制。这都标志井田制被正式废除。

(三)井田制瓦解的启示

井田制下"公田"里的集体生产劳动与资本主义企业和社会主义企业里的集体生产劳动有相类似的一面,即集体生产劳动具有不易组织性以及由此带来的低效率。

井田制不论作为生产资料所有制还是资源所有制,都是私有制的一种实现形式,而代替它的租佃制仍然是私有制的一种形式。而且,井田制就已经包含了资源所有权与经营权的分离,租佃制取代井田制不过是耕地资源所有权与经营权相分离的普遍化。

从根本上说,井田制的产生和瓦解,都是生产力发展的结果。生产力发展到一定历史阶段,会要求社会或社会的一部分成员对某些资源既拥有所有权又拥有经营权,同时使他们对某些资源没有所有权,他们只能以他们的劳动或劳动产品为代价来换取对那些资源的使用权。在井田制的框架内,劳动者对"私田"没有所有权却有经营使用权;在租佃制的框架内,劳动者仍然是对耕地没有所有权却有经营使用权。这是井田制与租佃制在制度上的根本区别。井田制的内在缺陷,是"公田"的经营效益低,且缺乏提高经济效益的经济动力。

二、租佃制

(一)租佃制的概念

租佃制又名实物地租制,作为一种资源配置制度,它以耕地资源由一部分人占有另一部分人没有耕地资源为前提。如果所有社会成员都有一份没有多少区别的耕地资源,租佃制就必然不能成立。

租佃制与井田制的相同之处在于,都是以耕地资源私有制为基础从而实现耕地资源与人力资源相结合的方式。不同之处在于,租佃制是取代井田制的一种更先进的所有制的实现形式,它比井田制更适合生产力的发展要求,更能促进生产力发展。

租佃制在中国存在的历史很长,从春秋末期起,一直到中华人民共和国建立,都是这一制度规定中国社会的经济关系发展,从而促进并同时制约中国经济的发展。亚当·斯密在其著作《国民财富的性质和原因的研究》中说:"中国一向是世界上最富的国家,就是说,土地最肥沃,耕作最精细,人民最多而且最勤勉的国家。然而许久以来,它似乎就停滞于静止状态了。今日旅行家关于中国耕作、勤劳以及人口稠密状况的报告,与500年前考察该国的马可·波罗的记述比较,几乎没有什么区别。也许在马可·波罗时代以前好久,中国的财富就已完全达到了该国法律制度所允许的发展程度。"据有关研究说,中国在唐代,人均粮食的拥有量就已达到500多斤,一直到晚清和民国初年,都没有超过这一水平。为什么会是这样?其原因固然是复杂的多方面的,但租佃制的长期稳定以及一代又一代的王朝更迭则是根本性的重要原因。这也就是说,中国租佃制的长期稳定是通过由农民起义造成的王朝更迭而中断—重建—再中断—再重建的周而复始实现的。

（二）租佃制的特点和问题

租佃制是以耕地资源私有制为基础，实行耕地所有权与经营权相分离，地主拥有耕地的所有权，农民通过与地主签订租佃契约取得耕地的经营权，农民将耕种收获的一部分农产品无偿地交给地主的制度。在这一制度框架内，地主不劳而获过着衣租食税的寄生虫生活。地主只管收租，农民承担全部经营风险和责任。租佃制作为耕地资源私有制的一种实现形式有以下特点和问题。

1.租佃制能够有效地保证耕地资源所有者的利益实现，也就是能够有效保证土地所有者的权益得以实现。

2.租佃制内含"交足地主的，剩下全是自己的"的利益机制，对于调动农民的生产经营积极性，对于激励农民学习、钻研农业生产技术，对于发挥农民的聪明才智和创造力，都具有重要作用。

3.租佃制的实行必然导致土地租赁市场出现。由于生产力发展水平的限制，农民想要获得更多的粮食，过上温饱的生活，就想多租佃一些耕地，这就必然导致租赁耕地的竞争。这种农民之间的竞争，当然对地主有利。地主可以利用耕地资源的有限性以及农民之间的竞争提高地租数量，且不与农民订立长期的租佃合同，这又将加强农民之间的竞争。农民一旦不能与地主订立租佃合同，就将由佃农沦为雇农或无业游民，其生存就会更加困难。农民看到这种不利后果，就不得不接受地主的苛刻条件与之签约。当然，地主为使收取地租容易，也要寻求可靠老实的农民建立租佃关系，这使租佃关系相对稳定成为可能。一旦租佃关系比较固定，则地主就可以安枕无忧地衣租食税，农民则可以安心地经营那一小块土地，经过艰苦奋斗，勤俭节约，使自己一家过上温饱生活。

4.租佃制通过赋予农户以一小块土地的自主经营权和风险责任，调动了农户的生产经营积极性，为农户成为自给自足的自然经济单位奠定了基础，对于社会稳定无疑起到了积极作用，对于生产力发展提供了经济动力。但是，一旦自给自足成为农民的追求目标，农民在掌握农业生产技术方面就不是向深度进军，而是向广度进军。中国旧社会的农民，绝大多数不仅是农活的里手，而且还是手工业者，与今天的农民相比较，他们是"全才"，"十八般武艺"都会，这当然限制了社会分工的进一步发展,从而也就制约了商品经济的发展。

5.租佃制一旦确立,能否起到调动耕地经营者即劳动者的生产经营积极性,其关键是地租数量是否适当。地租数量既决定并体现地主的利益,同时也决定并体现农民负担的沉重。地主总是力图提高地租数量,农民则希望减轻负担。当地租数量一定时,农民的利益就取决于耕地的经营状况,即取决于收成。地租数额的决定过程应当是一个谈判过程。可是,对中国而言,这个谈判过程并不是一个纯粹的市场过程,也不是一个纯经济过程,更不是一个坐在咖啡馆或茶馆里谈生意的过程,而是一个与政治相联系的社会历史过程。从中国历史上看,地租数量是高于农民的承受能力的。1996年长沙走马楼出土的简牍告诉我们,三国时期的东吴,农民耕种一亩地要向地主交纳一斛二斗的高额租米,而当时的生产力水平是每亩产米不到三担,田租却高达三成六,即占产量的36%。这样高额的地租当然使农民不堪重负。而且,在中国,农业始终是高风险产业,水灾、旱灾、风灾、虫灾,都严重影响农业的收成,有时甚至造成绝收。低下的农业生产力,再加上过高的地租,是中国农民问题始终存在的根本原因。

租佃制代替井田制以后,其第一个存在形式是实物地租制,在它的发展过程中,货币地租制也出现了,但货币地租制与实物地租制的区别仅仅在于,是以实物(谷物)作为地租还是以货币作为地租。当然,以货币作为地租具有灵活性,这既要以商品经济比较发达为条件,又会促进商品经济进一步发展。

租佃制给我们的启示是:第一,不仅耕地资源,就是其他资源也可以采用租赁的办法进行经营;第二,不论资源的所有者是谁,即不论是私人所有的资源还是集体所有或国家所有的资源,都可以采用租赁的办法进行经营。

三、土地改革和耕地资源属于劳动者个人所有

(一)土地改革的动因

井田制和租佃制都是剥削制度,而且其剥削都是赤裸裸的。井田制的剥削表现为农奴们在"公田"为耕地资源的所有者进行无偿的劳动,农奴们心中明白这一点。租佃制的剥削体现为地租,佃农的心中也是很清楚的。井田制以自给自足的自然经济为基础,农奴们的自给自足取决于"私田"的经营状况。

租佃制的基础也是自给自足的自然经济,农民能否实现自给自足不仅取决于那一小块土地的生产经营,还要取决于地租的数量。地租太重,农民不仅不能实现自给自足,而且还可能破产。总之,在井田制和租佃制下,劳动者要实现自给自足的温饱生活都是非常困难的,即使实现了,也是低水平的。

在中国封建社会,还存在一种经济模式,那就是自耕农。自耕农的耕地属于自己所有,其经营权亦由他自己掌握。自耕农除必须完成封建国家的税负外,不需要向地主交纳地租,其负担自然要比佃农轻得多。自耕农是不受剥削的,因而较佃农容易实现自给自足。如果说,佃农是低水平的自然经济,自耕农则是较高水平的温饱型的自然经济。自耕农给农民的启示是:拥有一小块土地的所有权,通过自己的辛勤劳动和苦心经营,可以实现自给自足。千百年来,农民的梦寐以求的理想就是自给自足。而这要以"耕者有其田"为前提。

在中华人民共和国成立前的旧中国,占农村人口不到10%的地主和富农,占有70—80%的土地,而占农村人口90%以上的贫农、雇农、中农和其他阶层,只占有20—30%的土地。耕地资源配置的这种状态是存在问题的。这种问题的实质是耕者无其田。为了解决这个社会问题,早在孙中山先生领导的旧民主主义的革命中就提出了"耕者有其田"的任务。不过,孙中山先生领导的革命没有实现这个任务,即没有能够实现"平均地权"的理想。这个理想是由中国共产党领导的新民主主义革命实现的。

(二)土地改革的效果

要实现耕者有其田就必须进行土地改革。土地改革的实质是推翻封建土地制度建立新的土地制度。在中华人民共和国成立前,广大解放区就已实行了土地改革。中华人民共和国成立后,于1950年6月,中央政府颁布了土地改革法,到1952年9月,除少数民族地区外,全国范围的土地改革基本完成。中国共产党领导的土地改革运动,实现了中国农民两千多年来梦寐以求的理想。土地改革作为耕地资源所有制度的革命运动,其基本内容是:将封建地主、富农所占有的耕地资源以及其他农业资源按农村人口平均分配给无地和少地的农民,实现"耕者有其田"。原来是地主或富农的家庭失去大部分或一部分耕地,不能再依旧过衣租食税的寄生虫生活,在土地改革后被改造为自食其力的农民。相反,原来是雇农或佃农的农民,则经土改一跃成为拥有一小块土地所有权的自耕农。这当然会激发广大农民的生产积极性,促进农业生产力发展。

事实正是这样:"土地改革后,农民在自己的土地上耕种,积极性空前高涨。若以土改完成后的1952年和1949年相比,全国平均粮食生产增长了42、8%,农民购买力提高了一倍。以开弦弓村来说,1936年的粮食亩产量是300斤,1952年据格迪斯教授的数字是500斤,增加了66%。"(费孝通《从事社会学五十年》,天津人民出版社1983年版第116页)

但是,土地改革促进生产力发展的作用毕竟是非常有限的。因为,土地改革只是以一种平均耕地资源私有制取代一种具有一定垄断性的耕地资源私有制。土改后,中国农民经过不长的时间就大致可以区分为以下三种情况。

1. 大部分农民不仅政治上翻了身,而且经济上也翻了身,他们比新中国成立前的生活有了改善,过上了相对丰衣足食的生活。

2. 一部分农民政治上翻了身,但经济上未能翻身,他们或者因为天灾人祸,或者因为不善经营,仍然处于经济上的困境之中,有的甚至不得不将土改中分得的土地卖掉,重新沦为无地的农民。

3. 另有一部分农民则不仅过上了比较富裕的生活,而且买进了土地,走上了自己设计的发家致富道路。这部分农民当时被叫做"新富农"。电影《刘介梅》里的刘介梅既是艺术典型,同时也是生活中的真实典型。

这后两部分农民的问题也就是当时的所谓"两极分化"问题。这两部分农民虽然数量确实不多,但客观存在,其发展趋势也非常明显。正是因为问题客观存在,发展趋势也非常明显,也就理所当然地被深切关注农民问题且又能见微知著的伟大政治家毛泽东看到了,而这又使彻底废除耕地资源私有制的农业合作化运动走上历史的舞台,成为中国当代历史上的重大历史事件。

(三)土地改革后,耕地资源所有制的发展方向

实际上,我国土改后的耕地资源所有制在发展方向上是可以有多种选择的。

第一条路,是维持耕地资源私有制并允许土地自由买卖。这条路也就是在土改后,让耕地资源所有制按照经济的规律自发地发展。这样做的结果很可能是农民两极分化,从而重走中国封建时代的老路,使一部分农民兼并另一部分农民的土地成为地主或大地主,另一部分农民则沦为失去土地的雇农或无业游民,这在没有新生产力注入的前提下,实际上是中国两千多年封建社会的社会问题及解决方式的周而复始。当然,如果考虑到中国工业化这个因素,

则这条路走下去的结果也并非必定如此。因为：工业化在为中国农业注入先进生产力的同时，也会为失去土地的农民提供到城市就业的机会，从而为农业经济发展过程所产生的剩余劳动力找到出路；而土地兼并也必然会造成土地集中，为土地的规模经营准备一定的社会条件。这一条路还有一个好处就是明确了土地这种资源的所有权，不致出现今天的所谓耕地资源所有者缺位的问题。

第二条路，是通过土地国有化的运动实现土地国有，使耕地这种资源全部为国家所有。这条路走起来可能比较简单。因为只要国家宣布耕地全部属于国家所有就行。国家在宣布耕地属于国家所有后，农民仍然可以耕种土地；国家享有耕地资源的所有权，农民享有耕地资源的使用权；国家与农民的关系是经济上的租佃关系。耕地资源国家所有，使国家能够自主地经营土地，即国家根据国家经济和建设的需要可以比较自由地运用土地资源。这样一来的好处，一是国家建设所需要的土地不再需要从农民那里征收，而是可以自由地划拨；二是国家可以自由地安排耕地的利用，从而有利于发展规模农业经济。这样做的问题：一是失去土地的农民还得由国家安置，这安置当然不是仅仅给予安置费用的问题，也不仅仅是安排住所的问题，还有一个安排就业的问题；二是国家负责土地资源的利用必然导致权力寻租和权力过错。权力寻租是指政府官员利用手中握有权力寻求个人利益。权力过错是指政府官员在安排土地的用途过程中所犯的错误，如耕地资源被用于建设的过度，耕地资源被错误地交给土地经营者。权力寻租和权力过错都会导致耕地资源不经济的利用，不按客观规律利用等问题发生，甚至还会导致社会风气的恶化。但是，土地国有也有使社会矛盾和社会问题更直接地得到反映的一面，因为，土地国有化势必要强化政府的责任：耕地资源没有被正确利用，其责任首先就是具体负责管理国有土地的政府部门和政府官员的责任。一旦确立土地资源全部属于国家所有，国家势必会重视土地资源正确利用的责任制度的建立和完善。而国家直接追究政府官员的责任可以使土地资源正确利用的程度提高。当然，这要以人们特别是政府对土地资源的正确认识为前提。土地全部国有虽然为土地资源利用效率提高提供了一些条件，但需要政府官员具有较高的素质，而这一条件，历史却并没有提供。

第三条路，也就是我们国家实际上所走的道路，即将全部耕地及土地资源分为两部分，一部分属于国家所有，另一部分属于集体所有。我国走这条路，既可以说是历史的选择,同时也可以说是在马克思主义理论的指导下的自觉选择,在这个选择的过程中,世界上第一个社会主义国家苏联也就是所谓苏联模式还是起了重要的示范作用的。回顾这一历史实践,从现实的情况看,我国人民在毛泽东思想的领导下,这条路是走对了的。所以对,就在于这条路给中国社会带来了社会稳定的因素。当然,历史不能假设。但是,思考问题却不能没有假设。如果我国当初的农业合作化运动是一场土地国有化的运动,则现在就不存在土地集体所有的问题。而在土地国有的情况下,同样可以实行耕地资源承包经营的经济方式。当然,如果那样,土地承包合同的双方就不是现在的农户与村庄,而是政府与农户。而且,在耕地资源国家所有的前提下,以耕地承包经营为国有资源的经营方式,既有利于实现耕者有其田又有利于实现耕地资源的规模经营,还可以避免村组干部以其手中的权力干扰党的农村政策的落实。

我国宪法规定:"城市的土地属于国家所有。""农村和城市郊区的土地,除由法律规定属于国家所有的以外,属于集体所有;宅基地和自留地、自留山,也属于集体所有。"这一规定是对农业合作化运动的总结和肯定。而农业合作化运动则是造成耕地资源集体所有的历史事件。

四、农业合作化和人民公社化运动所形成的耕地资源所有制

(一)农业合作化运动

发生在 20 世纪 50 年代的中国农村合作化运动,是在科学社会主义的理论指导下,用搞政治运动的办法,将刚刚经由土地改革运动造就的个体农民耕地资源所有制予以废除,建立耕地资源属于劳动群众集体所有的制度的历史过程。1951 年 12 月,中共中央通过《关于农业生产合作的决议》,提出"必须提倡'组织起来',按照自愿和互利的原则,发展农民互助合作的积极性"。1953 年 12 月,中共中央通过《关于发展农业生产合作社的决议》,提出要"逐步实行农业的社会主义改造,使农业能够由落后的小规模生产的个体经济变为先进的大规模生产的合作经济"。

农业合作化运动分为三个阶段:互助组,初级社,高级社。

互助组的特点是：农民在坚持土地以及其他农业资源仍然属于农户所有，不打破土地归拥有所有权的农户独立经营耕种，收获除交农业税外全部归农户所有的原则下；互助组里的农户在自愿的前提下，依平等互利有偿互助的原则进行互助，即进行一些季节性劳动协作。1951年年底，全国参加互助组的农户有2100万户（占农户总数的19.2%），共组成467.75万个互助组。到1953年11月，全国参加互助组的农户已达4790万户（占农户总数的43%）。互助组大受欢迎的原因在于，经过土地改革分得土地农民大多缺少农业资源，他们或者缺少劳动力，或者缺少耕牛、大型农具、种子等。从资源配置和资源利用的角度看问题，互助组虽然不是一种资源配置制度，但还是对于资源合理利用和合理配置有着积极的作用。

初级社的特点是：土地、耕牛、大型农具等农业资源入股，农民在社内进行集体劳动，农产品的一部分按股分红，即按耕地、耕牛、大型农具等农业资源的多少、优劣进行分红；另一部分则按农民投入的劳动进行分配。此时，耕地、耕牛、水车等农业资源仍然属于农民私人所有，而且，这些农业资源因其差异还有不同的分红。

高级社的特点体现在如下几方面。

1. 耕地、耕牛、大型农具等农业资源属于已入社的全体劳动者（又称社员）所有，即为高级农业社所有。

2. 耕地、耕牛、大型农具等农业资源的所有权和经营权没有分离，土地的经营风险和经营责任农业社集体承担，即由高级社的全体社员承担。高级社的全体社员名义上拥有经营权，实际上则是由高级社的负责人掌握经营决策权。

3. 农民在集中起来的大片土地上进行有组织的集体生产劳动，这与井田制下的"公田"里的集体生产劳动极相类似，其不易组织性非常明显，效率问题也显而易见。所不同的是，井田制"公田"上的集体生产劳动由农奴主组织指挥，而高级社的集体生产劳动则由陈永贵、史来贺那样的优秀农民来负责组织指挥。

4. 农产品作必要扣除后全部实行按劳分配。所谓必要扣除，是指上交国家的农业税，来年进行生产的资金，以及集体积累和集体福利基金。所谓按劳分配，就是农业社依据劳动者参加集体生产劳动的出勤日计算工分，然后按农户所得工分的多少分配农产品和现金。农民的劳动差别主要体现为劳动日数量的差别,即体现为工分多少的差别。所谓多劳多得,少劳少得,就是工分多多得,工分少少得。而决定工分多少的因素只有3个,一是年龄,二是男女性别,三是劳动日。其他诸如劳动技能、劳动态度、生产经验等构成劳动差别的重要因素都没有予以考虑,都不是决定工分多少的因素。显然,这样一种按劳分配制度所调动的劳动积极性实际上只是投入劳动日的积极性,也就是争工分的积极性。

5. 劳动效率低下。劳动效率低,既与按工分进行分配的制度有关,也与集体生产劳动不容易组织有关。集体生产劳动,是一个复杂的系统工程。系统论认为,整体的性质和功能并不是组成它的要素的性质和功能的简单相加。集体生产劳动组织得好,可以形成巨大的生产力,可以实现劳动生产率提高;组织得不好,劳动生产率不仅不会提高,反而会下降。由于我国农业没有经历过资本主义农业的发展阶段,在农业合作化运动以前,只存在过小农经济,没有农业规模经济的历史经验,历史也没有准备农业规模经济的条件。农业社的经营管理人才的缺乏,既是铁的事实,更是农业社劳动生产率低下的原因。

6. 高级社使农户由原来的自给自足的自然经济单位转变为单纯的生活消费单位,农民则变成了单纯的农业生产参加者。农业在我国至今仍然是属于高风险产业,洪灾、旱灾、虫灾、风灾都可以使农业减产甚至绝收。实行高级社以后,土地经营的风险责任当然应由农业社承担,也就是要由组成农业社的全体成员承担。而实际则是,必须承担经营风险责任的全体社员却对高级社的经营管理没有多少实际的决定权,他们对集体经济的经营管理权是民义上的,选举农业社负责人的选举权有时都是民义上的。农业社的经营管理权实际上为农业社负责人掌握。农业社会主义改造运动作为改造中国农民的运动,实际上是将中国农民改造为:只要每日出工,就可以安枕无忧。当然,他们实际上并不能安枕无忧,因为他们要为自己的衣食住行而忧虑。但是,在那种制度下,他们着急、忧虑都是没有用处的。所以,他们有时又不无幽默地称自己是农民中的"矮子",说"天塌下来自有高个儿撑着",而他们所说的"高个儿",就是指农业社的负责人。

7. 高级社仍然是自然经济单位。所以认定高级社是自然经济单位,并不是因为其产品生产过程的管理组织具有"小而全""大而全"的特点,而是因为所生产的农产品转化为商品的比例太低。农业社所生产的农产品,大部分是社员们自己消费,作为商品迈出的很少,而且这部分农产品的买主是国家,其价格也是由政府规定的,即所谓计划价格。

应当指出,高级社是自然经济单位并不等于高级社不能成为商品生产者和经营者。高级社在一定条件下,是可以成为商品生产者和经营者的。高级社之所以仍然是自然经济单位而没有成为商品生产者和经营者的原因在于以下几方面。

第一、中国在历史上就是一个自然经济占统治地位的国家,而且历代王朝都奉行"重农抑商""重农抑工"的政策,致使商品经济极不发达。其虽然是一农业大国,但农产品转化为商品的比例却极低。

第二、传统社会主义理论认为,一旦建立生产资料社会主义公有制之后,就可以消灭商品经济,而新中国成立后的计划经济体制也是以消灭商品经济为出发点和归宿点的。

第三、农业合作化的同时并没有对中国农业注入先进生产力,农业生产的产量仍然很低,再加上人口迅速增长,农产品转化为商品的比例也就必低。

(二)农村人民公社

1956年农业合作化运动结束后不久,中国大地上又兴起了"人民公社化运动"。从一定意义上可以说,农村人民公社化运动,实际上是一场运用政治手段进行配置资源的运动,所形成的人民公社则是一种资源配置制度,即一种资源所有制。

早在中国农业合作化运动时期,毛泽东就有了在中国建立"大社""公社"的思想。他在《大社的优越性》一文的按语中写道:"现在办的半社会主义的合作社,二三十户的小社为多。但是小社人少地少资金少,不能进行大规模的经营,不能使用机器。这种小社仍然束缚生产力发展,不能停得太久,应当逐步合并。有些地方可以一乡为一个社,少数地方可以几乡为一个社。不但平原地区可以办大社,山区也可以办大社"。毛泽东的这一思想后来又进一步发展为:由"工农兵学商"构成的社会基本单位——人民公社。

人民公社化运动可以分为三个阶段:预备阶段,大办阶段,整顿阶段。

预备阶段也就是试点、制造舆论的阶段。在这一阶段,中国大地上出现了河南新乡县七里营人民公社,河北徐水县全县人民公社化等新鲜事。同时,在这一阶段,毛泽东在1958年的成都会议上正式提出了并小社为大社的建议,这一建议经中共中央政治局讨论后,出台了《中共中央关于把小型的农业合作社适当地合并为大社的意见》。与此同时，中央还下发了《中共中央关于农业机械化问题的意见》，规定"在7年内（争取5年内做到）基本上实现农业机械化和半机械化，实现生产力的大发展。"1958年7月1日出版的《红旗》杂志上发表了陈伯达的文章《全新的社会，全新的人》，说："把一个合作社变成为一个既有农业合作又有工业合作的基层单位，实际上是农业和工业相结合的人民公社。"是年7月16日出版的《红旗》杂志又发表陈伯达的文章《在毛泽东同志的旗帜下》，明确向社会传达了毛泽东的人民公社化思想。1958年8月，毛泽东先后视察了河北、河南、山东的一些人民公社，发表了诸如，人民公社的特点，是"一曰大，二曰公"，"还是办人民公社好，它的好处是，可以把工农商学兵合在一起，便于领导"等谈话，这些谈话见报后，"人民公社好"也就传遍全国各地，而这年9月北戴河会议作出《关于在农村建立人民公社的决议》也就是水到渠成的事情了。

  大办阶段，也就是"人民公社化"走向全国的阶段。"人民公社化"运动与"共产风"是紧密结合的。"共产风"确实是"一阵风"，来得快，去得也快。来得快，就是一哄而起，只有几个月的时间就实现了全国人民公社化；去得快，就是人民公社化初期的一些诸如"大办食堂"、吃饭不要钱、消灭商品经济的做法，很快就结束了生命。"共产风"的实质是"没收"农民的私有财产，如铁锅等炊具，铁犁等农具，使之变成集体、国家所有的财产，与私有制、私有观念实行"彻底决裂"。"大办食堂"使农业合作化运动所保留的农户——农民生活消费单位被废除，按照"各尽所能，按需分配"的共产主义原则组织社会生活。在有些地方，农民原有的住房折了，铁锅等炊具毁了，砖瓦等被用来建了"公社"，铁锅砸了被用来"大炼钢铁"，以致后来"食堂解散"后，许多地方买不到铁锅。"人民公社化"与"大办钢铁"是相联系的，与"青壮去炼铁，收禾童与姑"，"谷撒地，茹满山"等现象也是相联系的。

  由于1959、1960、1961连续3年农业减产，更由于具有"战时共产主义"特点的"公共食堂"制度的破坏性作用，使中国进入"三年困难时期"。"人民公社化"运动也就进入整顿的阶段。其实，早在1958年党的八届六中全会上，中央就已经发现了农村人民公社的问题，决定对人民公社体制进行调整。在1959年年初的郑州会议上，毛泽东提出人民公社应以生产队为基础。可是，庐山会议风向急转，使刚刚开始的纠"左"中断。1960年11月，中央再次发文纠正"左"的错误，并明确提出人民公社应建立"三级所有，队为基础"的制度。

1962年2月,中共中央发出《关于改变农村人民公社基本核算单位问题的指示》,确定以生产队为人民公社的基本核算单位。到"农业六十条"颁布,人民公社也就已基本定型。

人民公社的基本特点可以归结为"政社合一","三级所有,队为基础"。所谓"政社合一",是说人民公社既是政权组织,又是经济组织。这与农业合作化运动所形成的高级社有所区别。因为高级社至少名义上只是经济组织,而不是政权组织。农业合作化运动时期,农业社之外还存在区、乡两级政权。人民公社化后,农村人民公社是一级政权。人民公社既承担政治任务,同时又承担组织农业生产的经济任务,既有政治功能,又有经济功能。所谓"三级所有,队为基础",是说土地等农业资源属于生产队、生产大队、公社三级所有,以生产队或生产大队为基本核算单位。在实践上,公社的主要功能是政治功能,其经济功能主要体现为修建公社范围内比较大型的水利设施,利用当地自然资源举办后来被称为"乡镇企业"的工业企业,并且以行政命令为手段干预、指挥生产大队、生产队的农业生产,决定生产什么,怎样生产。生产队、生产大队虽然是农村经济的基本核算单位,但并没有决定生产什么、生产多少以及怎样生产的自主权。

在人民公社内部,生产队、生产大队之间,由于耕地资源的多少、肥沃程度,水利条件等差异以及生产管理上的差异,也会存在收入所得上的差别。同时,"农业六十条"还规定农户为农民生活消费的基本单位,并使农民按家庭人口多少分配到一定数量的"自留地、自留山"。这使20世纪60年代的所谓社会主义的农村人民公社制度,与周代的井田制非常相似。在人民公社制度下,属于人民公社所有的耕地资源可划分为两部分,一部分是由生产队或生产大队集体经营的"公田"(这是名副其实的公田,井田制下的所谓"公田"并不是劳动者的公田,而是领主或地主的私田,而人民公社制度下的公田则是所有权属于农民共同所有的土地);另一部分就是农民自己经营的自留地、自留山(这自留地和自留山可称为:农民没有所有权的"私田"。这私田与井田制的私田的相同处是:劳动者没有土地所有权;其不同点在于,人民公社制度下的自留山、自留地的所有权属于集体,而井田制下的私田的所有权则属于领主或地主)。在井田制下,劳动者的生存发展主要依靠"私田","公田"则是领主的利益所在。而在人民公社制度下,"公田"是大头,"私田"是小头;农民的生活资料主要来自"公田",自留地上的收获只是生活资料的补充。农民白天按时到生产队的"公田"上进行有组织的集体生产劳动挣得工分,早晨、傍晚则在"私田"上进行一家一户的农业生产。

人民公社制度内含的第一个矛盾,是集体生产与自留地生产的矛盾,亦即所谓"公田"生产与"私田"生产的矛盾。"公田"的收获即集体生产的状况,虽然与农民的利益有着深刻的联系,农民们也深深地懂得,其衣食住行所需要的生活资料主要来自"公田"的生产,"大河有水,小河满","锅里有,碗里才会有",都是农民明白的道理。但是,大多数农民对于"公田"的生产不能直接进行控制。他们希望生产队的集体生产搞得好,但又感到无能为力,无可奈何。因为生产队的集体生产是由队长负责的,而队长又是听命于上级的。因此,农民对生产队生产的经营管理权是名义上的,实际上的情况则是:农民们只能对着"公田",望田兴叹。"公田"里的劳动积极性即集体生产积极性只能由"觉悟"决定。对于"私田"即自留地,农民虽然知道其收获只能是所需生活资料的补充,但是,农民对它可以进行直接控制和把握,其收获也完全归自己所有,因而对其投入是自觉自愿的,是有积极性的。

生产队的集体生产本来应当是由组成该集体的成员共同负责的。因为生产队的集体生产的经营风险和责任是由该集体承担的。但是,生产队的集体生产的自主权却没有掌握在生产队、生产大队,而是掌握在生产大队、公社乃至县、市、省的党政领导者的手中。这是人民公社在实践中存在的又一问题。解决这一问题的方法在理论上其实很简单,那就是将生产队应有的自主权交给生产队。可是,在人民公社的实践中却并没有能解决此问题。

人民公社制度内含的第三个矛盾是生产队的集体生产劳动的不易组织性。集体生产劳动的高效率必以科学的组织和管理为前提。而科学的组织和管理又以建立科学的管理制度和有高素质的组织管理干部为条件。而中国的历史发展并没有造就这两方面的条件。何谓科学的管理,不仅农民不知,就是当时的公社级领导干部也基本上是不晓。生产队负责人的素质,更是一个客观存在的突出问题。所有生产队负责人原本不过是农民中的优秀者,他们一般都没有多少文化,在经营农户生产时虽然有过一定的成功,是农户经营阶段的好"当家人",但作为生产队的合适"当家人"却是大多不够条件。而农民作为被管理者,也有不易管理的一面,两千多年农业社会所积淀下来的自私性、散漫性、不守纪律等固有弱点,都使人民公社的集体生产劳动低效率成为必然。

再者,人民公社是与自然经济相结合的,是以自然经济为基础的。一方面,人民公社内含的集体经济组织:生产队、生产大队本身就是农户简单地集合起来的。经济资源的简单集中并不必然提高生产力,也不必然创造新的生产力。而在人民公社的形成过程中,社会又没有给人民公社注入多少新的先进生产力(笔者家乡那个村,人民公社时期就是一个生产大队,1959年得到1台20匹马力的柴油机,到1971年还是那台柴油机;1959年时,公社有了电,但到1990年,村里还是没有电;1959年前是种一季稻,1959年后都改种双季稻,这可以说是注入了先进生产力)。没有多少先进生产力注入,再加上前述人民公社内部的三个矛盾,就必使劳动生产率不但不能提高反而降低,这使人民公社不能生产更多的农产品卖给国家,而只能以解决生产队社员温饱问题为目标。另一方面,人民公社的外部并不存在市场。人民公社时期,整个中国的经济都是按计划经济模式组织起来的,国家不能提供很多工业品给人民公社,工业品还是很短缺的,农业生产所需要的化肥、农药、农业机械等资源都是短缺的。而这种短缺又是与计划经济相联系的。如果这种短缺是与市场经济相联系,则是可以很快解决的。遗憾的是,人民公社并没有与市场经济相联结。因此,人民公社必然要被新的资源配置制度所代替,而取代人民公社的则是农户承包经营责任制。

五、农户承包经营责任制

1978年12月18日,是一个有历史意义的日子。这一天,在安徽省凤阳县梨园公社小岗村生产队,副队长严宏昌把18户农民召集到一块,神色凝重,悲惨地说:"俺们得自己救活自己","俺们把土地分了!"他们一起对天盟誓立下这样一份契约:

"我们分田到户,每户户主签字盖章,如今后能干好,每户保证完成今年上缴的公粮,不再向国家伸手要钱要粮。如不行,我们干部坐牢杀头也甘心,大家社员们保证把我们的小孩养活到十八岁。"

21个长年累月在土里刨食却不得温饱的庄稼汉,含着眼泪按下了鲜红鲜红的手指印。这一纸皱巴巴的"契约",现在被珍藏在中国历史博物馆,被人称为"中国农民告别饥饿的宣言书"。

也许是历史的巧合,就在这21个庄稼汉按下手指印的同一天,中国共产党第十一届三中全会在北京人民大会堂隆重召开。中国当时最高层的政治家和最底层的农民,就这样共同翻开历史的新一页。

这一页叫作改革开放。而改革开发的突破口却选择在农村。后来的实践证明,这一选择是完全正确的。因为"中国的人口百分之八十在农村,农村是否稳定,生活是否改善,关系中国大局。某种意义上,农民的改革要求也最迫切,中国农村的经济关系也比较简单,改革起来不像城市那么复杂。所以十一届三中全会以来,中国的改革从农村着手,取得了成功。先是联产承包责任制的突破和推广,然后又是乡镇企业的异军突起。可以说,80年代解决温饱问题,吃的是农村改革这碗饭,市场经济的酿和发展,也是由农村改革启动的。"(龚育之《从毛泽东到邓小平》,1993年12月24日《经济日报》)

(一)农户承包经营责任制的特点

联产承包经营责任制,又称农户承包经营责任制,农民则刚叫"大包干"。这种制度其实在20世纪60年代的"三年困难时期"就出现过,当时叫做"分田单干",而在"三年困难时期"过后的政治运动中又被严厉批判,被称为"资本主义"或"资本主义尾巴"。联产承包责任制是对"分田单干"的直接继承,又是对"人民公社"制度的否定和扬弃。这种制度在本质上是一种资源配置制度。其主要内容和特点是:

1. 土地的所有权与经营权分开。土地的所有权属于集体,这是对农村人民公社制度的继承;土地的经营权、使用权属于农户,这是对人民公社的否定和发展。以农户承包经营责任制代替人民公社的"政社合一","三级所有,队为基础","以生产队或生产大队为基本核算单位",实质上是资源配置制度的改革,是为社会主义集体所有制找到了一种新的实现形式。

2. 农户承担所承包土地的经营风险和责任。这是对人民公社制度下以生产队或生产大队为单位集体承担土地的经营风险责任的制度的否定,从而改变了集体经营责任难以落实乃至无人负责的局面。

3. 农户承包经验责任制是一种内含激励机制的资源配置制度。其特点一是国家、集体、农户三者的利益关系明确,界线分明;二是"交足国家的,留够集体的,剩下全是农户自己的",具有激励性,能够调动农户的生产经营积极性和创造性,使农民愿意更多地投入自己的人力资源和其他资源,必然能够促进生产力发展。

4.农户由人民公社制度下的生活消费单位转变为生产经营单位。与此同时,类似井田制下"公田"的那种集体生产劳动转变为家庭成员的分工协作劳动,剔除了集体生产劳动的不易组织性,使劳动生产率大为提高。如安徽省肥西县山南区1979年实行农户承包经营责任制的占77%以上,当年总产小麦2010万斤,比1978年增产265%,国家征购1149万斤,比1978年增长5.7倍。这样高的增产额度证明,农户承包经营责任制具有推动生产力向前发展的强大动力作用,农户承包经营责任制是有活力的劳动组织形式和产品分配形式。

(二)对农村土地承包经营责任制的评价

根据上述分析,我们可以认为,农村土地承包经营责任制与封建社会的耕地资源租佃制存在相似之处。所不同的是:第一,土地的所有权不同。封建租佃制下的土地是属于私人所有的,而农村土地承包经营责任制下的土地所有权则属于集体。第二,封建社会的土地是可以买卖的,而社会主义初级阶段的农村土地是不能买卖的,即土地的所有权是不能转让的。而在社会主义条件下,耕地资源的流转却是必须的。为了解决这个问题,我们找到了办法,这就是耕地转包。耕地转包,不是耕地资源所有权转让,而是耕地资源经营权和使用权的转让。

撇开土地所有权不说,实行农户承包经营责任制可以使人们意识到,改革后的农户不仅与合作化运动前(即土地改革后)的农户非常相似,甚至还与封建社会的佃农非常相似。正是这种相似,使得当年不少人认为,实行农户承包经营责任制是"先分田后分地,一步一步往后退,辛辛苦苦三十年,一夜回到五三年"。

将改革后的农民与土地改革后即农业合作化运动前的农民相比较,可发现其区别仅在于土地所有权属于谁的不同。新中国成立后,农业合作化运动前农民耕种的土地属于自己所有,而改革开放后农民耕作的土地属于集体所有,换句话说,合作化运动前中国的耕地资源所有制是属于私有制,而改革开放后中国的耕地资源所有制是属于公有制。除此之外,还有一个区别就是,农民按人口平均占有的耕地资源发生了变化,1949年时中国人均耕地仅有2.7亩,到1979年时中国人均耕地只有1.33亩,也只有1949年的1/2。但是,实行农户承包经营责任制后,土地的收获量却是成倍增加。这种情况使人们认识到改革不仅是完全必要的,而且是正确的。

中国实行农户承包经营责任制以后,农村经济发生了很大的变化,农民开始告别饥饿,走向温饱,走向富裕。中国在1949年时,大约不到6亿人口,实行农户承包经营责任制前有10亿人口,8亿农村人口,却不能解决粮食问题,有2亿多人口没有解决温饱问题,实行农户承包经营责任制后,只有几年时间,中国就出现农民"卖粮难"的问题,虽然农村还存在几千万贫困人口,还有扶贫的任务,但中国在那么的时间内就使12亿(后来是13亿)人口所需粮食由自己解决确是一个令人不能不惊讶的奇迹。

客观地说,中国粮食自给是得益于多种因素的。首先,农户承包经营责任制是一个因素,除此之外,则是农业生产技术的进步和市场经济的实行,化肥、农药等农业经济所需资源的充足供应。例如,人民公社时期,一个生产队一年才能买到几百斤化肥,现在一个农户一年使用的化肥就有过去一个生产队那么多。又如,袁隆平的杂交水稻就是于1978年问世的。杂交水稻对中国粮食增产是起了重要作用的。在农村改革的同时,城市改革特别是国有企业改革也起了重要作用,即使当时国有企业改革还处于扩权阶段,但对于增产农村所需化肥、农药还是起了重要作用的。如果没有城市改革,如果袁隆平的杂交水稻等农业科技成果推迟问世,如果没有市场经济体制即仍然维持计划经济体制,则农户承包经营责任制就不能显示出如此巨大的作用。

农户承包经营责任制是有生命力的资源配置制度。其生命力的表现是:在经济上,农户承包经营责任制不仅能够容纳低水平(耕牛和手工农具)的生产力,而且能够容纳比较高水平的生产力(如拖拉机耕地,联合收割机收割等机械化作业)。改革开放之初,人们对此还表示怀疑。

(三)中国目前农村的三类村庄

经过改革开放的中国农村发生了巨大变化,但村庄依然存在,这不仅是说村庄作为自然村落仍然存在,而且是说,村庄作为社会经济组织仍然存在,村庄仍然具有自己的功能,即有其政治的、经济的、思想文化的各种功能。从后一种意义上,我们可以将现实的村庄划分为三类:成功村庄,半成功村庄,落后村庄。

1. 成功村庄

这类村庄以华西村、刘庄、南街村为典型代表。其特点如下。

第一,村庄内既有农业生产又有工业生产,还有第三产业经济。一、二、三产业的经济并存,而且以工业为主。

第二,村庄内工业有相当大的规模,有的工业产值过亿元,有的达十几个亿。如华西村、刘庄、南街村的经济规模都已经是小城镇的经济规模。南街村已有14亿元人民币资产的家底。

第三,村庄本身是经济主体,是市场主体,即是独立的商品生产者和经营者,或者说,这类村庄已是能够独立承担民事责任的法人实体。这类村庄一般都有自己的村办企业,本身也可以说是一个企业集团。如南街村又叫南街村集团。他们为了进行生产,不仅要充分利用自有资源,而且必须从市场通过市场交易取得进行生产所需要的各种资源,他们所生产的产品不是主要用于自己的消费,而是要通过市场卖出才能实现价值。

第四,这类村庄是一种依法自治的社会组织,在社会政治、经济、文化教育等方面都发挥重要的功能作用。在这类村庄内部,农户不再是独立的商品生产者和经营者,而是独立的生活消费单位。农户与村庄之间的关系不是纯粹的经济关系。而是组织内部的关系,虽然这种关系有着一定的经济利益内容,即具有经济关系的内容,但这种经济关系也不是纯粹的商品交换关系。这类村庄作为民法上的民事主体,同其他民事主体一样,其民事行为和生产经营活动受国家法律和政策制约。这类村庄作为市场主体同其他市场主体一样具有共同的特点,但同时也有其自身的特殊性:同是市场主体,同是社会组织,但内部结构和内部关系具有不同的特点。当然,这类村庄内部的农户,只要他愿意仍然可以成为独立的商品生产者和经营者。这是因为这类村庄的外部是一个很大的市场,而且这类村庄内部的农户毕竟是资源的所有者,即他们毕竟拥有属于自己的人力资源和一定的其他资源。

这类村庄所以能够成功,其原因主要在于以下几方面。

其一,村庄本身是经济主体,且具有很强的整合自有人力资源的功能,同时也具有将外来人力资源与本身所有的人力资源实现很好的融合。

其二,村庄外部是市场经济。由于村庄外部存在市场,使得这类村庄能够进行商品生产,能够从市场获得所需要的生产要素,能够从市场获得所需要的资金、人力、技术等各种资源。如南街村与日本企业进行合资举办了企业,从村庄外部吸纳了各种人才。同时,他们所生产的产品也是通过市场销往全国各地,甚至是世界各地。

如果村庄外部没有市场经济,这类村庄就不能获得进行生产所需要的各种资源,所生产的产品也不能卖出,不能实现其价值。这类村庄的集体经济所以能够很好发展,甚至是奇迹般的发展,一个重要原因是村庄这种市场主体对外是按照市场经济的规律,即价值规律办事的。它们在处理对外关系的时候一点也没有违背经济规律,特别是价值规律。比如,南街村、刘庄都从村庄外引进了资金、技术和人才等资源。南街村内部规定,村民不准打麻将,但该村却又购买了最先进的麻将设备供日本商人玩。他们的外圆内方,内外有别,就体现他们既按经济规律办事,同时又有自己的文化和规则。如果村庄外部仍然是计划经济的体制,如果整个国家向市场经济转轨后,这类村庄不能跟上形势,继续搞自然经济或者不按价值规律办事,是不可能成功的。所谓村庄按经济规律办事,按价值规律办事,一是有自己的产品,而且这种产品是市场所需要的;二是自己所生产的产品具有人无我有,人有我优的特征;三是这类村庄存在吸引外来资金和人才等资源的优势。

改革开放以来,虽然中国各地的情况有所不同,市场经济的发展步伐快慢有别,但整体上又有着相同的背景,这也就是说,市场经济的实行给所有村庄提供了大致相同的外部条件,但是,有的村庄坚持了集体经济,有的村庄却把原有的集体经济予以解散;有的村庄把原有的属于集体所有的资源分给了村民,有的没有分掉。分不分集体所有的资源,是村庄走向未来的第一步,这一步既是重要的,同时又是不重要的。说重要,是因为分不分集体所有的资源是关系集体经济组织存在还是不存在的问题。说不重要,是因为分了还可以再合。村庄是否成功,也不在于是否起步早或迟。很多村庄成功说明,村庄集体经济的有无和发展速度并不取决于十一届三中全会后对集体资源的处置方式,也不取决于是否有自己的资源优势,更不取决于发展工业的早晚;而是取决于是否按经济规律办事,村庄本身是不是一个经济实体,村庄本身有没有整合各种资源的能力,特别是村庄人力资源是按照什么原则进行整合和配置的。

2. 半成功的村庄

这类村庄所以被称为半成功的村庄,是因为这类村庄既有成功也有不成功,从经济的角度看是成功的,而从政治、社会学的角度看却不能说是成功的。这类村庄的比重比较大,其主要特点是:

村庄内既有传统的以种植业为主的农业经济,同时也有了一些工业,村庄的经济有了很大发展,村民们的物质文化生活水平有了比较大的提高。这样一个特点使这类村庄与前一类村庄极相类似。而实际上则存在本质的区别。

这类村庄内的工业企业和农户都是独立的市场主体,所生产的产品的商品率比较高。在这类村庄内以村办企业名义存在的企业,有的当初就是农民投资举办的私有企业,即挂名的集体企业,或称戴"红帽子"的企业;有的则开始是集体企业,后来也变成了私有企业(应该称为"民有企业")。这些企业与村民委员会的关系是一种类似于城市里企业与政府的关系,可以说是一种准政府与企业的关系。之所以如此,是因为根据宪法规定村民委员会不应是一级政权组织,而应是村民自治性组织。而实际上,这类村庄的村民委员会是一级准政府机构,具有一定的政治功能,但它本身不是市场主体,也不具有商品生产者和经营者的经济功能,这类村庄本身不是企业,也不是像前述成功村庄那样的经济组织,它在经济上的作用局限于土地承包中的发包等。这类村庄的政治功能也不及前述成功村庄那样具有极强的社会整合作用。这类村庄的政治作用是多方面的。但其政治作用是在没有经济力量支持下实现的,主要局限在计划生育、村民纠纷处理等方面。这类村庄不像成功村庄那样具有整合力和凝聚力。

3. 落后村庄

这类村庄基本上仍然停留在改革开放初期的水平上,其主要特点和根本性原因是村庄内没有工业生产,仅有农业生产,而且其农业经济也主要是传统的种植业。这类村庄一般离城市较远,缺乏发展现代工业和现代化农业的条件。村庄内的农户基本上仍然是自给自足的自然经济单位,所生产的粮食除上交农业税和国家定购的任务外,基本上是自己食用,商品率很低。近年来,由于袁隆平杂交水稻等粮棉瓜果蔬采等新品种的推广应用,这些村庄的粮棉等种植业的单产都有很大提高,却因粮食等农产品的供过于求而不能实现增产增收,而是"增产不增收"。

这类村庄的大部分农户都已解决温饱问题,但进入"小康"则存在实际困难。因为他们基本上只能依靠自身的力量,即只能是依靠自然经济单位——农户自身的积累进入"小康"。其中,有的农户省吃俭用,将积累下来的钱供子女上大学,他们望子成龙、望女成凤,希望通过自己的努力改变子女的生存环境和社会地位,对于改善自己的生活则抱无所谓的态度。在这类村庄中还有一部分农户没有解决温饱问题,他们是国家的扶贫对象。国家扶贫对象是一个变动的概念,其内涵和外延都会发生一些变化。但无论怎样变化,这类村庄在今后几十年内仍将存在。

上述三类村庄的各自比重,现在还不能作出准确的估计,但可以作大概的估计:第一类村庄所占比重最小,其次是落后村庄占较小的比重,而第二类村庄占的比重最大。这种情况,一方面决定中国农村的政策还必须稳定,特别是土地承包期30年不变的政策还必须坚持。另一方面也决定中国农村的城镇化进程还要有一个相当长的历史过程才能完成。

上述三类村庄给我们的启示如下。

第一,以资源公有制为基础的村庄,这种由文化程度普遍不高的村民组成的社会组织,在社会主义市场经济条件下不仅可以成为一般的市场主体,而且在一定条件下还可以发展为具有很强竞争力的优秀市场主体。成功村庄的经验表明了这一点。

第二,以资源公有制为基础的村庄,要成为优秀的市场主体,必须注入先进生产力,而所谓先进生产力不仅是指先进的科学技术,而且包括责权利相统一的管理制度和与之相适应的先进文化。以刘庄、南街村为代表的成功村庄所以能在竞争激烈的市场经济海洋中发展壮大,其根本性的原因就在于村庄内部具有强大的凝聚力,而这种凝聚力则是来自资源公有制和以人文关怀、奉献精神、牺牲精神和民主精神为代表的先进文化。相反,半成功村庄和落后村庄最为缺乏的则正是这种被称为先进文化的资源。

第三,成功村庄所以能够成功,关键在于村庄内部有一个集中代表先进生产力和先进文化代表村庄内部广大人民群众的领导核心。半成功村庄虽然也有工业,但大多都是以农户为基本单位的市场主体,村庄本身不是市场主体,即使有的村庄也是市场主体,却没有成功村庄那样的资源整合能力和凝聚力,其根本原因则是其领导核心未能集中代表先进文化。至于落后村庄更是没有坚强的领导核心。

第四,任何社会组织要使自己具有强大的凝聚力都必须依靠先进文化淡化组织内的物质利益关系,使先进文化在化解物质利益关系基础上产生的各种矛盾和纠纷的过程中发挥作用,从而实现组织内部各种资源(特别是人力资源)在较高平台上优化整合。先进文化所包含的人文关怀,是任何组织内部整合都需要的粘结剂。

参考文献

马克思、恩格斯:《共产党宣言》,《马克思恩格斯选集》第一卷,人民出版社1972年版。

马克思:《哥达纲领批判》,《马克思恩格斯选集》第三卷,人民出版社1972年版。

恩格斯:《家庭、私有制和国家的起源》,《马克思恩格斯选集》第四卷,人民出版社1972年版。

马克思、恩格斯:《费尔巴哈》,《马克思恩格斯选集》第一卷,人民出版社1972年版。

邓小平:《邓小平文选》第3卷,人民出版社1993年版。

江泽民:《论有中国特色社会主义》(专题摘编),中央文献出版社2002年8月第1版。

李秀林、王于、李淮春主编:《辨证唯物主义和历史唯物主义》,中国人民大学出版社(第三版)。

宋涛主编:《政治经济学教程》,中国人民大学出版社1982年版。

费孝通:《乡土中国》,生活·读书·新知三联书店出版,1925年版。

费孝通:《从事社会学五十年》,天津人民出版社1983年版。

费孝通:《社会调查自白》,知识出版社1985年版。

八所高等师范院校编著:《简明政治经济学史》,湖南人民出版社1985年版。

高鸿业主编:《西方经济学》,中国经济出版社1996年版。

翦伯赞主编:《中国史纲要》,人民出版社1979年版。

国防大学邓小平理论研究中心:《进一步完善基本经济制度》,《人民日报》2003年11月3日第九版。

厉以宁:《论新公有制企业》,《新华文摘》2003 年第 12 期。

厉以宁:《保护私人财产与完善基本经济制度》,《新华文摘》2003 年第 5 期。

江平、吴敬琏:《关于法治与市场经济的对话》,《新华文摘》2003 年第 3 期。

江平:《完善保护私人财产法律制度应遵循的原则》,《新华文摘》2003 年第 5 期。

张恒山:《论财产所有权的社会意义》,《新华文摘》2002 年第 2 期。

左大培:《国企改革的方向何在》,《新华文摘》2003 年第 10 期。

周叔莲、乔为国:《正确认识非公有制经济的发展》,《新化文摘》2003 年第 10 期。

江奔东:《论资源配置的政府调控》,《新华文摘》2002 年第 11 期。

张二勋、秦耀晨:《20 世纪资源观述评》,《新华文摘》2003 年第 4 期。

田纪云:《改革开放的伟大实践》,《新华文摘》2002 年第 11 期。

与本书相关的已发表论文

张宽政:《论资源及相应的制度安排》,载《学习论坛》2001 年第 3 期。

张宽政:《自治是企业的基本特征》,载《学习论坛》2000 年。

张宽政:《关于国有经济和国有民营的概念》,载《株洲职业技术学院学报》2002 年第 2 期。

张宽政、陈跃:《关于国有企业的概念探析》,载《经济师》2002 年第 5 期。

张宽政:《国有企业改革应注意处理好三个问题》,载《湖南财经专科学校学报》2000 年第 1 期。

张宽政、陈跃:《国企风险责任与企业依法自治》,载《华东冶金学院学报》2000 年第 4 期。

张宽政、陈跃:《关于国企改革的思考和建议》,载《华东冶金学院学报》2000 年第 5 期。

后　记

市场经济实践告诉人们,市场经济是存在缺陷的。吴敬琏教授说:"改革开放之初,我们有一个很简单的想法就是怎么能够实现资源的最优配置,研究得出的结论就是:把市场经济体制建立起来,用它来代替计划经济,这样,经济就能顺利发展了。""但在世纪之交,市场经济体制在望,或者说它的基本框架已基本形成时,就发现这个问题并不那么简单。它遇到了很多难题,不是我们经济学家能够解决的。"(江平、吴敬琏《关于法治和市场经济的对话》,《新华文摘》2003年第3期第5页)

制度安排仅从一个角度出发或仅考虑一方面的因素是不够的,而必须从多个角度考虑问题,考虑多方面的因素,这也就是说,制度安排仅以一种理论为指导是不够的,而必须以多种理论作为理论的依据。本书的任务之一就在于提请人们注意资源本身的性质和特点对制度安排的影响。

社会制度本质上是为利用、发展资源服务的。自有文字以来,人类社会的历史就是一部改革社会制度的历史。在这个社会历史的发展过程中,社会的制度不断变化:有的制度被废除,有的制度被确立,有的制度废了之后又被重新确立,有的重新确立的制度在执行一个时期后又被废除。但就资源所有制而言却有这样一个现象,那就是,资源公共所有与资源私人所有的制度总是并存的。

西方经济学是一个理论大厦,它有两块理论基石,一是假设经济主体都是理性的,二是假设资源是有限稀缺的。整个西方"经济学体系可说是在这两个基本假设上建立和发展起来的。"(周惠中:《微观经济学》,上海人民出版社1997年版,第2页)如果我们抽去西方经济学的一块基石,即抽去资源有限稀缺这一假设,西方经济学就必定要闹"地震",这是明显的。当然,这并不是要全般否定西方经济学的科学性,我们也不可能完全否定西方经济学的科学性。

因为假设是科学研究的重要方法,甚至可以说是不可缺少的方法。假设是科学抽象思维的必要前提,而科学抽象思维是从"实事"中求到"是"的必经路径。西方经济学正因为有此假设才可以建立起其理论的体系,其对于稀缺资源的配置理论才能成立,其分析才能令人信服,也才能使人们认识到资源有限稀缺性与资源需求无限多样性之间的矛盾,才使人们深刻认识到经济的本质在于节约、有效率,即以较少的资源耗费换取较大的收益。但是,假设毕竟只是假设,凡假设都是未经充分证明的。而且假设一旦成为人们头脑中的固有观念就可能会束缚人们的思想。而科学研究,即实事求是总是不能离开解放思想。因此,我们对于西方经济学关于资源有限稀缺的假设有理由也有必要提出疑问。

马克思主义经济学也有基石,这基石就是辩证唯物主义和历史唯物主义。在资源问题上,马克思主义经济学既没有说资源是有限稀缺的,也没有说资源是无限多样的,但实际上则是既看到了资源的有限稀缺性,同时也看到了资源的无限多样性。这是由马克思主义的科学世界观即辩证唯物主义和历史唯物主义的方法论所决定的。

马克思主义经济学承认资源有限稀缺性与需求无限多样性的矛盾并提出了解决这一矛盾的办法,这就是作为制度安排的共产主义。而共产主义作为一种制度安排,既是以解放生产力、发展生产力以及人的全面发展为前提的,同时也是以解放生产力、发展生产力,实现人的自由全面发展为目的的。马克思主义经济学认为,发展社会生产力必须以节约资源,充分利用资源,减少资源耗费为重要条件。马克思主义经济学通过其劳动价值论将资源耗费归结为劳动耗费,将资源节约归结为时间节约,认为"一切经济最后都归结时间经济。"

坚持公有制经济为主体,必须正确处理公有制经济与非公有制经济的关系。非公有制经济这一概念虽然已经写进党的十六大文件,但正如厉以宁教授指出的,非公有制经济这一概念是存在缺陷的。因此,本书提出了民有经济这一概念。

现代社会要求公民发表自己的意见参与国家和社会的治理。正是这样的理由不断地说服本书作者完成了这本书的写作。

本书原名为《资源·经济·制度》,于2004年由湖南教育出版社出版。今由中国书籍出版社再版。

后 记

本书再版,作者只增写了资源集体所有与集体经济一章,对全书文字略有些修改,主要原因是作者患眼疾。故错误和不妥之处,恳请请读者多多包涵。

在此再版之际,恳请读者注意本书基本观点为:资源、财产所有制是在一定历史阶段,由社会创造的。在国家社会治理需要所有制的时代,资源、财产公有制与私有制并存具有必然性。社会主义历史阶段还是需要所有制的,故整个社会主义历史阶段都是公有制和私有制并存的,且整体上应当是公有制为主体。但是,在具体领域或行业则上要按照宜公则公,宜私则私的原则进行制度安排。党的十八大后强调坚持基本经济制度,是完全符合社会历史发展规律的。

本书出版,编辑同志以及张金良先生付出了辛劳,在此一并致谢!

作者:张宽政
二〇一九年一月六日于
株洲山水文园